天

Borderless

下

博稽古今　融汇天下

天
Borderless
下

博
观

Law
As
Communication

法律的沟通之维

Mark Van Hoecke
[比]马克·范·胡克 著

孙国东 译

法律出版社 LAW PRESS · CHINA
北京

Law as Communication

By Mark Van Hoecke

This translation of Law as Communication originally published in English in 2002 is published by arrangement with Hart Publishing, Oxford.

著作权合同登记号

图字：01-2019-2954

作者简介

马克·范·胡克 Mark Van Hoecke

比利时著名法学家。现任伦敦玛丽女王大学（QMUL）比较法教授、比利时欧洲法律理论研究院院长。曾任比利时布鲁塞尔天主教大学（现鲁汶大学布鲁塞尔校区）法理学教授（1982–2007）、校长（2002–2007），比利时根特大学“法律理论与比较法”全职研究教授（2008–2014）和国际法律哲学和社会哲学协会比利时分会主席等职。除了本书外，还著有《法官的意识形态》（Mens-en maatschappijbeeld van de rechter）、《法官解释的自由》（De interpretatievrijheid van de rechter）、《何为法律理论？》（What is Legal Theory？）、《一般法律原则》（Algemene rechtsbeginselen，Antwerp）和《法律导论》（Inleiding tot het Recht）等。

本书译者

孙国东

湖北随州人，复旦大学社会科学高等研究院教授、博士生导师、副院长，兼任院学术委员会副主任、价值建构研究项目主任。曾任邓正来先生（复旦高研院创院院长）学术助理、美国圣路易斯大学哲学系访问学者等职。先后就读于中国地质大学（武汉）、武汉大学法学院和吉林大学理论法学研究中心，获法学博士学位。主要研究领域：法哲学和社会政治理论。目前，以已系统阐发的“作为转型法哲学的公共法哲学”理论模式和正在阐发的“民主社会学”理论模式为代表，主要致力于中国现代法哲学和政治哲学原理的介入性学理分析和实体性理论建构。著有《公共法哲学：转型中国的法治与正义》（2018）、《合法律性与合道德性之间：哈贝马斯商谈合法化理论研究》（2012、2020）和《想象另一种法治：当代西方马克思主义法治理论研究》（2023），另出版合著、译著和中英文编著8部（编著《文化提升国家质量：中国发展的使命》获得国家外译项目资助出版了英文版）。

后形而上学时代的"沟通主义法律观"

——《法律的沟通之维》代译序

邓正来*

众所周知,在"后冷战"时代,各种"相对主义"、"文化多元论"和"解构主义"等流行思潮可以说是大行其道,但是哈贝马斯(Habermas)却逆潮而起,经由其沟通行动理论(the theory of communicative action)的建构而成为"现代性未竟工程"较为重要的捍卫者之一。20世纪80年代以降,哈贝马斯先后将其沟通行动理论运用于伦理学、政治哲学和法律哲学等领域,进而提出了以其商谈理论为核心的实践哲学理论体系。

---

* 邓正来(1956~2013年),著名法学家、政治学家、社会科学学术组织者和翻译家,复旦大学社会科学高等研究院创院院长,《中国社会科学季刊》和《中国书评》创始主编,曾先后担任吉林大学理论法学研究中心和复旦大学国际关系与公共事务学院教授、博士生导师。

晚近以来,哈贝马斯本人更是将其商谈理论运用于欧洲一体化、国际人权事务和全球正义等跨国家的政治题域,进而形成了康德一脉的平等主义实质对话的"普遍主义"理论,同时试图对文化多元背景下的全球政治秩序做出理论上的建构。在所有上述问题的理论叙述中,"沟通"和"沟通理性"都是最为重要的关键词。

比利时法学家马克·范·胡克(Mark Van Hoecke)〔1〕所出版的《法律的沟通之维》(*Law As Communication*)一书,在我看来,则是哈贝马斯法律商谈理论在法律哲学领域中的一种更为具体的运用。当然,范·胡克的法律理论也受到了法的自创生理论(autopoietic theories of law)等论说的影响,进而以一种相当精妙的方式处理了法律和法律系统(legal system)方面的一些棘手问题。〔2〕但是,毋庸置疑的是,哈贝马斯在元理论层面对法律商谈理论的建构却是范·胡克理论的基础。

一如我们所知,哈贝马斯通过对后黑格尔时期的时代性质给出了后形而上的哲学诊断,不再诉求形而上学的同一性和实质性,并最终迈向了一种比较复杂的程序主义的沟通范式。在这样的时代性质下,所谓的"真理"已不再是"真理符合论"意义上的真理,而在很大程度上是一种共识意义上的真理。换言之,"客观真理"已然不在了,所存在的只是"主体间性的真理";同理,法律中的

---

〔1〕 比利时法学家马克·范·胡克(Mark Van Hoecke),系布鲁塞尔天主教大学法理学教授,欧洲法律理论研究院联合主任,国际法律哲学和社会哲学协会比利时分会主席。1987~1991年及1996年至今任布鲁塞尔天主教大学法律系主任,现任该校比较私法理论研究项目(research project on Theory of Comparative Private Law)主任。任《荷兰法哲学和法理学杂志》编委、《欧洲法律、哲学和计算机科学杂志》顾问团成员等职。其代表作除本书外,还编有 *Epistemology and Methodology of Comparative Law* (Hart Publishing, Oxford, 2004)等。

〔2〕 参见於兴中:《沟通视角下的法理学:范·胡克〈法律的沟通之维〉简评》,孙国东译,载本书附录。

“真理”亦应当以如此的方式予以关照。哈贝马斯的这一时代诊断在当下欧洲一体化的实践中也在一定程度上得到了证实。而本书作者范·胡克的理论出发点大体上也是当下欧洲一体化实践中法官作用的加强,特别是宪法法院和超国家法院的建立所带来的立法机关与司法机关之间、国家法与国际法之间的循环关系或沟通关系,以及这种循环或沟通对“法律真理”之线性进路的否弃。

正是以哈贝马斯的“沟通行动理论”和“共识真理论”为理论基础,以欧陆实践中立法机关与司法机关之间、国家法与国际法之间的循环关系或沟通关系为理论背景,范·胡克建构起了其“沟通主义法律观”。在本书中,在我看来,“沟通”在法律中的价值主要体现在如下两个方面:

第一,“沟通”是法律的存在方式。事实上,这一观点乃是隐含在本书作者的诸多观点之中的。按照法律实证主义的经典观点,“法律的存在是一回事,法律的良善则是另一回事”。因此,在法律实证主义那里,法律的存在一般限于法律的文本状态。尽管现实主义法律运动强调了“行动中的法”,进而将法律的存在方式扩展至以法官为中心的司法实践活动,但它也只是对这种活动方式的描述而已。本书作者经由众多观点的阐释而在事实上将我们的视界引向了法律的另一种存在方式,即“沟通”。本书书名 *Law As Communication* 的直观意义最为集中地给我们传达了这样一种信息。正是在这个维度上,范·胡克强调,在“客观真理”式微的后形而上时代,法律文本的意义(meaning)不再是“规范发出者(norm-sender)—规范接受者(norm-receiver)”这样一种简单的线性图式,而是一个以“沟通”为核心的三角关系,即“规范发出者—表达—规范接受者”。简言之,法律文本的意义即不是单纯的“发出者意义”,也不是纯粹的“接受者意义”,而是二者的沟通之物;在很多情形下,甚至更是法律人、政客、大众传媒和普罗大众等之间持续的沟通而达成的一种具有某种限度的共识。

第二,与此紧密勾连的是,“沟通”是法律合法性的渊源。这是本书作者所强调的另一个非常鲜明的观点。范·胡克经由对卢曼式的程序合法化等形式合法化理论与自然法或人权等实质合法化理论的批判,而明确提出了一种试图将形式与实质统合起来的沟通合法化的理念,即强调沟通是法律合法化渊源的理论。一如哈贝马斯所认为的,“从法律理论的角度来看,现代法律秩序只能从‘自决’这个概念获得其合法性:公民应该时时都能够把自己理解为他作为承受者所要服从的法律的创制者”。[3] 或者套用本书作者的话来说,“规范接受者”必须同时成为“规范发出者”。而要达致这个目的,唯一的途径便是诉诸民主的激进化,即公民积极广泛地参与公共政治辩论,通过无主体性或无人格性的沟通程序,实现市民社会公共领域的意见形成(opinion-formation)和政治制度中的意志形成(will-formation)。换言之,立法者与公民之间、法庭与诉讼当事人之间、立法者与司法者之间、契约当事人之间以及某一审判中的沟通乃是法律合法化的渊源,而法律人之间的一种合乎理性的对话则是“正确”地解释和适用法律的最终保证。

显而易见,在后形而上时代,范·胡克主要立基于哈贝马斯法律商谈理论而提出的这种沟通主义法律观乃是值得我们认真对待的。与任何其他有价值的理论一样,这种沟通主义法律观的意义绝不仅在于它给我们提供的那些观点本身,而更在于另外两个方面的意义。一方面,这种法律观的提出要求我们进入“形而上对勘后形而上”的框架之中或者“康德-哈贝马斯”的理论脉络之中对

---

〔3〕[德]哈贝马斯:《在事实与规范之间:关于法律与民主法治国的商谈理论》,童世骏译,三联书店 2003 年版,第 685 页。

范·胡克的理论本身进行审查,而这意味着我们必须做出如下追问:范·胡克所提出的这种法律学说相对于传统西方法学(特别是法律实证主义和法律形式主义)有何“知识增量”?这种法律学说相对于卢曼法律哲学乃至于哈贝马斯法律哲学究竟有何“知识增量”?这种法律学说在为人们审视法律提出新视角的前提下本身又有何种限度:在“现代性未竟工程”的基础上而对各种立基于现代性而产生的法律哲学做出的回应,究竟是否有可能对这些法律哲学做出颠覆性的批判,或者说,它是否有可能因为无力对现代性本身构成任何批判而与那些法律哲学仍处于同一逻辑层面?

另一方面,范·胡克法律学说的提出要求我们对中国法律哲学的建构进行认真且严肃的思考。第一,“沟通主义法律观”的提出构成了我们重新审视中国法学发展的重要参照之一,因为它在一定意义上“命令”我们对中国法学的研究论题、研究方式和研究预设进行反思,更是“命令”我们对中国法学在没有自己哲学依凭的境况下如何发展以及往何处发展的问题进行审查和追问。第二,具体而言,这种法律观的存在更是“命令”我们不再把视界局限于以“客观真理”为基本依凭的只强调法条文本及其内在逻辑的那种封闭的“法律内部视角”,而是去关注那种以“沟通”为核心的“规范发出者—表达—规范接受者”之间就法律文本之意义所展开的反复博弈过程,进而去关注由这个过程而非由立法者一己凭“强力”或“意志”或“代表”所形成的法律合法性的问题。

当然,范·胡克“沟通主义法律观”的意义并不是当然有效的,它之于我们的效用在根本上还取决于中国法学论者自己在中国法律哲学的建构过程中的“思想操练”和研究实践。

2007 年 8 月于北京北郊三一斋

前　言

这是一本关涉法律的所有主要理论面向的书;在适当的时候,本书采用了一种跨学科的取径(approach),并在这个意义上提供了某种法律理论的总体概览。但它并不是一种描述性的概览,而是其中心论题旨在凸显服务于法律的沟通(communication)与法律中的**沟通**之重要性的概览。法律为人的互动和沟通提供了某种框架。并且,法律基于沟通产生并发展起来——无论是由悠久的传统所创造的习惯法,还是准备某个法案的议会辩论,遵循先例或改变先例的司法裁决,抑或为法律的未来司法变革和成文变革奠定基础的学术争论,莫不如此。进言之,在多元主义的社会中,法律人乃至政要、大众传媒和普罗大众均会参与其中的广泛沟通(特别是当涉及重要的道德或政治论争时),是法律**合法化**(legitimation)的主要基础。通过持久开放且自由的沟通达致关于价值观的某种共识,已日益成为

“客观真理”的替代物,而这种“客观真理”此前是由主导意识形态或宗教提供的。

本书的部分内容是早在 1979 年即写就的草稿,其他部分是最近几年完成的。某些部分或多或少地利用了我早期出版的著作(尽管大部分没有用英语出版),但大部分文本都未曾面世。本书较早的诸版本,曾用于我自 1992 年以来在布鲁塞尔欧洲法律理论研究院(European Academy of Legal Theory in Brussels),为研修法学理论研究生课程的学生所开设的法理学讲义。与这些学生的讨论,极大地帮助我进一步发展了我的思想,并提升了这一最终版本,包括其措辞——母语为英语的几个学生,相继对此提供了极大的帮助。但我宁愿总体上感谢所有这些学生,因为只提及一些名字对其他人来说可能是不公正的。同样的感谢,亦要送给我所有的同仁——多年来,我与他们一起讨论,并且/或者从他们的著作中获益良多,不过他们大都可以在本书的某个角落找到自己的名字。最后,我想特别感谢弗朗索瓦·奥斯特(François Ost),他对我倒数第二个版本的手稿给予了有益的评论;并且,自 1979 年在瑞士巴塞尔举行的国际法律哲学和社会哲学协会世界大会(IVR World Congress)第一次相遇以来,主要在我们欧洲法律理论研究院的框架内,我们俩无论在学术上还是在组织上,都进行了长期而又完美的合作。

目录

第一章　导　论

第一节　一个关于法律的故事

人们用许多不同的方式来描述法律。法律被视为大写正义的化身(the incarnation of Justice),[1]亦被看作某种纯粹的神秘之物,其目的是维护统治阶级的权力。[2] 大多数人则认为,法律是一种无所不在的现实(omnipresent reality)["*ubi societas, ibi ius*"(**只要有社会就会有法律**)];但也有人认为,它仅是一种虚构,即一种非现实(non-reality)、一个神话。[3] 在凯尔森

---

〔1〕 正如在自然法取径中一样。

〔2〕 例如,参见马克思主义法学理论、批判法学研究运动(the Critical Legal Studies movement)或女权主义法理学(feminist jurisprudence)。

〔3〕 J. Frack, *Law and the Modern Mind*, Brentano's, New York, 1930; F. Cohen, "Transcendental Nonsense and the Functional Approach", (1935) 35 *Columbia Law Review*, 823; A. Hägerström, *Inquires into the Nature of Laws and Morals* (Almquist & Wiksell, Uppsala, 1953); T. Jachner, *Der Mythos vom Recht und seine empirischen Grundlagen*, München, 1993, p. 2, 203.

(Kelsen)看来,法律是给定的(given)一套规则,至少在形式上,它源自一个基本规范(basic norm);[4]在其他人看来,法律是解释的权力,即那些构成法律本身的法律适用的实践(the praxis of legal adjudication)。[5]

直到最近,人们还普遍认为法律源自一种主权者意志(a will of sovereign),以及/或者间接地源自人民的意志。而依据法的自创生理论(autopoietic theories of law),法律创造着它本身。[6]

德国"历史法学派"(historical school)则把法律看作民族文化(people's culture)的一部分,这种民族文化就像语言一样,受制于某种历史性演化,并在很大程度上不受个体、包括政府的控制。在其他理论家和当下政治实践中的主流观点看来,[7]法律是服务于"社会工程"(social engineering)的一种工具,即为所有社会变迁(societal change)服务的一种手段。

对大多数人来说,法律是一种规制和调控人类关系的合理(rational)*手段。然而,后现代思想者在根本上怀疑这种合理控制的可能性。他们把法律人(lawyer)视为法律语言的囚徒,他们受制

---

[4] See H. Kelsen, *Allgemeine Theorie der Normen*, Vienna, 1979, p. 206-207.

[5] C. Grzegorczyk, "Le droit comme interprétation offielle de la réalité", (1989) *Droit* 31.

[6] 例如,参见 G. Teubner, *Law as an Autopoietic System*, Blackwell, Oxford, 1993。

[7] 最显著的是庞德(Pound)。[例如,参见其五卷本的著作《法理学》(Pound, *Jurisprudence*, 5 Vols, West, St Paul, 1959)。]

* "rational""reasonable"以及相应名词"rationality"和"reason"的翻译问题一直没有引起学界足够的重视,人们多把他们统一译为"理性的"和"理性"。事实上,在西学语境中,"reason"和"rationality"是有区别的。"reason"通常侧重能力,如哈贝马斯就认为,"理性……必须被看作在实践中生成的,即人作为主体在社会化的过程中习得的后天能力"。(转引自章国锋:《哈贝马斯:"实践理性"和"社会化主体性"》,载[德]哈贝马斯、[德]哈勒:《作为未来的过去——与著名哲学家哈贝马斯对话》,章国锋译,浙江人民出版社 2001 年版,第 184 页。)按照邓晓芒教授对西方哲学"理性"(reason)渊源的研究,这种能力在希腊哲学中主要有两个渊源:"逻各斯"(logos)和"奴斯"(nous),前者指语言和表达,后者指

于“法律”(the law),而非控制着它。[8]

人们常常与国家相联系来界定法律。国家拥有军事力量,从而能够在其领土范围内强制实施法律。今天,法律多元主义(legal pluralism)观念已被广为接受;法律多元主义不是将法律限于国家法律系统(state legal system),* 而是将其外延拓宽至各种制度化的社会组织的不同形式规范,比如,国际法、体育协会法和为数众 2

能动超越的灵魂(参见邓晓芒:《中国百年西方哲学研究中的八大文化错位》,载《福建论坛(人文社会科学版)》2001 年第 5 期)。而“rationality”通常则着重性质方面,如某社会秩序是否“合理”(rational)。在罗尔斯的政治哲学或道德哲学中,他明确区分了理性的(reasonable)与合理的(rational)这一并立的概念,并将其作为政治哲学原则的互补理念。在《政治自由主义》一书中,他专门用一节讨论两者的五点区别,主要有:在公平正义中,两者被看作为互不相同和各自独立的基本理念来看待,其区别在于,不能认为两者间存在任何推导,尤其是不能认为可以从合理的(理念)推导出理性的(理念);两者进一步的基本差异是,在某一方面,理性是公共的,而合理性却不是公共的等。他还借用 W. M. 西布里的观点说:当我们知道人们是合理的时,却不知道他们所追求的目的,只知道他们将会理智地追求这些目的;而当我们知道人们在关涉他人的情况下是理性的时,我们也知道他们是志愿用一种原则来支配他们的行为,而这一原则是他人和别人可以共同推理出来的;而且理性的人会考虑其行为对别人的影响。(参见[美]约翰·罗尔斯:《政治自由主义》,万俊人译,译林出版社 2000 年版,第 50~56 页。)在本书中,作者似乎没有对此做出明确区分,而是交互使用;但考虑到两词在西学语境中的可能不同含义,我仍尽可能将“rational”、“reasonable”、“rationality”和“reason”分别译为“合(乎)理性的”、“理性的”、“合理性”和“理性”。关于“rational”“reasonable”以及相应名词“rationality”和“reason”的词义演变,可参见[英]雷蒙·威廉斯:《关键词:文化与社会词汇》,刘建基译,三联书店 2005 年版,第 382~387 页。——译者注

〔8〕 See J. Broekman, “Rechtsphilodophie” in J. Ritter and K. Grunder (eds.), Historisches Wörterbuch der Philosophie (Basel, 1992), Vol. Ⅷ (R - Sc), p. 315 - 327; and “Rechtstheorie”, in ibid., p. 342-353.

* 通观全文,作者主要是从系统化的角度来讨论“legal system”(“法律系统”或“法律体系”),间或也从整体上讨论某种“legal system”(“法律制度”)。译者曾尝试根据不同的情况分别译为“法律体系”、“法律系统”和“法律制度”,但是效果并不好。最终,考虑到本书的系统理论(systems theory)和法的自创生理论的背景及学界的通行翻译,为保证译文的连贯性,统一将其译为“法律系统”。——译者注

多的“非官方法”(unofficial law)。[9] 一些人认为,法律是某种规则体系;[10]其他人则认为,法律主要组织着政治权力的践习;[11]或者认为,法律是“叙事性的”(narrative),[12]或显著地体现为某种“具有深厚传统的社会实践”(a profoundly traditional social practice),[13]或是某种纯粹的心理现象,[14]抑或经济系统的一个要素。[15]

如果问一个普通的(执业)律师,他/她以何种方法识别出其称为“法律”的现象,获得的答案可能是:“它们都或多或少是法律。”的确,法律有其历史根基,但它亦能被视为变动社会的一种手段——尽管是在一定的范围内。法律中的某些部分为了正义(justice)和公平(equity)的目标而被创造出来,在实践中亦服务于这样的目标;但法律中的其他部分明显——主要甚或排他性地——用于维护个体利益,或者是维护具有某种或诸多政治权力之人民/民族(people)的团体利益。我们可以把法律视作相对中立

---

〔9〕 关于“非官方法”,参见 S. Romano,*L' ordre juridique*(Dalloz,Paris,1975)(第一个意大利语版本出版于 1918 年);F. Rigaux,“Le droit au singulier et au pluriel”(1982)9 *Revue Interdisciplinaire d' Etudes Juridiques* 1 - 61; J. Griffiths,“What is Legal Pluralism?”,(1986)*Journal of Legal Pluralism and Unofficial Law* 1 - 41; J. Gijsseles, *Recht,ruim bekeken*(Kluwer Rechswetenschappen,Antwerp,1991),15-21。

〔10〕 例如,对凯尔森而言,在某种程度上哈特(Hart)也是如此[参见 RS Summers,“Legal institutions inHLA Hart' s Concept of Law”,(2000)75 *Notre Dame Law Review* 1807-1827,特别是在第 1826-1827 页]。

〔11〕 例如,对马克斯·韦伯(Marx Weber)而言。

〔12〕 BS. Jackson, *Law, Fact and Narrative Coherence* (Deborah Charles Publications,Merseyside,1988).

〔13〕 M Krygter,“Law as Tradition”,(1986)5 *Law and Philosophy* 237-262:“法律是一种具有深厚传统的社会实践,而且必须如此”,但作者即刻补充道:“这不仅仅是说特定法律系统包含着传统——当然没有人会否认这一点。”(p. 239)

〔14〕 例如,对杰罗姆·弗兰克(Jerome Frack)和海格斯多姆(Hägerström)而言。

〔15〕 正如**法律的经济分析**(*economic analysis of law*)领域中的许多著作似乎提出的那样。对马克思主义法律理论而言,法律在根本上决定于经济关系。

的解决问题和组织社会的工具;但同样真实的是,在法律和法律语言中隐藏着某种世界观,它们进而影响着我们看待现实的方式。法律(强烈地)限制着我们的机会,进而限制着我们的自由;但是,法律亦创造机会,它为人类行动(human action)*提供了一个框架,进而保障了某种——离开法律就不存在的——自由。法律(在一定程度上)是一种具有逻辑性的规则体系,但是它亦可以视为某种心理学问题,即社会中的接受程度问题。

的确,我们可以讲述很多关于法律的不同故事。我们可以极端推崇它,亦可以极力否定它。我们可以将法律描述成极其刻板而又静态的规则体(body of the rules),亦可将其描述为相当灵活而又动态的原则,等等。

为什么人们(乃至法律理论家)如此频繁地过分强调法律的某个具体方面,并因之而忽视了法律的其他诸方面呢?

当人们把自身的法律经验与主流的法律观相对照,会发现两者之间常常会产生矛盾。比如,如果在官司中败诉,人们确信地认为"法官保护富人的利益",从而对法律产生一个比平时更权术化的形象。他们倾向于将自身经验一般化,并过于强调法律的某一 3
方面——无论对错,人们都相信它是法律的基本方面。如果在官司中胜诉,人们对法律的看法则可能完全不同:法律是保护穷人利

* 自马克斯·韦伯在社会理论中开创了"行动理论"传统以来,无论是在社会学(如Jürgen Habermas)和人类学(如Clifford Geertz)中,还是在哲学(如Ludwig Wittgenstein)和政治哲学(如Hannah Arendt)中,论者多把"action"(行动)与"behaviour"(行为)区别开来。两者的区别在于:前者是意向性的,并因这种意向性而常常具有文化蕴含(在社会学和人类学语境中)或政治蕴含(在政治学语境中);后者则是非意向性的,仅指可供外在观察的某种身体动作(这种非意向性正是政治学中的"行为主义"大行其道的基础)。本书作者可能并没有这样的学理自觉,但考虑到两者的学理分野,译者仍把"action"译为"行动";相应地,把"behavior"译为"行为"。——译者注

益即维护社会正义的一种手段。与亲朋好友谈论,或者在酒吧中讨论这些事情之时,人们都会从有利于自己的立场出发展开激烈的辩论。“个体经验的一般化仅仅是建构一般性理论的一个不牢靠的基础”这一论据(argument),可能并不会打动他们。在一定程度上,人们相信他们愿意相信的事物。

法律理论领域亦是如此。在接受法律教育及随后的几年中,年轻的(准)法律人们将自身经验、法律观与主流理论相对照,往往会产生某种矛盾。

法律不可避免地滞后于社会的变迁。法律在社会中所扮演的角色在不断变化,主流理论适应这些变化的滞后性则更加明显。对如下这种理论的坚守,便是一个例证:[在民法法系国家(civil law countries)],所有的法律均由议会制定,行政部门和法官仅仅是“适用”法律。对上一代人似乎是不言自明的某个理论(常常是因为他们希望这一点是显然的:人们相信他们愿意相信的东西),对当下世代而言可能看起来相当怪异。一方面,这是因为新一代人已经忘记了那些使固有理论(established theory)得以出现的历史原因。以比利时为例,法院拥有过多的权力在法国大革命之前的法国和其他一些欧洲国家,曾遭到反对;而现在,保持这种理论的否定性理由已然消失——至少在很大程度上如此。另一方面,这是因为固有的理论似乎与现实相抵牾。还以比利时为例,在法律创制(creation)和法律发展中,法官扮演着比主流理论所能解释和接受的更为重要的角色。这一结论同时意味着:保持主流理论的那些肯定性理由正在式微。新的理论将会出现。作为一种回应,被先前固有的理论低估的方面现在往往被过分地强调。诸如法律现实主义(Legal Realism)或自由法学(Freirechtslehre)等法学流派应运而生。当然,不是所有的理论都是极端而又过于简单的;

但是，到目前为止，更极端的理论是讨论得最多的，因而初看起来是最“成功”的。[16] 不幸的是（或幸运的是?），宏大的法律理论极少对法律实践产生直接影响。无论如何，唯有当其被“转化”为更为中道（moderate）且均衡的理论之后，它们始有资格被一般地接受。而且，在这些更为中道的新理论中，重点不可避免地被放在先前的理论或诸理论当时存在缺陷的某些方面。

这一（关于法律的）理论因时而进发展的结果是：一系列法律理论和法律定义有时会明显地过分强调法律的某个相关方面，而 4
有时则又试图找寻不同的对立理论之间的恰当平衡点。但是，到目前为止，当其试图在先前理论中添加（相对）新的内容时，人们总是强调至少那些在他们看来过去被部分或完全忽略的某个方面。19 世纪和 20 世纪初期的实证主义理论，试图将纯粹的事实和分析与全然的意识形态和形而上学分离开来；这种研究取径之于更合乎理性的法律学说（legal doctrine）之探求，以及我们今天称为“法律理论”的学科之产生，都是十分必要的。同时，我们知道，这种取径背后潜隐着（underlying）一个不乏天真的信念：“纯粹事实”（pure facts）是存在的，脱离任何潜隐意识形态的分析是可能的。结果，实证主义在今天遭到了全方位的抨击，因为促成实证主义兴起的历史原因和实证主义的成就在很大程度上已经被人遗忘了。实证主义批评者的胜利在某种程度上不费吹灰之力，它甚至没有

〔16〕 当下的一个事例是皮埃尔·莱格兰德（Pierre Legrand）；在晚近几十年中，他极力抨击任何可能的欧洲民法典（European Civil Code）或其他形式的法律一体化（legal integration）观念。

借助通常率先出场的对论争对手[17]的滑稽化[18]:一方面,促成实证主义兴起的历史原因消失了;另一方面,对法律采取纯粹实证主义取径的缺陷亦是显而易见的。

此外,正如罗伯特·阿列克西(Robert Alexy)指出的,法律与道德之间至少有着某种联系,争辩这一点要比证明两者之间毫不相干要更为容易。[19] 就像前文列举的法院在法律创制中作用的理论一样,这一有关实证主义理论的事例亦表明:每一种(法律)理论都须被归置于其历史即社会情境(historical, societal context)中,并以此获得理解。

卡尔·海因茨·拉迪亚(Karl-Heinz Laeur)正确地批评了(法律)科学中反历史(a-historical)取径的另一个方面:

> 相应地,将某一理论去历史化(de-historicize)到如此程度,以致存在这样一个明显的趋势,该理论历史性的"发现条件"(conditions of discovery)仅仅是用以说明:这一理论就其本身来说总是有效的,只是没有得到更早的承认。相反,也有一个广泛存在的趋势,是将"旧"理论与人们据以"发现"这些理论的确立情境(the context of establishment)相分离,并将"新"理论作为衡量其"确立语境"的评判标准,从而将"旧"理论作为意识形态加以抛弃;

---

〔17〕 人们应该非常感激像德国的诺伯特·何斯特(Norbert Hoerster)这样的学者,他们以一种很高明的方式一直为一种过时的理论——在何斯特那里,是纯粹的法律实证主义——辩护。这些学者充当着"友好论辨对手"(sparring-partner)的角色,他们迫使其同僚提高技巧、改进论辩;吊诡的是,这些学者在新的(非实证主义)理论的阐述中,发挥着尽管非直接、但却是主要的作用。皮埃尔·莱格兰德(Pierre Legrand)亦是如此;他似乎是欧洲法律一体化的唯一反对者,但始终以一种学术的方式巩固其立场,并以其踔绝之能从事着自己的事业。

〔18〕 这是一种通常很普遍且极度非科学的方法,并且在法理学争论中极易成功。

〔19〕 R. Alexy, *Begriff und Geltung des Rechts* (Karl Alber Verlag, Freiburg/München, 1992).

可以说，这种新理论是将自己拨至一种元理论（meta-theory）的层面了。[20]

从这一取径中，我们也可以发现实证科学（positive science）对 5
社会科学的影响；其伴随人们对某种永恒真理（eternal truth）的幻想——人们坚信它存在于现实中，只是必须被“发现”。然而，即使在实证科学中，相比我们在大多数情形下所意识到的事物来说，理论的发展与我们看待并解释现实的方式关系更密。在社会科学中，理论建构不是“事实”发现的结果，而主要是要建构解释现实的一种框架。

事实上，只有极少的理论超越了其历史情境，在更广泛的时空维度上对未来世代和其他（法律）文化保有某种价值。譬如，稍稍浏览一下两次世界大战期间刊登法律理论文章的刊物，就足以证明这一点。今天，我们不但不知道其中大部分作者的名字，即使是当时鹤立鸡群、街谈巷议的学界翘楚，在诸多情形下也降格为我们记忆中的一个脚注而已。在 20 世纪六七十年代关于法官作用和成文法解释（statutory interpretation）的每次讨论中，诸如约瑟夫·埃瑟（Josef Esser）这样的作者都居于核心位置[21]（在欧洲大陆，那时的大部分讨论都涉及这些论题）；然而，时至今日，他们似乎已被忘在九霄云外了。与纳粹或民主德国（GDR）法律理论的事例相反，如埃瑟般的这类作者还颇有影响，甚至在他们死后都是如

---

〔20〕 K. -H. Ladeur, “Perspectives on a Post-Modern Theory of Law” in G. Teubner (ed.), *Autopoietic Law: A New Approach to Law and Society* (Walter de Gruyter, Berlin/New York: 1988), p. 242-282, at p. 247；在此，他又补充道：“德国宪法实证主义（constitutional positivism）尤其是这一程序的优先受害者。”

〔21〕 其主要著作，参见 Josef Esser, *Grundsatz und Norm in der richterlichen Forbildung des Privatrechts* (JCB Mohr, Tübingen, 1956) 和 *Vorverständnis und Methodenwahl in der Rechtsprechung* (Athenäum Verlag, Frankfurt am Main, 1970)。

此。在某种程度上,他们的影响解释了为什么他们今天不再或极少被提起。他们在自己年代所必须证明的论点,在今天已不再是主要的相关点(a point of major relevance)。新的问题产生了,旧问题亦要从新的视角和不同的情境而予以讨论。

独立于其历史和文化的偶成性(contingency),理论一直在化约和简化着现实。它们从某个特定视角建构现实,法律现实因而成为一个"规范性体系",一种"社会学上的互动"(a sociological interaction),一种"正义理念"(idea of justice)的实施,一种对"正确答案"的探求,"一种语言",或者一种心理学现象,等等。

每一种简化,都意味着人们未能对(法律)现实进行完好(full)解释;但这种简化又是必要的,它使我们能够简单地"看见"现实,即理解之,把握之。描述现实意味着建构现实。没有潜隐的理论,描述是不可能的。人们需要一个能够描述的框架,这一框架是一种理论建构(a theoretical construct);这种理论建构首先取决于当时一种特定文化的一般世界观(the general world view)。与西方
6 文化相比,法律在中国文化中"是"不同的东西。在西方文化中,法律在中世纪的样式与当下又截然不同。当然,规则是不同的,即法律系统的结构不同,但是,主要的区别则是潜隐世界观层面的不同。对中世纪的人而言,法律主要是一种权威之物(a matter of authority),这种权威最终体现为一种神的权威;教皇和国王则是神在人间的代表。法律科学亦是一种权威之物,而不是合乎理性的共识之物。[22]

今天,我们很难理解我们的先祖所称为法律的现象。但是,我们可以设想,在当下法理学文献中找到的定义,极少对他们是有意

〔22〕 GCJJ van den Bergh, *Geleerd recht. Een geschiedenis van de Europese rechtswetenschap in vogelvlucht*, 2nd edn(Kluwer, Deventer 1994), p. 29-30.

义的。诸如凯尔森式的(Kelsenian)法律观或自创生系统(autopoietic system)这样的法律观,不适合中世纪的任何世界观[23]——不是因为中世纪的人们不赞成,而是因为他们无法理解这些取径。它们不适合于中世纪的世界观,在那里没有这种对现实采取合乎理性即系统化之取径的生存空间。[24]

当然,建构某种可以涵盖时间长河中的所有法律类型(包括中世纪的法律和初民社会的法律)的法律定义,是可能的。但是,这种定义仍常常体现为我们今天如何理解法律的一幅图景。任何定义的建构,都是立基于我们的世界观即现实观、"法律"观认为重要的法律特征之上的。如同那些迥异社会所理解的法律一样,这些定义可能没有描绘出法律的真实图景。但是,这不是它的一个真正缺陷。在很大程度上,这是不可避免的;这是我们把握现实的唯一途径。我们仅仅应该意识到,我们对任何现实所拥有的可能知识都是有限度的。显然,我们不可能同时从所有可能的视角来看待法律。一种"全景式视角"(overall view)只能提供一个相当混乱的图景。为了至少获得有关法律现象的某种洞见,做出选择是必要的:既要选择某种受制于时间与文化的视角(time-and culture-bound perspective),也要选择对受制于时间、文化与理论的诸理由(time-,culture-and theory-bound reasons)而言不可或缺的某些法律特征。实际上,法律的定义的确堪称法律理论的核心。如果某一法律定义更好地洞察了法律现实,即如果它比先前的定义或理论更能给人以知识,那么,这一定义就是一个"好"定义,这一法律理论也就是一个好理论。"提供一种更好的洞见",是法律人或其他

---

〔23〕 它们亦不适合当下非西方的世界观。

〔24〕 C. Taylor, *Sources of the Self: The Making of Modern Identity*, Cambridge University Press, Cambridge, 1989.

有关人员的主观需要。这些需要,不可避免地与某种特定的历史、地理和社会现实关联在一起。如果法律人对当下相对主义的法律正义观(relativistic conception of what“just law”could be)颇感不快,一篇题为“一个正确答案”(one right answer)的论文将会对他很有吸引力。如果法律人对事实和价值的持续混乱感到无所适从,凯尔森式的取径会大受欢迎。

7 第二节　一种沟通取径的法律观

本书亦将提供一个关于法律的“受制于时间与文化的视角”,而不旨在为“何为法律”这一问题提供一个“确定”回答。它是时代的产儿,因为它立基于现有理论和著作之上,并遵循其理路(lines of reasoning)。就像其他的理论取径一样,本书也着重强调法律的某一具体特征——该特征值得强调,但直到现在,在法理学文献中仍付之阙如:法律的沟通性(*law as communication*)。当然,这一观念并非全新的(尽管观念很少是如此)。在一些理论中,沟通的概念曾被关注[哈贝马斯(Habermas)将沟通理论运用于法律领域,卢曼(Luhmann)和托依布纳(Teubner)则将系统理论在法律领域中加以运用]。本书将试图从“沟通视角”来建构法律理论中的一些传统论题。它仅是解读即描述法理学传统问题的另一种方式,希望这一新视角能获致一些关于法律现象的新洞见。

如上所述,理论的目标就是建构现实,以使我们接近之、把握之、理解之。正如理论一样,法律的目标也是通过这样或那样的方式建构现实。法律提供了一种框架,这一框架不是像理论那样旨在理解现实,而是意在指导人的行动。“法律是服务于人之行动的一种框架”,这一结论可被视为最小限度的法律定义。[25] 这一定义似乎足以含括法理学文献中(几乎)所有的法律定义,但由于其过于宽泛和模糊,并不足以成为一个完美的定义。然而,这一最小限度的定义暂时已足够。在接下来的章节中,我将详细阐述一个更为精确的法律定义。

人们会争辩说,在法律领域中,沟通这个概念可以在不同层面上加以使用。

人之行动暗含着人际关系,进而亦暗示着沟通。因此,如果法律提供了人之行动的一种框架,那么法律也就为人的沟通提供了一种框架。

但法律本身在根本上亦基于沟通:立法者与公民之间的沟通,法院与诉讼当事人之间的沟通,立法者与司法者之间的沟通,契约当事人之间的沟通,某一审判中的沟通。更显著的是,这一沟通方面在今天被认为是处于法律合法化的框架之中:法律人之间的一种合乎理性的对话,是“正确”地解释和适用法律的最终保证。

作为一个多义词,“沟通”的概念瑕瑜互现。[26] 在日常用语 8
中,就像词典里界定的那样,沟通意味着“信息交换,即联系”。在学术论著中,沟通在广义上是指“互动”,狭义上是指“经由某种已

---

〔25〕 Ost 和 Van de Kerchove 使用的定义,即法律“作为一种博弈”(as a game),在其“在某个框架内运行”[“moving within a framework”(*mouvement dans un cadre*)]的意义上非常接近于这一定义。[参见 F. Ost and M. van de Kerchhove, *Le droit ou les paradoxes du jeu*(Paris, 1992), p. 10-11.]

〔26〕 正如戴维·奈尔肯(David Nelken)正确评论的,这可能也是为什么“使有关法律沟通主题之著作得以产生的各种取径和视角彼此间只具有如此有限的相关性”的主要原因。[D. Nelken, “Law As Communication: Constituing the Field” in D. Nelken(ed.), *Law as Communication*, Aldershot: Dertmouth, 1996, p. 3.]

确立的信令系统(signalling system)而为的信息的有意传输”,[27]或者是一种“基于习俗决定的意义规则(conventionally determined rules of meaning)而符号性地建构起来的互动”,[28]或者是“在特定社会、文化和政治条件下提出并协商意义的实践”。[29] 本书中,沟通一般具有更具体即更狭窄的意义,但有时亦包括更外显的互动,即身体上的互动。

以沟通来分析法律现象,似乎有诸多优长。它把法律理解为服务于人之互动的一种手段,而不是理解为具有某种自足的目的(autonomous end)。这种观念允许宽泛即多元分析,因为沟通可以运用于不同的层面,适应于不同的形式。它不是苦心营造一个闭合系统,而是开放式的(open-ended);因为其重点在于沟通过程,而不在于某些确定的要素,譬如“规范”。沟通概念本身考虑到了观点的不同,以及观点间的辨证交流(dialectical exchange);这一辩证方法有利于我们防止片面的分析和结论。

而且,法律理论和法律实践中的诸多问题,都与这些理论和实践中潜隐着的哲学上的合理性概念密不可分。在过去两个世纪的欧陆法律理论和法律实践中大行其道的笛卡儿式的逻辑—演绎思维方式(Logico-deductive approach of cartesian thinking),近来已越来越招致多方面的抨击;[30]作为一种替代,论证和商谈理论(arg-

---

[27] J. Lyons, *Semantic*, Vol. 1, Cambridge University Press, Cambridge, 1977, p. 32.

[28] J. Habermas, *The Theory of Communicative Action*, Vol. 2: *Lifeworld and System: A Critique of Functionalist Reason* (trans T McCarthy) Boston, 1987.

[29] T. Schirato and S. Yell, *Communication and Culture*, Sage Publication, London, 2000.

[30] 例如,参见让·布洛克曼(Jan Broekman)的诸多著作和女权主义法理学、法律符号学(legal semiotics)(Bernard Jackson, Roberta Kevelson)和法律方法论(François Gény、Jose Esser、Jack ter Heide 和 Walter van Gerven)等领域的诸多出版物。

umentation and discourse theories)在法律理论中发展起来。[31]

首先在其《沟通行动理论》中,[32]继而在更晚的《在事实与规 9
范之间》[33]中,尤根·哈贝马斯为一种可取代传统的自然法规范主义(natural law normativism)与实证主义的理性主义(positivist rationalism)的替代性哲学框架的建立,作出了主要贡献。

没有什么能像——我们可据以采用演绎或归纳方法推导出结论的——"客观真理"(objective truth)对哈贝马斯更为根本的了。在他看来,合理性不是给定之物,而是基于与他人的沟通而持续获致的。存在、也必须存在一个不断寻求最佳可能答案的过程,而这一过程原则上需经由与所有其他人的持续对话实现。实践理性(practical reason)不能再从某种历史的目的论(teleology of history)中找寻(如同马克思主义所做的),不能再从人种的构造(the cons-titution of human species)中获得[哈贝马斯谈到了马克斯·舍勒(Max Scheler)或阿诺德·盖伦(Arnold Gehlen)的哲学人类学],亦不能仅仅再从某些传统的延续中找到。哈贝马斯正确地拒绝了相对主义和理性否定论的简单替代,他用"沟通理性"

---

〔31〕 C. Perelman and L. Olbrechts - Tyteca, *The New Rhetoric*: *A Treatise on Argumentation*(trans J Wilkinson and P Weave)(University of Notre Dame Oress, Notre Dame and London, 1969); A Peczenic, *Grundlagen der Jurischen Argumentation*(Springer, Vienna, 1983); R. Alexy, *A Theory of Legal Argumentation*: *The Theory of Rational Discourse as Theory of Legal Justification*(trans R. Adler and D. N. MacCmick)(Clarendon Press, Oxford, 1989).

〔32〕 J. Habermas, *The Theory of Communicative Action*, Vol. 1: *Reason and the Rationalization of Society* 和 Vol. 2: *Lifeworld and System*: *A Critique of Functionalist Reason*(trans T McCarthy) Boston, 1984, 1987。最初的德语版本: *Theorie des kommunikativen Handelns*, Vol. 1: *Handlungsrationalität und gesellschaftliche Rationalisierung* 和 Vol. 2: *ZurKritik der funktionalistischen Vernunft*(Suhrkamp, Frankfurt am Main, 1981)。

〔33〕 J. Habermas, *Between Facts and Norms*: *Contributions to a Discourse Theory of Law and Democracy*(trans Williiam Rehg) Polity Press, Cambridge, 1996, p. 631. 最初的德语版本: *Faktizität und Geltung. Beiträge zur Diskurstheorie des Rechts und des demokratischen Rechtsstaats*(Suhrkamp Verlag, Frankfurt, 1992)。

(communicative reason)代替了“实践理性”。在这里,语言占据着极为重要的地位:

使沟通理性成为可能的,是语言媒介;通过这一媒介,诸多互动连成一体,生活形式得以建立。这种合理性镶嵌在达致相互理解这一语言目的之上,形成了一组既提供可能又施加约束的条件。无论任何人,要想利用自然语言同其受众就世界中的某事务达致理解,就须采用施为性(performative)态度,并承诺特定的前提。在寻求理解的过程中,自然语言的使用者须假定:参与者毫无保留地追求以言施事目标(illocutionary goals)*,他们的同意是与对可批判的有效性主张的主体间性(intersubjective)承认相联系的,并且他们准备承担源自共识且与进一步的互动相关的义务。那些构成言语行为基础的有效性方面,亦传达给了通过沟通行动来再生产的生活形式。沟通合理性体现在某种——由无所不在且先验地启动的结构性条件构成的——去中心化的复合结构中(a decentered complex of pervasive, transcendentally enabling structural conditions),但它不是一种告诉行动者**应该**做什么的主观能力(subjective capacity)。[34]

---

* 根据童世骏的研究,该术语是哈贝马斯从英国语言学家约翰·奥斯丁那里借用而来。奥斯丁区分了三种言语活动:以言表意的(locutionary 或译为非语内行为的),以言施事的(illocutionary,或译为语内行为的)和以言取效的(perlocutionary,或译为语后行为的)。哈贝马斯曾做过这样的概括:“——奥斯丁区别开来的三种活动的特征可以用下面几句话来表示:说某事;在说某事时做某事;通过说某事时做某事而造成某事。”参见[德]哈贝马斯:《在事实与规范之间:关于法律和民主法治国的商谈理论》,童世骏译,三联书店 2003 年版,第 4 页“注②”。——译者注

〔34〕 J. Habermas, *Between Facts and Norms: Contributions to a Discourse Theory of Law and Democracy* (trans. Williiam Rehg) Polity Press, Cambridge, 1996, p. 3-4.

诚然,饶有兴味的是,语言不仅是(包括法律沟通在内的)任何人类沟通形式不可或缺的工具,而且,正是以沟通为目的的语言运用,在定义上预设了我们对某种(沟通)合理性与诸如命题真实(propositional truth)、个人真诚(personal sincerity)和规范性正当(normative rightness)[*]这样的潜隐主张和规则的承认。

对法律理论而言,沟通合理性亦具有重要的哲学影响。通过 10
经由这种沟通取径,哈贝马斯试图建立起事实和规范之间的联系;而20世纪的主要法律理论家汉斯·凯尔森之所以如此成功,就是因为他似乎成功地将事实与规范,即**"是"**与**"应当"**(*Sein* and *Sollen*)完全分离开来。哈贝马斯并不非试图从规范之中**"纯化"**(*purify*)事实,抑或相反,毋宁说,他是想理解二者之间的张力和紧密关联。

关于合理性概念的哲学辩论,最终使哈贝马斯建立了一种翔实的民主理论。由于法律与政治决策紧密相关,这一理论不但对于规范性法律理论的建立有重要意义,抑且助益于描述性法律理论的形成;它亦强烈地影响着法律的方法论。今天,十八九世纪的民主概念和国家理论,仍强烈地决定着传统的法律理论和法律实践。法律与国家之间的当下联系、法官与立法者之间的权力平衡,仅仅依据转变着的诸范式(changing paradigms)而被差强人意地讨论着。

---

[*] 在此,作者实际上借用了哈贝马斯关于"三种有效性主张"的著名观点。哈贝马斯认为,任何以理解为导向的行动者,必须至少提出三种有效性主张,即所作陈述是真实的[或命题内容的存在性前提(existential presuppositions)须得到满足];与既存的规范性语境相关的言语行为是正当的(或它应当满足的规范性语境自身也须具有合法性);言语者所表现出来的意图要言出心声。换言之,言语者要求陈述或存在性前提具有真实性(truth),具有合法性的被调控行动(legitimately regulated actions)及其规范性语境具有正确性(rightness),主体经验的表达具有坦率性(truthfulness)或真诚性(sincerity)。参见 J. Habermas,*The Theory of Communicative Action*:*Vol.* 1,*Reason and the Rationalization of Society*(tran. Thomas McCarthy) Beacon Press,Boston,1984,p. 99。——译者注

如果法律是合乎理性的,合理性又被理解为沟通合理性,那么法律就是沟通本身,而不仅仅是与不同形式的人际沟通有关的事物。

在一种单向度的合理性范式内,我们再也不能正确地理解法律。法律的创制不能被视为一个单向的过程:"公民—选举—议会立法—司法适用。"法律和社会复杂性的显著加剧,已然使得这一图式成为陈词滥调。法官作用的加强,特别是宪法法院和超国家法院的建立,相对于政府和行政机关优势地位的议会作用的式微,不仅仅是"错误的发展",而须得到矫正以使传统的理论适应于现实的发展。这是新的现实,也可能是不可避免的现实;我们必须阐发出(developed)与之相符的新理论:包括描述性的理论(譬如,将法与国家的关系部分割裂开来的一个更加多元化的法律概念)和规范性的理论(譬如,像哈贝马斯式的理论那样的新型民主理论;在这里,我们亦须考虑媒体的影响)。

有待加强的是基于新理论而更多地关注人的互动与沟通——这种新理论不那么个人主义(individualistic),强调超越其成员总数的某种形式的社群(community),例如,强调人的代际义务(intergenerational duties)[35]的生态理论,或者将关注点从个体化的行动者(actor)转向把社会视为一个系统的自创生理论。[36] 在这些理论中,个体不是被视为可以脱离任何具体社群的一种原子化
11 实体,而毋宁是整体的一部分——这种整体不但为孤立个体的加

---

[35] 例如,F. Ost,*La nature hors la loi*:*l' écologie à l' épreuve du droit*(Editions la Découverte,Paris, 1995), p. 242 - 343; H. Visser ' t Hooft, H. Ph., *Justice to Future Generations and the Environment*, Law & Philosophy Library, Vol. 40, Kluwer Academic Publishers,Dordrecht,1999,p. 167。

[36] 例如,N. Luhmann,"The Autopoiesis of Social Systems" in N. Luhmann,*Essays on Self-Reference*,Columbia University Press,New York,1990,p. 1-20;G. Teubner,*Law as an autopoietic System*,Blackwell,Oxford,1993。

总提供了附加价值,而且是任何形式的个体善好生活(good life)得以形成的必要条件和框架。如果这一取径是正确的,这就意味着:对任何法律理论而言,其中心必须是**人的互动和沟通**,而不是个体或法律系统本身。

第二章　定义“法律”

13

第一节　如何下一个定义？

正如前文已论及的，定义一个概念不仅是对该概念所应用的某种现实的（纯粹）描述。学术中的概念形成，进而给概念下定义，与理论的形成密切相关。事实上，它们的相互联系是如此密切，以至于它们实质上构成了一个过程的两个不同方面。[1] 正如理论一样，概念亦是观察和建构现实的一种方式。在人文科学（human sciences）中，概念通常是描述现实和建构现实的一种混合体。

在描述层面，我们要区分被描述的两种不同事实。一方面，在特定社会中，有许多素材（data）一般被认为是“纯粹事实”；另一方面，描

---

〔1〕 C. G. Hempel, *Fundamentals of Concept Formation in Empirical Science*, The University of Chicago Press, Chicago, 1952, p. 2.

述通常不是强调“事实”本身，而是科学家或普通人论说这些“事实”的方式。这是对某种语言运用的一种描述，即对人们谈论现实的某种方式的一种描述。

虽然上述第二种描述可以通过同样“客观”的方式而体现为某种对“纯粹事实”的描述，但显而易见的是，经由这种语言描述，人们提供了对待现实的某种（交互）主体性取径[（inter）subjective approach]。它描述了人们建构现实的方式。再者，一个概念的意义既不是取决于语言的每一个使用者，亦同样不取决于特定时期内的所有使用者。当描述语言的这一用法时，人们不可避免地会选择该概念已被赋予的“一般”或“标准”意义。

人们可以怀疑定义是否在实际上是对现实的建构而非对现实的描述；但是，正如亨佩尔（Hempel）提到的：

> 科学探索的整个历史似乎表明：在我们的世界中，对可观察对象进行说明和预测的那些可理解且简单、可靠的原则，无法仅仅通过对观察对象的总结和归纳性概括而获得……以其对观察性素材的了解为指引，科学家必须创造一套概念——这些概念是缺乏直接实验意义（experimental significance）的理论建构，是依据这些建构来表述的一系列假说，是对最终形成的理论之网（theoretical network）的一种解释。[2]

换言之，唯有深嵌于理论建构并以其为指导，对现实进行内容 14
丰富的（informative）科学描述方始变得可能。譬如，鲸鱼被定义为具有某些其他特定特征的一种巨大的哺乳动物，而不是（至少不首

〔2〕 C. Hempel, *Fundamentals of Concept Formation in Empirical Science*, The University of Chicago Press, Chicago, 1952, p. 36-37.

先是)一种巨大的鱼。这意味着,就我们对动物的描述来说,基于某种动物学理论,繁殖方式要比——譬如——它们是生活在水下、地上或空中的问题,更具有根本意义。

如果承认这是经验科学(empirical sciences)的事例,我们将容易承认理论对于描述的影响在人文科学领域会更大——在人文科学领域,现实很少被视为某种固有事实,而更经常地被看作(“描述者”必然会以这种或那种方式对其进行解释的)某种人类活动。

这会给定义法律带来何种影响呢?首先,在通常被认为是“事实”的法律素材(legal data)层面,人们须考虑“宪法”、“法令”(acts)、“立法者”、“法院”、“国家”、“契约”和其他“法律事实”的存在。

其次,在法律语言层面,人们须考虑相关社会的普通语言、特别是法律人之间语言所赋予“法律”、法律建制(legal institution)* 和法律概念等的意义。

第二节 如何勘定我们(将)称为法律的经验事实的边界?

(几乎)每个法律人(及非专业人士)都将“国际法”称为“法”,但是很多法律理论家都一直并且现在仍然否定其作为“法”的地位。诸多形式的非官方法(既非由国家制定,亦不为国家明确承认的法),不被称为通常法律和非法律说法中的“法”;但是,现

* “institution”一词既有“制度”之意,亦有“机构”之意。通观全文,这两种含义在作者那里都有。基于此,在没有特殊语境时,译者将其笼统地译为兼含“制度”和“机构”之意的“建制”,有明确所指时,则分别译为“制度”和“机构”。但需注意的是,即便同时是中文中的“法律制度”,西学中的“legal system”和“legal institution”并不能等同。大体而言,“legal system”一般指正式的、与国家权力相联系的“外在制度”,而“legal institution”含义则更宽泛一些,其可以包括非正式的规范,比如哈耶克所谓的自身自发秩序等。——译者注

在，越来越多的法律理论家承认它们是真正的“法”。

这两个悖论（paradoxes）表明（法律）理论在何种程度上已实际地决定着（法律）“现实”。现实中并没有“法”这个东西。“法”是人们决定赋予某种事实的名称。人们得以出发的法律理论不同，这一现实就会（稍稍）不同。

饶有兴味的是，在定义法律的过程中，似乎存在理论和现实之间的辩证联系。随着时间的推移，法律在变化，理论亦在变化，而两者之间是相互影响的。譬如，前面提到的两个悖论，只会出现在中央集权的民族国家（centralised nation states）兴起之后。此时，新的政治情势部分地受到了18世纪政治哲学的影响。然而，这一新的法律现实转而也强烈地影响着与下述观念相联系的国家理论和法律概念的出现：所有法律被认为都源于国家——如果不是显而易见地，至少是隐而不显地。从一种纯粹的理论观点看，这种将 15
“法律”与“国家法”联系起来的观点，很难把国际法或非官方的“次国家”（sub-state）法看作（完整的）“法律”。因此，当（国家和法律）理论已经适应了变化了的（政治和法律）现实之后，现实也基于盛行的国家理论和法律理论得到理解和描绘，并在某种程度上得到“调适”（adapted）。

然而，当下的政治现实和法律现实又再次变化起来了。强大的中央集权国家正在消失。在某些国家，更多的政治权力被赋予了分权化的地方机构。在国际层面上，至少拥有某种决定权的国际机构已大量出现。最突出的是欧盟，它接管了其成员国的诸多法定职能（legal competency），但是暂时还不会成为某个新的中央集权的欧洲国家。〔3〕 这一政治现实和法律现实的改变，迫使通行

〔3〕《马斯特里赫特条约》（*the Maastricht Treaty*）（1992年2月7日）中确定的辅助性原则（the subsidiarity principle），已经阻碍了朝这一方向发展的任何趋向。

的国家理论必须做出调整以适应新的情势。因此,我们须对法律多元主义(legal pluralism)的概念采取一种更为灵活的态度,并考虑一个更为宽泛且更少的以国家为中心(less state-centred)的法律概念。这一理论立场的变化,很可能转而会影响法律现实,特别是非国家法的社会地位和权威。

现实部分地决定着理论,理论亦部分地创造着现实。这是一个无须实际上进行综合的持续的辩证性互动(dialectical interaction):它是一个开放式的(open-ended)过程。然而,就像(至少在很大程度上)符合我们对法律之通常理解的那种综合所显示的,对法律下某种定义总是可能的。如果每个人都称“国际法”为法,法的理论定义就应当包括它。若非如此,那么错的是理论,而不是实践。〔4〕 法的理论定义应当以这样一种方式建构我们对法律的共同理解:它符合实践,并为其提供一个清晰、融贯而又合理的框架。

为了推演出这样的一个定义,接下来我们将讨论(有时或者常常)对法律来说是不可或缺的诸多特征。

---

〔4〕 在其他情形下,这当然并不意味着理论可能没有正确地反映法律实践中(法律)语言使用中的变化。但如果将某种实践过于根植于理论,这也可能会徒劳无功。

第三章　法律的（可能）特征

第一节　人的行为、人的互动与法律

法律调整人的行为(human behaviour)。在 17
法律定义的语境中,这一结论似乎是最明显不过且最无须讨论的。但是,其确切意指为何?

法律为可能的人之行为提供了机会,同时限制他种行为的机会。在大多数情形下,人们都会受到社会外在强行规则(立法、判例法和习惯法)的限制。但在其他情形下,他们亦创造着规则本身(譬如,当他们起草一份遗嘱或合同时)。在某种程度上,人们可以说,法律是对人之行为的某种形式的自动调整(self-regulation)(一些理论已经强调了这一要素[1])。从社会层面上看,这

---

〔1〕 例如,自创生理论[G. Teubner, Law as an Autopoietic Syetem(Black, Oxford, 1993)]或德国历史法学派。(C. von Savigny, *Vom BerufUnsrer Zeit für Gesetzgebung und Rechtswissenschaft*, Freiburg im Breisgau, 1892, 1st edn.: 1814.)

是成立的，尽管每个个体对一般性法律规则之实体方面的影响不可避免地仍是极其有限的。在一个开放、民主而又信息畅通的社会中，至少还存在这种影响是真实的幻象。然而，从个体化的人的层面来看，这种影响几乎常常可以忽略不计。

对个体而言，法律并不是他自己能决定甚或影响的东西，而是一种外在的事实，即一种他不得不考虑的现实。从他的观点看，法律好比是外在的自然一样。它既为行为提供了机会，亦对其施加了限制。吊诡的是，对行为的这种限制对于人们能以有意义的方式行为而言又是必要的。如果我们从不知饥肠辘辘的滋味，怎能享受到食物的美味？如果我们从未有过不得不工作的经验，又焉知“假期”为何物？[2] 对法律而言，亦复如此：在一个对所有人的自由都无所限制的社会里，我们又怎能享受自由？在这样的社会里，礼坏乐崩，唯余紊乱。在这种混乱的情势下，自由有如镜花水月——至少不存在我们所理解的这种意义上的自由：在不同种类的行动之间做出的一种选择，即做某事或不做某事的一种自由，其
18 至少可部分确定的是，其他人不（试图）阻止我们去这么做。在现代，一些著名家[3]试图展示法律之于我们远离无序、即远离法律阙如（lawless）社会中“人对人是狼”（*homo homini lupus*）* 之状态的必要性。尽管我们可以不同意他们提出的各种替代性选择，即各种种类的法律系统（当然，它们也是对其时代和文化之特定需求和愿望的回应），但显而易见的是：某种种类法律的存在，即我们称

---

〔2〕 从俄国 19 世纪的文学作品中，我们能知道其中的意味；当时贵族的日常生活完全是惹人生厌、空虚无聊的生活。

〔3〕 例如，霍布斯（Hobbs）和马基雅维利（Machiavelli）。

* 这是古罗马作家普劳图斯（Plautus）在 Asinaria 中留下一句格言，对应的英文为“man（is a）wolf to man”，后经霍布斯转引而广为流传。参见［英］霍布斯：《论公民·献辞》，应星、冯克利译，贵州人民出版社 2003 年版，第 2 页“注释 2”。——译者注

为“法律”的某种秩序的存在,对任何社会都是必要的。

法律为社会中的人之行动提供了一种框架。通过对某类行为予以限制,有意义的行为成为可能。譬如,通过阻止公路左侧行车(或者,在一些国家,是右侧行驶),交通规则使安全驾驶成为可能。对我们的自由进行明显限制,常常是为了增进自由。以比利时为例,我们从一地驾车至另一地的自由没有太多的问题。如果人们可以在马路的任一边行驶,由于会造成不断的交通堵塞和交通事故,从一地驾驶到另一地的自由就将被证明是不可能的。从一种个体化的观点看,这些限制有时可能会让人觉得是对某人自由的一种真正限制。当某人找不到一个停车位时,禁止停车对他来说是很不方便的;当某人赶时间时,车速限制和红灯会使人恼怒异常。但如果有人在过绿灯时,不能期待其他人在红灯线上停下来,情况将会更糟糕。“搭便车者”(free-riders)典型地利用了这一事实:几乎其他所有人都在遵守规则。恰恰正是因为大多数人在陷于交通堵塞时遵守了规则,譬如,没有利用硬路肩(the hard shoulders)(因为这本应该留给警察和医护人员使用),那些“搭便车者”始有机会利用该硬路肩而避免交通堵塞。如果大多数司机都和他们一样,每个人,包括那些帮助解决堵车原因的服务人员,都将再次被堵住。

在某些场合下,禁止谋杀的道德和法律规则似乎不方便;但这些规则,至少法律规则,对创造——免受持续的谋杀威胁的——最低限度安全来说,具有不可估量的益处。

所有这些证明法律在多大程度上是一种**社会现象**(societal phenomenon)——尽管权利和义务常常具有某种更受限制且更个体化的个人(或人际)范围。

当人们试着设想一个——像鲁宾逊·克鲁索(Robinson

Crusoe)一样——完全独自生活在孤岛的人时,法律的社会性特征就变得清晰起来。在这种情形下,刑法、物权法(property law)、民法、社会保障法和税法等任何一项法律规则都没有任何意义。[4]
19 但是,一旦我们设想第二个人与我们的鲁滨逊生活在一起,几乎所有种类的法律规则都变得有意义。[5] 因此,法律并非主要关切人的行为,即个体化的人的行动本身,而是主要关切人的**互动**(human *interaction*),即人们之间的行为、人的沟通。

第二节　作为一套规范的法律

法律并非描述着现实,而是规定着现实——或者更确切地说,规定着人们之间的行为。当然,这是法律现象中极显著的特点之一,是使我们将法律与几乎所有其他事物区别开来的一个特点。在法律之外,确实存在较少的规范性体系或规范集合。我们可能会提到道德、宗教、意识形态、习俗、惯例(usages)和礼仪等,但是可能没有更多的了。规范的典型特征是它们告诉人们在特定情境下如何行为。遵守规范有积极的价值,违反规范则有消极的价值。

---

〔4〕 当然,如果人们愿意将"权利"赋予自然,这似乎是某种"法律";但当人们试图将法律概念适用于这一情形时,这显然根本没有任何意义。人们该如何现实地用"自然的权利"(right of nature)去对抗鲁宾逊? 由于"动物权利"(animal rights)的概念似乎现在尚未获得法理学学者们的真诚辩护,我在此将不申而论之。参见拙作:"Confusion on the Concept of 'Rights': The Case of the so-called 'Animal Rights'", in A. Peczenik and M. Karlsson(eds), Law, Justice and the State, Vol. 1, Essays on Justice and Rights, ARSP Beiheft 58, Franz Steiner Verlag, Stuttgart, 1995, p. 215-225.

〔5〕 阿尔夫·罗斯(Alf Ross)曾将象棋比赛当作一种社会现象的事例:我们不可能独自下象棋(社会现象也是如此)。象棋比赛,连同大多数其他游戏,只会因为人的互动才有意义。这种互动不仅仅是个体独立行动的总和。[Alf Ross, On Law and Justice (University of California Press, Berkeley and Los Angeles, 1958), p. 13-14.]

这意味着:如果其他人知道后,对一个规则的违背,随之而来的将是某种社会制裁。至少,他人的指责(disapproval)将会产生。较强有力的一种制裁是将其逐出团体之外。[6] 法律的典型的特征是:(1)在违反规则的情形发生之前,制裁措施以一种更为具体和精确的形式被一般性地确立下来;(2)这种制裁的过程本身也是由法律来组织的。稍后,我们再谈论这一问题;在此,我们仅关切法律的规范性特征。

在法理学著作中,关于产生法律规范性特征的这种现实,人们采取了许多不同的立场。一些人认为,它是某个主权者的意志,即某个法律供给者(law-giver)的意志。[7] 另有许多人认为,它从上位规范中推导出来,而这些上位规范最终立基于某种[虚构的,或认识论上**先验的**(a priori)]“基本规范”之上。[8] 但也有其他人认
为,法律是那些被期待适用它的人(公民[9]和/或法官[10])对规范 20
的接受,而这种接受为规则真正赋予了某种规范性权力(normative power)。

看起来显而易见的是:规则的规范性特征不能仅仅被化约为

---

[6] 在前现代时期,驱逐(Banishment)常被当作一种非常严厉的惩罚。在初民社会,短期内,它可能具有一种与死刑类似的效果。

[7] 比如,奥斯丁和边沁,[J. Austin,“The Province of Jurisprudence Determined”(1st edn,1832).]重印本 *The Province of Jurisprudence Determined and The Uses of the Study of Jurisprudence*,Weidenfeld and Nicolson,London,1955,p. 1-361;J. Benthan,*Of Laws in General*(ed. HLA Hart,University of London Athlone Press,1970),对奥斯丁和边沁思想中的这一点的一个很好总结,参见 R. Cotterrell,*The Politics of Jurisprudence*,Butterworths,London/Edinburgh,1989,p. 55-82。

[8] H. Kelsen,*Pure Theory of Law*,trans M. Knight,University of California Press,Berkeley,1967,特别是第 193~217 页。

[9] 根据斯堪的纳维亚现实主义(Scandinavian Realism)的观点。参见 A. Hägerstrome,*Inquires into the Nature of Laws and Morals*,Almquist & Wiksell,Uppsala,1953。

[10] 根据美国现实主义的观点。参见“The Path of Law”,(1897) *Harvard Law Review* 457-78. p. 463:“我所谓的法律是对法院实际上将要做什么的预言,而绝非什么矫饰浮夸之辞。”

源自规范发出者(norm-sender)或规范接受者(norm-receiver)的某种心理上的意志、期待或者意愿。法律的规范性特征显然源自规范发出者与规范接受者之间的某种互动。出自某人或某个机构的一个命令或规则,如果其权威性不被那些被期待适用它的人所接受,该命令或规则只是僵死的文字而已。因此,“书本上的法”(law in book)与“行动中的法”(law in action)的区别得到阐释。如果人们在预先决定某一案件情境下规则内容(的最恰当解释)时否定了历史上的法律供给者之权威,行动中的法(实际有效的法)的具体形态将取决于相关公民、官员和(或)法官是否接受该规则,而不是取决于“法律供给者”的“意志”。

但是,在实践中,只要[自充的(would-be)]法律供给者有某种权威,其制定的规则至少会被作为一个出发点而加以考虑。在当下(西方)社会,如果明确漠视(历史上的)立法者的意志——这种情况实际上不是经常发生——必须给出这样做的好理由(或至少是解释者观点中的好理由)。在这些情形下,在法律供给者与(大多数情形的)法官之间明显存在某种互动,即某种沟通过程——在这一过程中,存在意志表达与对潜隐于该意志之下之权威的接受之间的某种互动,亦即存在权力与受制于该权力的感觉之间的某种互动。就正确地理解法律现象而言,这是不可或缺的;对此,我们稍后再谈。

如果法律是一套规范或规范的集合,那它也是一种规范性**体系**吗?法律旨在调整即组织人的互动。为了至少在最低范围上达到这一目标,法律规范集合内的某种统一性(unity)即融贯性(coherence)是一项根本要求。一种规范试图达到的目标不应该为另一种规范所破坏。如果基于某一法律规范的某种行为同时被其他规范禁止,那么鼓励该种行为也没有意义。基于此,法律有必要成为一种**规范性体系**,而非仅仅是规范的一种无序集合。我们暂且不谈法律系统是何种类型系统的问题。

我们可以简单地得出结论说:法律规范总是组成一个法律系统——至少是在规范之间某种融贯的逻辑联系的弱势意义上的。

第三节 作为制度化的规范性体系的法律

一、形式上的制度化

在过去,与其他系统相比,强制性规则(enforcing rules)的实际 21
权力常常被视为法律系统〔11〕的主要特征。今天,人们更强调法律的制度化特征。用赫伯特·哈特(Herbert Hart)的话说,法律是"第一性规则(primary rules)和第二性规则(secondary rules)的结合体"。〔12〕

---

〔11〕 在本书中,我在广义上使用"法律系统"一词,它与"法律秩序"(legal order)同义。严格说来,"法律系统"暗含着诸如闭合性(closure)、一致性(consistency)和完整性(completeness)等性质(properties),"法律秩序"则无此要求。[关于这一区别,参见 J. Bengoetxea, *The Legal Reasoning of the European Court of Justice*, Clarendon Press, Oxord, 1993, p. 36-37。]

〔12〕 H. L. A. Hart, *The Concept of Law*, Clarendon Press, Oxford, 1961, p. 77-96. 同时,"第一性规则"和"第二性规则"的概念在哈特所用的意义上已经是通用的说法。一般来说,"第一性"和"第二性"用语可能暗含着不同种类的关系,即时序性(第二性后于第一性产生)、功能性(第二性不及第一性重要)或等级性(第二性位于第一性之下)。[关于这种可能意义的种类及两者的相互关系,参见 N. Bobbio, Nouvelles, "Nouvelles réfilexions sur les normes primaries et secondaires" in C. Perelman (ed.), *La règle de droit*, Bruylant, Brusseles, 1971, p. 104-122。]在这里,我是在哈特意义上使用这两个词,它们既无时序性,也无等级性,而仅具有功能性;但是,不是博比奥(Bobbio)所界定的那种"功能性",即第二性规则没有第一性规则重要。当然,人们在某种程度上可能会争辩说:由于第一性规则是法律的**存在理由**(Raison d'être),因此具有首要的重要性。但是,没有第二性规则,我们可能有一个如同道德般的规范性体系,但不会有一个**法律系统**。因此,第二性规则

正如道德、礼节和其他规范性体系一样，法律包含允许或禁止某种行为的“第一性规则”。但不同于所有其他规范性体系的是，法律系统也包含其他不同的规则类型，这些类型并不与人们应当如何行为有直接关联。这些“第二性规则”是关于规则的规则。它们建构和调整着第一性规则，也使行为规则制度化。法律本身明确规定谁有权力去创制、改变或废除法律规则；为了在法律系统内形成有效的法律，法律也规定了前述行为必须如何进行。法律也决定着无论何种给定情形下违反第一性规则或第二性规则时，谁有权力对该问题作出权威性的决定，以及如何作出该决定，即为了获得法律系统内的这一权威性决定，必须采取何种程序。与法律的职
22 业化(professionalisation of law)一起，这导致了专门机构，特别是议会、行政机关、司法机关的发展，并因之使得法律具有强烈的制度化特征。

因此，这种制度化有两个方面：结构与程序。它有两个层面：法律的制定与法律的适用。

在每种法律系统中，都有规范创制(norm-creating)和规范适用(norm-applying)的机构，即使有时它们可能人员、机构同一(比如，初民社会的部落首领，也是当时发展着的法律系统中的法官)。规范创制和规范适用的这些职能是制度化的，至少在下列意义上是：

与有关行为的第一性规则对法律系统的存在和运行是同等重要的。它们司职各异；在这个意义上，只有第二性规则才是一种元规则(meta-rules)，即一种关于规则的规则(rules about rules)。最后，博比奥也是这个语境下坚持“第一性”和“第二性”的这种含义的(同上，p. 112)。在其最后一本著作中，凯尔森采用了第一性规则和第二性规则区分的说法(没有提及哈特或任何其他作者)。但是对他而言，施加于官员(法官、行政官和诸如此类)的制裁性义务(sanctioning duty)被称为“第一性”的，因为规范首先适用于他们，而仅仅间接地适用于公民。因此，依凯尔森之见，行为规则被称为“第二性”规则。(Kelsen, *General Theory of Law*, Clarendon Press, Oxford, 1991, p. 142-143.)

在法律系统适用的社会或社会领域,这些职能被认为是由法律系统赋予其职能的特定的某一(某些)个人或机构行使着的。甚至,当这两个职能由同一个人或机构实施,其差别也是明显的。一般性规则的制定、表达(the wording)以及人们**在观念上**(in abstracto)的接受,明显不同于它在某一具体案件的适用。这种差异并不在于这样一个事实,即规则的存在是隐藏着的,唯有当法律系统内的某一官员适用它时才会清楚地显现出来。〔13〕单单经由规则的制颁(enactment),而无须文职官员(civil officer)、法官或其他官员的干预,规则对人们的行为就有深远的(far-reaching)影响。美国现实主义法学家会说:之所以如此,乃是因为人们可以预料到若非如此行为将遭至的这些官员的可能决定。从一定程度上看,的确如此,但这并非人们行为的唯一解释。对法律系统中官员可能决定的预期不是决定人们行为的唯一因素,甚至可能也不是主要因素。我们可以拿它同影响人们健康的行为做一比较。当人们在吃饭、喝酒等时,大多数人并不是首先(更况论仅仅)基于自己对“我的医生将会对此说什么”这一设问的回答而决定其行为的。但当其自发地遵守一般性规则时,他们也是将该规则适用于具体情形。那么,公民与文职官员或法官适用法律的区别在哪里呢?区别并不在于将一般性规则与具体事实及该规则所必需的(事实和法律)解释相结合。实际上,这会发生在所有适用法律的情形中。这种区别乃是在于法律系统所赋予一般称为“法官”或“法院”的某个个人或机构的权力,即当他们将法律应用于具体事实时可以提供一个关于该法律的**权威性解释**(a authoritative interpretation

---

〔13〕正如德国学者迈耶(Mayer)所言:“通过法官的判决,法才成为具体的命令。”(“Erst durch die richterliche Entscheidung wird das Recht ein konkreter Befehl”) M. E. Mayer, Rechtsnormen und ulturnornmen, Breslau, 1903, p. 45.

of the law)的权力。不仅法律系统中(一般性)规则的制定是制度化的,而且当规则之于特定情势的适用性有疑问或争议而需确定规则的确切意义和适用范围的权力也是制度化的。在法律系统的发展过程中,这种权力可能是最先制度化的。在初民社会,“制定”法律的权力仍然相当模糊,亦即纯粹是基于习惯法(而且,与宗
23 教和道德规则相混合)组织起来。在这些法律系统中,在具体争论中有权给出法律的权威性解释的人或机构将在很大程度上否定一般性规则的存在和表达。[14] 事实上,在法律系统中,被制度化的不是“法律的制定”或“法律的适用”本身。一方面,被制度化的是以一般化的方式权威性地确定规则的存在、内容和范围的权力;另一方面,它是权威性地确定法律对于某一具体案件的适用性的权力。

人们可能会怀疑区分第三种类型的第二性规则即哈特所谓的“承认规则”(rule of recognition)的可能性。对哈特而言,这种承认规则指引着我们确定何种规则可被视为法律系统的组成部分以及如何识别它们的方法。比如,可以着眼于下列可能事实:由一个特定机构制颁(enacted)的事实,或是长期的习惯性惯例(customary pratice),或它们与司法裁决的关系。承认规则为规则提供了一种权威性标识(mark),借此标识我们可以识别出规则是否为法律系统的组成部分,并使之保持统一。[15]

哈特所考虑的是一种法律渊源的理论(a theory of legal sources)。当然,这一理论对每种法律系统而言都是必要的,但它存在一个矛盾的情形。一方面,它涉及“改变规则”(rules of

---

〔14〕 这也适用于这种情形,即当一个缺乏成文规则(written rules)的某个私人俱乐部主席谴责一个下级成员的行为时说:“这违反了我们俱乐部的规则。”

〔15〕 H. L. A. Hart, *The Concept of Law*, Clarendon Press, Oxford, 1961, p. 89-96.

change),该规则使得个人或机构可以引进、更改或废止第一性规则或第二性规则;另一方面,它又关涉该接受法律系统的某种意识形态性的立场(ideological position)。在第一种情形,它符合“改变规则”;在第二种情形,就像凯尔森的基本规范一样,它游离于法律系统之外。在一些欧洲国家,法院已经把不成文的“一般法律原则”当作法律的一种渊源。当他们将欧盟的规则作为优位于国内法律的规则对待时,他们不仅在用其权力适用法律,而且也改变了国内法,有时甚至是根本性的改变。他们对这些新的法律渊源的接受不是对某种预先存在的“承认规则”的适用,而是由非法律价值观(values)决定的一个意识形态化的选择。法院对这一新的法律渊源的接受转而在很大程度上也被社会中的法律人和非法律人(non-lawyers)所认可,因为它符合国家法律系统正被讨论的公民所接受的意识形态框架。这是作为法律系统组成部分的一种“承认规则”吗?实际上,它并不是法律系统的组成部分,而是社会中法律系统接受的一个条件。它不是一个内在要素,而是外在的。它是一种信仰(belief),即一种接受、一种意识形态立场。就像凯尔森的**基本规范**一样,它不是一种规范,而是一种事实。

从定义上看,“承认规则”不能被看作法律制度化(institutionalisation of law)的一部分。它是法律系统的社会滋育场(societal breeding ground),而非法律系统本身。这种“社会滋育场”根本不用制度化,而是在不断变化。我们今天作为一个法律渊源而接受的可能明天不被接受;反之亦然。对一个法律系统的社会接 24
受,不是对某一单个基本规范的某种信任或接受问题。在因经由其第二性规则导致的制度化而对一种法律系统的正式接受(formal acceptance)与对正式程序的结果之内容的意识形态化接受之间存在着某种互动。就一个法律系统的接受而言,两者中任何一个都是不够的。比如,如果法院作出决定说今后凡由罗马教皇制颁的规则都是法律系统的组成部分,这些规则从未因此而真正成为法律系统的组成部分,因为在社会中人们会因其内容而并不接受该决定——尽管人们对法院确定法律规则的这一正式权力是完全认可的。但是,如果罗马教皇决定说欧盟的规则优位于欧盟领域内某国家法律系统的国内法律规则,该决定也不会被看作该国法律系统的组成部分;正式的原因是教皇未被授权能更改法律,或者作出关于欧盟成员国法律问题的权威性决定。人们可以一般地接受其“决定”内容这一事实将是不充分的。

二、社会学上的制度化

法律在“社会学上的制度化”(Sociological Institutionalisation)关涉适用该法律系统的人们对其的接受。从法律系统的视角看,它是法律的实效(efficacy)问题。

即使那些试图把规范与事实,即**是**与**应当**(Sein and Sollen)、法律规则的规范有效性与实际有效性分离开来的学者,也逃避不了这一事实上的社会学问题。因此,凯尔森说:

> 仅当其属于大体上有实效的法律秩序(legal order)时,(科学的)法理学才把一个法律规范视为有效的规范;也就是说,仅当其行为被法律秩序调整的个体实际上大体如同该法律秩序所要求的那样行为时。[16]

的确,任何有关法律性质的理论都应有一个区分纯粹虚幻的

---

〔16〕 H. Kelsen, *What is Justice*, University of California Press, Berkeley, 1996, p. 268.

法律系统和“真正的”法律系统的判断标准。换言之，我们可以得出结论说：“法律”或“法律系统”这一术语在通常用法中总是关涉某种规范性体系；该体系至少(曾经)具有某种有效的(effective)功能。如果某人说“那是法律”，他(她)通常是指一个有效的法律系统，而非指某种虚幻的规范性体系。因此，我们需要某个(些)判断标准来界定一个法律系统可能被视为在社会学上已被制度化(被认为有实效或在社会上被接受)的最低条件。

作为定义法律的一个要素，最低限的实效一般可以在某法律 25
系统的大多数规则被一般地实施(practised)时看到。[17] 然而，这种观点必然带来几个问题：

首先，人们必须确定哪些规则属于该法律系统，哪些不属于。当同时涉及法律渊源问题(比如，不成文的一般法律原则)和法律解释的整个问题时，事实上很难判定这一问题。

其次，即使这一识别问题能够解决，衡量规则被实施的程度也很困难；因为对每个规则都需要大量的社会学调查。

最后，为了断言一个法律系统是有实效的，因而是存在的，人们有必要在最低限的实效这一问题上达成共识；而众人同意的最低数量的规则又满足这一实效。要达成这种共识，若非不可能，则很困难。人们必须更重视——比如——婚姻、契约、谋杀、盗窃等规则而非——比如——交通规则吗？如果这样，那么是在何种程度上？

显而易见，以规则中正被实施的比例百分之 x，乘以实施的平均水平百分之 y，来判定一个法律系统的“存在”，是行不通的。

但是，为区别某种“真正的”法律系统和被某个作者或疯人视

---

〔17〕 例如，参见前文对凯尔森的引证。

为“法律的”、某种虚幻体系，人们能直观地感知到我们需要搞清法律系统“有效的”程度。

关键是，一个法律系统的实效不是它所包含的法律规则实效的总和。即使其大量的规则被违反[比如，存在大量的青少年犯罪(delinquency)、逃税、交通违章等]，一个法律系统也可能是有效的。实效与法律建制(legal institutions)的实效，即法律系统第二性规则的实效有关，而与有关行为之第一性规则(primary rule of behavioral)*的实效无关。

但是，当人们说法律系统的第二性规则被“一般地实施”时，它意味着什么呢？它仅仅意味着我们一般地承认某些机构和官员有权制定有效的法律或做出有法律效力的决定。因此，我们是在(社会)心理学层面、而非社会学层面讨论问题，这就带来了进行经验考量的深层问题。对某一法律系统的实际“存在”而言，产生某种相信一套第二性规则存在且有效的社会心理趋向(social psychological climate)的确是必要的。然而，我们只能多少有点专断地确定我们所要求的(对规则)的最低限接受。

行为规则被实施的程度和第二性规则被接受的程度之间的区别，使我们得以将一个法律系统与纯粹的暴力区别开来。当问及

---

* 哈特本人并没有使用“primary rule of behavioral”这一术语，这是本文作者根据哈特关于第一性规则的界定而使用的。在《法律的概念》中，哈特认为，第一性规则是指向行为的，在这种规则的规范下，“人们被要求去做或不做特定行为，而不管其是否愿意”；第一性规则“科以义务”，它“关切涉及身体运动或变动(physical movement or changes)的行为”。[参见 H. L. A. Hart, *The Concept of Law*, Clarendon Press, Oxford, 1961, p. 78-79。]作者正是据此而使用“primary rule of behavioral”这一术语；而我之所以将其译为“有关行为的第一性规则”，而非“行为的第一性规则”，也是主要基于哈特的语境。而且，我们也可运用“反证法”证明之：而若将其译为“行为的第一性规则”，言外之意似乎是还存在“行为的第二性规则”，这显然有悖哈特的原意。这里采纳了原吉林大学理论法学研究中心博士生、现上海海事大学法学院副教授沈映涵的意见，特致谢忱！——译者注

"是黑手党(the Mafia)、还是意大利政府在掌控着意大利南部社会"时,答案将可能是"黑手党"。但是,一般认为意大利法律系统在意大利全境内都是有效的。即使当其有关行为的第一性规则常被违反时,黑手党也不能控制人们对第二性规则有效性的信仰。黑手党拥有的唯一权力,是在遵守第一性规则的层面上影响人们的行为。即使黑手党符合了足以否定一个法律系统的所有其他评判标准,它也缺乏一种接受该"法律系统"第二性规则的社会心理趋向(与纳粹德国不同,后者的法律系统亦满足了这一要求)。 26

所以,我们可以得出这样的结论:一个法律系统的社会学上的制度化,意指其所适用的社会中的**普遍接受**(generalised acceptance),即因**形式上的制度化**在该法律系统内发展起来而产生的对**形式上的制度化**的**普遍接受**。[18]

三、职业性制度化

职业性制度化(professional institutionalization),不是一个法律系统存在的一个条件。在原始的或者其他更受局限的非国家法律系统中,功能的制度化是足够和可能的,而无须任何职业性制度化:作为法官的酋长,首先是群体的首领;制定某个体育俱乐部规则和/或有权对该规则进行权威解释和适用的委员会成员们,在体育领域外可能都有其全职的职业活动。

然而,职业性制度化的程度可以让我们确定法律系统的发展

---

〔18〕 其他团体、社会和国家的承认本身是无关宏旨的,但很明显这种(不)承认可能强烈地影响相关社会内的(不)承认。

水平。[19] 一个充分发展的法律系统,包括三种法律职业:职业化的法律制定者(law-maker)(如议会议员)、司法的专职人员(如法官)和专于法律学说(legal doctrine)的专职人员[如法律学术(legal academics)]。[20] 每一种类的制度化程度可能也不同。比如,国际法有高度的法律学说制度化水平,但法律制定和法律适用的制度化水平则很低:条约一般由来自国家法律系统的专职人员起草;像
27 战争特别法庭这样的法院,常常临时由那些其他国际法院的非专职法官组成,甚至不是由其他法律系统的职业法官组成。罗马法具有较高的法律适用和法律学说制度化水平,但其法律制定的制度化水平则不高。一些国际体育组织具有相当发达的制颁规则和裁决案件的职业化水平,但完全没有法律学说的职业化。

一般来说,只有现代的国家法律系统在上述三个层次才有充分发展的职业性制度化。[21] 但明显例外的是:罗马天主教堂的教会法律系统(the ecclesiastic legal system)也有高度专业化的人员从事法律创制、法律适用和阐释教会法律学说(canon law doctrine)方面的工作。

---

[19] 马克斯·韦伯已经为我们提供了关于这方面的有趣分析;他认为,包括学究化的学理工作(scholarly doctrine work)在内的一种法律职业是最发达法律系统的典型特征。Max Weber, *Wirtschaft Und Gesellschaft*, JCB Mohr, Tübingen, 1972, p. 503–513. 特别是第 504 页。

[20] 作为一个法理学者,人们会尝试添加第四层次(当然是最高层次的)的职业化:职业性的法理学者。但不幸的是,这不可能。上述三种法律职业对法律内容有直接的影响;它们是相关法律系统的组成部分,即是"法律的渊源"(sources of law)。从法律理论家和法律哲学家的角度看,他们是从外在视角研究法律;由于是为其他三种法律职业服务,其著作与某种具体法律系统并无排他性的关联。他们本身并非共同决定(co-determine)任何法律系统内的法律之内容(即使他们可能对其他法律职业产生影响,但这与非法律人可能产生影响的方式并无实质不同)。

[21] 与法律职业的不同位置相联系,发达法律系统之间存在区别;最显著的是当其与欧洲大陆法律相比时的英国普通法。参见 Max Weber, *Wirtschaft Und Gesellschaft*, JCB Mohr, Tübingen, 1972, p. 507–510; R. C. van Gaenegen, *Judges, Legislators and Profesors, Chapers in European Legal History*, Cambridge University Press, Cambridge, 1987。

发达法律系统的一个特征,就是法学院里的法律学术(legal scholarship)的职业化,因为一个不厌其详的法律学说是这种发展的根本条件。

第四节 法律与国家

法律的概念通常与集权国家(centralised state)的概念紧密相连,集权国家被认为是法律的唯一渊源。〔22〕实践的变化〔23〕和理论的发展,〔24〕都极大地弱化了这些理论的地位。在理论层面上,法律人类学和法律社会学的研究成果,关于国际法及其他同类法律的讨论,已经使很多法律人确信我们应对法律采取一种更多元化的取径。〔25〕

---

〔22〕 最突出的是汉斯·凯尔森(Kelsen, *Pure Theory of Law*, University of California Press, Berkeley and Los Angeles, 1967, p. 239-319)。在他看来,任何关于法律和国家的二元论(dualism)思想都是错误的(参见特别是 p. 318-319),更何况论在同一地域内法律秩序的多元主义(pluralism)主张了(p. 315)。

〔23〕 关于多元主义在欧洲的发展,特别是参见 AJ Arnaud, *Pour une pensée juridique européenne*(Presses Universitaires de France, Paris, 1991)。

〔24〕 贝诺特·弗莱德曼(Benoît Frydman)正确地指出当下关于现代性支柱即个体自由、平等、民主和法治的观点都有一个共同点:国家不再扮演中心角色;法律不再被看作国家的法律:经济学的取径占据了一个更全球化的位置(more globalised position),社群主义理论(communitarian theories)专注于分享共同价值观和共同谋划(project)的同质共同体(homogeneous communities),而程序性理论(procedural theories)也在更全球化的框架内强调市民社会的重要性。[B. Frydman, *Les transformations du droit*(Story-Scientia, Brussels, 1999), p. 97.]

〔25〕 例如,参见 J. Griffiths, "What is Legal Pluralism?", (1986) 1 *Journal of Legal Pluralism and Unofficial Law* 1-55(38); F. Rigaux, "Le droit au singulier at singulier at au pluriel", (1982) 9 *Revue interdisciplinaire d' études juridiques*1-61; B. de Sousa Santos, "Driot: une earte de la leeture déformée. Pourune conception post-moderne du droit", (1988) 10 *Driot et société*, 1988 363-390; R. Verdier, "Le droit au singuliet at au pluriel. Juridicité et cultures juridiques", (1990) *Droits* 73-76; J. Gijssels, *Recht*, *ruim bekeken*, Kluwer Rechtswetenschappen, Antwerp, 1991。

28 在政治发展层面，人们会考虑关于人权的讨论，特别是在欧洲——考虑欧洲某种“国家多元主义”(state pluralism)观念的兴起。经由分权而给予省、地区或其他被界定为文化实体(cultural entities)(不必在地域上)的单位更多的自治权，民族国家(national states)已然失去了其某些权力；而一部分传统的国家主权，已让渡给了欧盟。

因此，国家的中心地位大大弱化。既然法律系统不再与一个集权国家紧密相连，那么它就几乎不能再被视为至高无上和无所不在的了。[26] 当国家法律系统受制于更多的法律系统(比如，欧盟)的决定时，它就不再是至高无上的了。同样，欧盟也不能被看作至高无上的；因为它仍只有有限权力，当然也就不是一个欧洲超国家实体(European super-state)。而且，欧盟任何一个成员国似乎仍可随时自愿甚至部分地撤回自己的承诺(比如，《马斯特里赫特条约》)。这些国家的法律系统，也不是无所不在的：因为经济生活由欧盟掌控，军事事务是国家的内部问题，而文化事务则是一个地区性的问题(例如，比利时国家议会不再享有干涉教育问题的权力)。

国家和国际体育组织、组织化的少数民族和教会等，越来越被认为有着自己的法律系统。当其与“国家”法律系统冲突时，产生的是权力运行的实践问题，而不是规范性等级的理论问题。人们正越来越认识到订立契约的机会，要优于法律系统，而不是相反——就像在国际法中，与某种国际“国家”(international “state”)无关的条约可以是“有效的”。

尽管没有一个“国际国家”即“国际政府”，国际法仍是完全的

---

〔26〕 在拉兹(Raz)看来，法律系统有三个标志性特征，这是其中的两个。(J. Raz, *Practical Reason and Norms*, Princeton University Press, Princeton, 1990, p. 150-154.)

“法律”，因为它是一个制度化的规范性体系——尽管其制度化的程度比国家法律系统低。所有把法与某种国家组织相联系的理论运用于“国际法”概念中，都是有问题的。只要不存在一个“世界国家”（world state），只能或者认为国际法根本就不是法，或者至多将其界定为一种“不完全的”（incomplete）法律系统。

当然，迄今为止，国家法律系统仍是最完善的，因为其覆盖社会生活的几乎所有方面，而且有最先进的制度化水平。这种更强势的制度化，不是**形式**层面或功能层面的制度化。除有关行为的第一性规则外，法律创制和适用的结构和程序可以被看作每种法律系统的典型特征，亦是其定义的一部分。

社会学上的制度化，使得我们能把大部分国家法律系统与——比如——黑手党的“法律系统”区别开来；但在实践中，有些国家法律系统则和它们无异，因为其几乎完全仰赖纯粹的强迫而 29
在实践中被接受。但是，国际法或大量的次国家法律系统，也实现了社会学上的制度化，却常常无须任何强迫。

实际上，上述制度不同区别在于**职业制度化**的水平不同。国家法律系统有着最先进的职业制度化水平，最显著地表现在法律学说的制度化上。但即使在这里，也不能将其作为区分国家与非国家法律系统的一个明显评判标准——正像前文教会法例子所展示的那样。

由此，最终似乎不存在一个可资利用的评判标准能让我们把“法律系统”限定为国家法律系统。而且，我们也没有应当试图那么做的理由。一旦有了一个“国家”的定义，我们就能自动地区分两种法律系统。但是，我们应该考虑“法律”概念的通常用法。如果每个人都称国际法为“法”，那么我们须建构一个能足以涵盖国际法的概念，除非我们有强烈的理由不这么做。此外，我们需要一个能含括国家法及所有与之类似的规范性体系的概念。最后，我们也可以争辩说:“国家”的概念本身就是一个须以某种国家或国际法律系统为基础的法律概念。[27] “国家”并没有提供一个外在的标准或概念,能使我们从外在视角来把握法律系统的概念。

达到这个最终目标的唯一办法,是将法律放在社会情境(context)中考察,找到能把特定种类的结构化的社会关系(structured social relations)界定为“法律系统”的评判标准。不可避免的是,这一取径也将达致“法律多元主义”,即导致法与国家法的分离。

> “法律多元主义是与社会多元主义相伴而生的:社会法律组织是与社会组织相一致的。”约翰·格里菲斯(John Griffiths)如是说,他又补充道:“……社会行动总发生在一个多重的,即重叠的‘半自治社会领域’的情境中……”[28]

这使我们从作为“法律”定义起点之“国家”的**法律**概念,转向了一个社会学的“共同体”(community)概念。我们又回到了那句古老的格言“*Ubi societas, ibi ius*”(**只要有社会就会有法律**)[实际上这已被许多法律人(和非法律人)限定为“*Ubi civitas, ibi ius*”(**只要有国家就会有法律**)]。“**社会**”不是仅仅被看作任何种类的共同体,而是指一个给定地域内的主要政治共同体。

约翰·菲尼斯(John Finnis)给我们提供了一个含义更广、更能令人信服的与法律相关联的“共同体”的概念。依菲尼斯之见,一
30 个共同体可以说存在于:

---

〔27〕 A. Hägerstrom, *Inquiries into the Nature of Laws and Morals*, Almquist & Sikell, Uppsala, 1953, p. 101-102.

〔28〕 J. Griffiths, “What is Legal Pluralism?”, (1986) 1 *Journal of Legal Pluralism and Unofficial Law*, p. 38.

在一个可感知的时间跨度内,许多人为了一个共享的目标以互动的形式而进行协作(co-ordination)活动的任何地方。[29]

菲尼斯似乎把法律系统的概念,限定为"完全的共同体"(complete communities);在这里,"个人、家庭以及中间社团的巨大网络关系的主动性(the initiatives)和活动"[30],是协调一致的(co-ordinated)。显而易见,他考虑的是一种与国家概念相当接近的社会组织形式,但它并不先验地局限于一个"国家"的法律建构。然而,其"共同体"定义似乎为界定法律系统找到了一个非常恰当的出发点。人们可以说,一个法律系统就是一个"**制度化的共同体**"(institutionalised community)。菲尼斯定义里的协作要素,已部分暗含了某种功能的(形式上的)制度化,但是其本身并不包含有关行为的第一性规则与有关法律制定和适用的结构和程序的第二性规则之间的这一区别。"共享的目标"这一要素,显然指涉一种社会学上的制度化,也许这种制度化的意味甚至太强了点。在有限权力强制规则实施的小型共同体,这样一个共享目标对于其共同体、进而其法律系统的形成与维持将是必要的。在更匿名化、包罗更广的较大共同体,共享的目标可能非常有限(或许仅仅是为了**某种**社会组织的需要),远不是为每个成员所共同分享。然而,在这些情况下,传统、教育以及现实选择性的缺失、人们对法律系统最终会运用强制力之知识的欠缺,将强烈地影响着(几乎)所有共同体成员对法律系统的实际接受程度。

---

〔29〕 J. Finnis, *Natural Law and Natural Rights*, Oxford University Press, Oxford, 1980, p. 153.

〔30〕 J. Finnis, *Natural Law and Natural Rights*, Oxford University Press, Oxford, 1980, p. 147.

按照罗杰·科特雷尔(Roger Cotterrell)的分类,“共同体”有四种理想类型(ideal types);它包括了能成为共同体组成部分的所有不同种类的集体类型:(1)由有时是偶然的、习惯的或传统形式的互动形成的**传统共同体**(trditional community,比如,一个语言共同体);(2)**工具性共同体**(instrumental community),秉承某一共享目标的某一利益共同体(比如,一个体育俱乐部);(3)有共同信仰或注重连带和互依的共享价值观的**信仰共同体**(community of belief,比如,一个宗教团体);以及(4)由相互感情将个体维系起来的**情感共同体**(affective community)(比如,一个家庭)。[31]

我们可以假定,任何“情感共同体”概念与“法律系统”的共同
31 观念都是迥异的。尽管法律也调整这种情感共同体的运作,尽管对法律、国家等诸如此类的正面情感影响可能对法律的实效很有助益,但它并不是“情感共同体”本身。[32]

对所有法律系统的存在和运行(比如,对法律机构和法律官员权力的接受,以及对诸如潜隐的共同宗教信仰或人权价值观等某种共享意识形态的接受)来说,至少一些共享的信仰和价值观是一个必要条件。在这个意义上,每个法律系统都可以视为一个“信仰共同体”。然而,这种信仰作用的强弱,从来不是法律系统的核心,而只是其(必要的)情境。从定义上看,只有当其与宗教或道德的信仰不相同之时,我们才开始谈论法律。

剩下的两种“共同体”的理想类型,典型地对应于不同种类的

---

〔31〕 R. Cotterell,“A Legal Concept of Community”,(1997) 12 *Canadian Journal of Law and Society/Revue Canadienne Driot et Société* 80-81.

〔32〕 可能还可以认为,它们是相当对立的:当法律必须接入(如离婚)时,情感共同体一般就终止了。情感共同体基于相互信任,完全无须制度化或强迫;而法律不仅仅是制度化的,包括某些强迫要素(参见本书第三章第五节),而且很大程度上立基于对人的行为的不信任。

法律系统:"传统共同体"对应于习惯法盛行的"原始"法律系统,"工具共同体"则对应于当下的国际法律秩序,诸如欧盟。然而,这些仅是理想类型。在实践中,任何一种法律系统都是传统与工具主义(instrumentalism)的结合体,即历史上发展起来的规则与为共享目标而制定之新规则的互合物。它们中的其中之一的作用可能很有限,但两者将总是存在的。

我们可以得出结论:一种法律系统与潜隐的传统共同体、工具主义和/或信仰的一致程度,将在相当大程度上强化或弱化该法律系统。比如,伊斯兰法律系统,因为其一般深深根植于传统和宗教共同体,并且在很大程度上与其所掌控的社会分享着共同的目标而常常具有稳固的地位。但是,由于在很大程度上缺乏潜隐的传统共同体和信仰共同体,国际法律秩序有时甚至缺乏共同的利益[比如,联合国、石油输出国组织(OPEC)等],因此,其地位相当弱。这也解释了在欧盟创建中的部分问题(比如,缺乏语言共同体,但拥有共同的基督教传统;多样化的目标和信仰,但分享关于民主、人权和经济的观点),但同时晚近几十年来的历史亦表明:随着人们对共同认同(common identity)、共同利益与共同信仰和价值观的情感的提升,欧洲法(European law)在很大程度上已成功**创造**了一个"**欧洲共同体**"。

如果这种共同体被制度化就组成一个法律系统,也可被界定为一个"半自治领域"——萨利·穆尔(Sally Moore)将这种"半自治"具化为这一事实,即社会领域(或者,用菲尼斯的术语,是指"共同体"):

能够从内部产生规则、习惯和信条(symbols),但是它也易受到出自于围裹着它的更大世界之规则、决定和其他强制措施的挑战。半自治领域,有制定规则的能力(capacities)和劝诱服从或强制服从的手段;但它同时亦被置于一个更大的社会母体(social matrix)之中,这一社会母体能够且确实影响和侵袭着它——有时是应其内部人的请求,有时是社会母体自己的要求。[33]

32 构成法律系统的共同体种类的概念,是很开放和宽泛的。经由对"制定规则的能力"和"诱导服从或强制服从"要素的含括,它亦包括对制定与适用法律的第二性规则的一种参照;但仅是一个弱势意义上的:其中制度化的缺失,使其不可能把法律与其他种类的规则区别开来。这种反驳,同样适用于格里菲斯(Griffiths)基于穆尔的分析之上的法律定义。他把"法律"定义为"一个半自治社会领域的自动调整(self-regulation)"。[34] 这种定义,亦可适用于在这一个共同体内发展起来的道德法则(moral code)。[35]

即使这些法的定义取径失之宽泛,但它们至少比那种决定于

---

〔33〕 S. Moore, *Law as Process: An Anthropological Approach*, Routledge & Kegan Paul, London, 1978, p. 55-56.

〔34〕 J. Griffiths, "What is Legal Pluralism?", (1986) 1 *Journal of Legal Pluralism and Unofficial Law*, p. 38.

〔35〕 格里菲斯认为:根据其不同于该领域中其他活动的程度和代表着专业职员(specialised functionaries)的程度,我们可将这种自动调整视为大体上是"法律的"(同前注〔34〕, p. 38)。这也关涉某种制度化,虽然是在很微弱和含糊意义上的制度化。关键是格里菲斯不同意社会控制的"法律"形式和"非法律"形式是可区分的这一观点。[J. Griffiths, "The Division of Labor in Social Control", in D. Black (ed.), *Toward a General Thoery of Social Control*, Vol. 1, Fandamentals, Academic Press, Orlando, 1984, p. 37-70。]这种观点部分是源于一个认识论的假设,即相信纯粹地依赖经验观察而建构理论的可能性。在其被证明是不可能的范围内,人们事实上可以说很多事物是不能同其他与之相似的事物清楚地区分开的。但是,因为我们需要理论来描述和把握现实,我们部分地在建构着这一现实,因之我们处于一个"强加"某种标准于现实的位置上,从而区分了在另一观点看来不可区分的事物。

意识形态的法与国家相联系的观念,更接近于经验现实。[36]

如果我们把"共同体"理解为相同种类的社会关系(穆尔和格里菲斯称为"半自治的领域"),那么,我们可以得出结论将"法律"定义为"**在某个共同体中制度化的规范体系**"(the institutionalised normative system of a community)。

这里的"共同体"是在广义上理解的,它不限于政治共同体。它还可能包括任何形式的"传统"共同体和"工具"共同体(的一种结合)——用科特雷尔的术语,比如,文化共同体、休闲共同体(leisure community)、科学共同体和宗教共同体等。但一个政治共同体的制度化规范体系,在诸法律系统之间占据优先地位。政治共同体决定着在特定地域内关于基本社会组织的辩论,包括价值观和某种共同世界观的基本选择。政治共同体不但以某些共同信仰为基础,抑且在保持、改变和创造这些信仰和价值观中扮演着重要角色。

除前文提到的高度社会学上的制度化和职业性制度化外,国家法律系统的特征是其以下两种地位获得普遍接受:(1)在一定地域内对合法武力(legitimate military force)的垄断;(2)组织公共政治辩论,并作出对所有人和其他法律系统都有约束力之决策的权力在其地域内的运行。

因此,国家法律系统常常具有为其他法律系统设定运行界限 33
的实践性(军事)权力和首要资格(principal competence)。由于其

〔36〕 格里菲斯正确地指出:"只有国家法是'所谓真正的'('properly so called')法的观念,是法律中心主义(legal centralism)意识形态的一个特征——从经验主义的目的看,这一观念似乎言之无物。"

被认为代表着政治共同体,[37]人们通常认可国家法律系统有资格将法律价值和法律原则强加于非国家的法律系统,比如,在孩童割礼(circumcision)*[38]或足球队员转会(如波斯曼案)的情形下。[39]

在人们认可国际法建构和掌控着**国际政治辩论**(international political debate)的意义上,这亦同样适用于国际法;但从定义上看,国际法并非与"国际国家"相关联。

第五节 法律与强制

通过制裁确保法律规则实施的现实权力,常常被视为是法律系统的一个根本特征。这一取径,是我们前文讨论过的强调法的实效理论的一个变种。在法律官员(legal officials)可以利用制裁

---

〔37〕 拉兹指出了法律对于建构一个政治共同体的重要性。他不是将法律与国家相联系,而更倾向将其同"政治共同体"联系起来。[J. Raz,"On The Nature of Law",(1996) ARSP7-9.]

* "割礼"是广泛流行于非洲地区的一种古老习俗。按照当地的传统观念,只有经过割礼的青年,才具备嫁娶的资格,才能步入成年社会,参与社会活动。割礼活动通常选择在每年的农闲季节举行,分为男性割礼和女性割礼两种。男性割礼相对比较简单,将阴茎上的包皮割下即可,割礼时间一般是在七八岁。女性割礼则比较复杂,分轻度和重度两种类型,大多在10~15岁进行。重度割礼是将全部外生殖器一点不剩的统统割去,欧洲人称为"外阴切除封闭手术"。由于医疗水平低下,割礼器械通常未经消毒,且手术中不施用任何麻醉药,事后极可能带来灾难性的后果。"割礼"给少男少女,特别是女性带来的痛苦和危害越来越被更多的人认识到。一些非洲国家政府已经颁布了有关禁止割礼的法律。这一习俗业已引起国际社会的关注,世界卫生组织及联合国的有关机构曾多次举行会议,专门讨论在非洲根除割礼的问题。——译者注

〔38〕 M.-C. Foblets,"Salem's Circumcision:the Encounter of Cultures in a Civil Law Action. A Belgian Case-study" in *Living Law in the Law Countries*, Special issue of the Dutch and Belgian Law and Society Journal *Recht der Werkelikhetd*, 1991, p. 43-56. 但是,Foblets用文化上较少支配的国家法概念为一个更多元化的进路辩护。

〔39〕 C-415/93 *Bosman v. KBVB, UEFA and RFC Liege*, 15 December 1995(ECJ).

强制人们遵守法律的程度上,法的实效似乎得到了保障。但正如我们已经看到的,有关行为的第一性规则的实效对法律系统的存在来说根本不是不可或缺的。[40]

那么,制裁对于法律系统就不重要了吗?显然不是。所有的法律系统最终都依赖于强力;所有的国家法律系统最终保持强权,乃是因为它们受到武力的支持——即使这种武力很少使用。关键在于只要未被大部分社会成员明显感知是权力的一种滥用和/或强施不正义规则的一种手段,官员使用强力的能力(强施制裁的权力)就将强烈地影响着法律系统在社会中的一般接受。

但制裁本身对法律的定义来说,仍然不是必不可少的。而且,"制裁"概念应当在非常弱势意义上使用。如同次国家法(比如,一个体育俱乐部)一样,在国际法中,规则的实施通常并没有足够的制裁来保障。有时制裁相当微弱,比如,逐出俱乐部或断绝外交关系;有时则完全没有。然而,如果其有关行为的第一性规则不是首先由制裁支撑,而是由一整套为法律适用提供结构和程序的第二性规则来支撑,国际法或其他非国家法律系统仍是完全意义的法律系统。追随奥斯丁的理论,我们可以说:广义上的制裁对法 34
律的分析来说是不可或缺的,无论其是否具有社会学上的必要性或有效性。[41]

比如,当法律掌控着合同有效的某些条件时,这在逻辑上意味着不符合这些条件的合同将是无效的;不遵守这些法律规则的"制

[40] 参见本书第三章第三节第三部分。

[41] J. Austin, "The Province of Jurisprudence Determined" (1832),重印于 *The Province of Jurisprudence Determined and the Uses of the Study of Jurisprudence* (Weidenfeld and Nicolson, London, 1955), p. 363-393 (at p. 16);对奥斯丁理论的一个分析,参见 R. Cotterrell, *The Politics of Jurisprudence*, Butterworths, London 1989, p. 52-82,特别是关于强制方面的分析,p. 59-67。

裁”,便是合同不具备法律效力。

但这仅仅是法律规则层面、而不是法律系统层面的一个结论。当然,在每一个法律系统中,它理所当然地包含着法律规则,它亦必然总包含着制裁。但是,这并不意味着制裁是法律系统在结构上的必备要素。然而,在这一结构层面,制裁也可视为法律的必备要素,但仅仅是在一种分析的意义上。为了保证对法律的遵从,任何法律系统的第二性规则都提供了对某一特定案件实施制裁的**可能性**。这与法院是否确实使用了这些制裁,或这些制裁措施是否确实使有关人(等)遵守法律的问题无关。根本点在于,那些为法律适用而创制的结构和程序在结构上意味着对违法行为施以(在广义上的)制裁。

通常认为,与其他规范性体系特别是道德相比,对违法行为进行制裁是法律的典型特征。然而,在有关行为的(第一性)规则层面,从分析的角度来看,制裁对于任何规范性体系同对法律一样都是不可或缺的。但每种社会规范体系都是由制裁来支撑的;这种制裁可能是某种社会指责(social disapproval)、驱逐出共同体或来自某种神权的可能制裁的威胁。非法律的规范性体系唯一缺少的,就是实施制裁行为的制度化组织。当然,这通常使得法律比其他规范性体系更为有效;但这仅仅是有效程度的问题,而不是一种质的差别。

在某种程度上,人们甚至可以怀疑其他社会规范体系在实践中是否真的不如法律有效。

比如,礼仪规则似乎同法律一样得到人们的遵守。不同形式的社会影响和轻微的制裁(使这些规则)取得了高层次的效力。对信仰神的人,全知全能的(诸)神所施加的神裁的威胁,要比任何司法、军事或警察机器对其的行为影响更为有力。

正是因为法律的“天然”(natural)社会制裁力如此微弱,它才需要某种制度化的制裁体系。在法律系统所适用的共同体中,当 35
存在一种对该法律系统的普遍接受时,我们就可以认为该法律系统是有效的,不必考虑为迫使人们在任何情形下都遵守规则而施的强制的实际有效性。

无论如何,有效的制裁即实际的强制,在法律中只有有限作用;大多数规则在大部分情形中由于不同的原因而被自发地遵守。

在有些情况下,人们认为法律所强加的行为仅仅是无论如何他都应该如此行为的方式——即使根本没有法律规则的存在,比如,即使刑法不禁止盗窃,绝大多数人也永远不会偷盗。这是一种**完全接受**(complete acceptance)的情形。无须任何制裁,甚至不需要法律规则来明确调整此行为,而只需共同体全体成员完全接受该规则。

有些人对法律——比如,税收立法——的态度相当中立:如果其他人有同样的义务并且一般地履行了该义务,他们也准备纳税。他们**有条件地接受**(conditionally accept)这些规则。他们假定某种国家组织是必需的,且需要大量的税收收入资助其提供的所有公共服务。尽管他们宁愿不被迫纳税,但他们亦认为每个人都应以其适当的收入比例为税收作贡献是不可避免的。如果税收立法是公平的且被完全实施,他们准备接受这些规则。在此,必要时对他人的有效制裁,将是接受这些规则的一个根本评判标准。

在第三种情形中,人们与上述两种观点都不同。出于对刑罚或其他形式的惩罚的恐惧,他们不或几乎从不逃税、违反交通规则等。无论愿意与否,这些人都遵守税法。这是一种**被迫接受**(*forced acceptance*)的情形。在这种情形下,如果有足够监控和适当制裁,人们只有遵守税法。在这里,守法的一个条件是某人自己对因违反规则而遭至的惩罚的可计算风险,以及人们在违反规则的益处与随后惩罚的不利后果之间的平衡。

这是接受法律规则的三种不同情形。在实践中,将守法行为归于这些种类之一将会是一个程度问题。而且,不同立场之间会相互影响。一个例子,就是学生区或大学校园发生自行车盗窃的频率。在此种情况下,禁止盗窃的效力几乎接近于零。有些盗贼就是那些"诚实"的学生,其自行车在过去被反复偷盗而没有能找回,或者没有从警察那里得到任何消息。强制力之于其他人的无效性,直接影响着受害人对规则的态度,甚至他或她的道德态度。"借"某人的自行车,几乎不被认为是"偷"。[42] 所有的自行车似乎
36 都成了某种共同财产。如果某学生买了三辆或更多自行车,已经为该"自行车财产"(bicycle patrimony)作出了贡献,这些自行车都被偷盗,但在"某处"可得到它,他可能就会认为自己有权免费使用这一"共同财产"。该学生也将开始计算被抓和惩罚的机会;最终,他会放弃大多数道德顾忌,而以一种纯功利的方式行为。[43]

但是,这个例子显然是一个例外。在大多数情形下,相关共同体的绝大多数成员接受规则,是以这三种之一的方式:完全地、有条件地或被迫地。在每种情形下,个体都会感受到这些规则的约束力,规则在很大程度上也是有实效的。

这种实效部分地——仅仅是部分地——源于某种强制。真正的强制,影响人们对能适用于其他情形的潜在强制的信任;两者皆

[42] 当然不是甚至连警官也建议采用该方式来解决这个问题——这是学生们抱怨警察时不时获得的答案。

[43] 对他而言幸运的是,每年都有新一代的学生,他们中的大多数都是"天真的"自行车车主。否则,这将是"搭便车者"的一个生动例子;根据对法律的经济分析,这将不可避免地导致街道上自行车的较少丢失——因为没有人愿意买自行车,每个人都试图去偷一个;结果是没有新的自行车加入使其富足。

强烈地受到服务于法律适用的制度化结构和程序之存在的影响。单单法庭、警察、行政控制和监狱等的存在,已使人们对法律系统实施其规则的权力产生了一种信任。

我们还须提到人们不以上述三种状态遵守规则的情形,但他们仅仅是因为与那些规则无关的其他原因,而恰巧遵守规则。

人们通常避免触犯刑法,并不是因为他们自觉地支持禁止其行为的规则或因为对制裁的恐惧,而仅仅因为他们并未发现如此行为有何益处(比如,劫持一架飞机),或是此行为太复杂了(比如,组建一个虚设公司的国际网络进行税务欺诈)。即使法律不禁止,大部分人也从不会进行大部分犯罪行为;这与道德理由无关,而仅仅是因为不同的实践性理由。即使某人试图实施其法律系统禁止的所有行为,但他很可能在有生之年都不能成功。[44] 无须以任何方式遵守规则,其行为不可避免地也会与至少其中一些规则相一致。

但是,对某种法律义务所强制实施的积极行为来说,该法律规则一般将会是按照该规则行为的最重要理由。即使在这里,其他理由也会使人履行法律义务,而不是那些潜隐于规则之后的理由或对制裁的惧怕。比如,某人决定偿还一项债务,不是由于道德上的原因,或者对审判的畏惧(因为他知道债权人永远无法证明债务 37
的存在),而是因为经济上的计算:他想与债权人保持良好的商务关系。在实践中,这些理由起着重要作用。即使它们并非总是决定性的理由,它们亦常常作为履行法律义务的附加理由而发挥作用。

---

〔44〕 即使他限制自己犯罪——该犯罪可由其他任何公民实施,与某种特定职业或其他社会地位无关——的野心;显而易见,人们在其有生之年永远不能获得所有这些地位。

第六节　法律的自治性

不像其他系统，如数学系统，法律系统并非独立于其适用和组织的社会。每一个法律系统构成了更一般化的社会系统的一部分，法律系统是组织社会、经济、道德和其他行为模式的一种途径。因此，法律系统须与社会相适应。在一定程度上，法律系统是社会结构和社会关系的一种转化形式。在分析法律性质或适用、解释法律之时，人们应该考虑法律的这种功能性性质。

法律的这种依赖性，产生了合法性（legitimacy）的问题。法律的社会、经济、道德、哲学等合法化（legitimation）问题，与这种对于社会之自治性的缺乏直接相关。这也意味着只要人们谈到真正的法律系统，其某种自动合法化（autolegitimation）就是不可能的。

尽管深嵌于并强烈地受制于社会，但现代法律系统事实上是一个相对自治的系统。但是，如果法律在如此程度上缠嵌（intertwined）于社会之中，即与所有不同种类的人际互动交织在一起，法律如何能成为“自治的”呢？要回答这个问题，我们须区分法律系统的“形式”自治性（“formal” autonomy）和“实质”自治性（“substantive” autonomy），以及作为“一个系统的自治性”和确定规则内容时的自治性。首先，我们讨论法律系统的形式自治性；其次，谈谈关于其他法律和非法律系统和素材的实质自治性。

一、形式自治性

（一）循环性（circularity）

依据传统的法律理论，遵循凯尔森的取径，合法化的获得是一个线性的过程;在这一过程中,某一规则或决定基于某一更高的规则,一步一步,最终达到某种"基本规范"——基本规范的引入是为了防止无限回溯(regressus ad infinitum)。这种理论取径带来了相当多的问题,主要是关于"基本规范"地位的问题。而且,它与法律现实并不吻合。今天,法律系统的合法化过程越来越趋向一种循环结构。

"循环性"意味着在某一法律系统的等级中高级规范不仅决定着低级规范,而且它们转而也由低级规范所决定。贡塔·托依布 38
纳(Cunther Tebner)提供的一个例子,是"法人拟制说"(fiction theory of the legal person)*:"如同明希豪森(Münchhausen)所言,根据该理论,国家作为一个法人,须通过重新发明自己靠自己的努力阻止自己。"[45]他正确地指出,这不是法律系统的一个错误或失败,这种循环的吊诡是法律和一般现实的根本特征。[46] 在法律理论中包含这种观念,不但是可以接受的,而且甚至是一种开创性的、有启发价值的实践。[47]

事实上,法律实践提供了越来越多的循环性例证。第一个例

---

* 学界一般将"legal person"译为"法人",还有的译为"法律人""人格体""法律主体"等。但"法人"在中国法一般是指"具有民事权利能力和民事行为能力,依法独立享有民事权利和承担民事义务的组织"(《民法典》第 57 条),这与"legal person"一词的丰富含义并不相符。本书(第六章第三节)中,哈贝马斯意义上的"legal person",其实是泛指具有法律人格或法律主体地位的人,包括自然人或公民。通盘考虑,译者在此处仍遵从"法人拟制说"的习惯表达而译为"法人",在后文的其他场合则较宽泛地译为"法权人"。——译者注

〔45〕 G. Teubner, *Law as An Autopoietic System*, Black well, Oxford, 1993, p. 5 和 "Münchhausen Jurisprudence", (1986) 5 *Rechtshistorishes Journal* 350-56, 351。也可参见 M. van de Kerchove and F. Ost, *Legal System Between Order and Disorder*, Oxford University Press, Oxford, 1994, p. 65-72。

〔46〕 G. Teubner, *Law as An Autopoietic System*, Black well, Oxford, 1993, p. 10, 11.

〔47〕 G. Teubner, *Law as An Autopoietic System*, Black Well, Oxford, 1993, p. 9.

子,是欧盟法的等级。欧盟机构[48]有权对成员国强施规则和决定,但整个联盟是在这些成员国一致同意的条约上建立的;原则上,成员国可随时退出条约。而且,这些成员国直接参与欧盟规则的创制;欧盟主要的正式立法机关——部长理事会的成员也是由各成员国政府组成的。因此,欧盟法律决定国家法律,国家法律也决定欧盟法律——一个完美的循环。

第二个例子,是立法机关与司法机关之间权力的平衡。根据19世纪欧洲大陆的观点,立法权与司法权之间存在一个明显的等级,即司法机关完全从属于立法机关,而且这样才是确当的。如今,法院利用自己的权力否弃立法,迫使立法机关更改法律的情形正日益增多。欧洲人权法院、欧盟法院以及大多数国家的行政与宪法法院,有权将其法律观点以及对国际条约和国家宪法的解释强加于立法机关。立法者决定司法造法(judicial law-making)的界限,但反过来司法机关也决定立法机关制定法律的权限——又一个完美的循环。

经由这种循环方式,法律系统可以部分地(但仅仅是部分地)使自己得以合法化。比如,宪法法院通过一项法案使立法者创制的法律得以合法化,而宪法法院的权力、进而其决定的合法性均来自(宪法的)立法者。这不但是一个循环的过程,而且是一个沟通的过程。立法被提交宪法法院审议通过或不通过,而这种通过与否的理由反过来将主要在立法中找寻。如果法院裁决要承担危及政府政策的风险,政府将更改立法以防止未来类似裁决的出现。
39 然而,如果新的立法与法律系统的(宪法、欧洲人权公约的)基本原则和规则并不完全一致,那么有权撤销立法的法院可能会采取措

[48] 欧盟委员会、欧盟部长理事会和欧盟法院。

施。这种现象比通过其循环的闭合赋予法律系统以自治性更为宽泛,亦即它们还通过其包含的沟通行动和论证(argumentation)赋予法律系统一定程度的合法性。即使这种合法性仅仅是表面上的,它仍然在与非法律渊源、非法律价值观和规范无关的日常实践中发挥作用,从而增强法律系统的自治性。

(二)运行闭合与认知开放

自创生理论已经对法律系统的“运行闭合”(operative closure)和“认知开放”(cognitive openness)作了有益的区分。[49] (法律)系统在某种程度上决定着自己的要素(规则的内容),但仅仅是一定程度上的。社会事实、价值和规范被选择并被转化为“法律”事实、价值和规范。我们只能经由对一堆杂乱无章的要素(an immense flow of chaotic elements),进行选择和建构的方式来描述现实;为了描述和规整社会现实,法律系统有必要对社会事实、价值和规范进行选择和规整。在某种程度上,这种要求是无一例外的,它是法律系统得以存在的一个必要条件。但是,这些基本的或未加工的素材,在很大程度上来自法律系统外部;法律系统是不能仅仅作为一个完全闭合的系统而存在的。因此,法律系统对于外部世界是“认知地”开放的;然而它们保持“自治”,因为它们是一种运行闭合的系统——外部素材根据法律系统的内在逻辑被选择和采用:

自我再生产以系统受其环境的影响为前提条件。通过从事件的流动中吸取和组成新要素,并从中有选择地把它们联接起来加以使用,外部与内部因素都影响一个系统再生产自己的

---

〔49〕 G. Teubner, *Law as An Autopoietic System*, Black well, Oxford, 1993, p. 65.

方式。[50]

一旦基于法律与非法律之间根本区别的法律沟通,开始区别于一般的社会沟通,它们就不可避免地变得自我指涉(self-reference),并被迫按照法律的范畴(categories)思考自己……法律被迫用自己的范畴来描述其组成部分。它开始为自己的运行、结构、过程、边界和环境——其实,是为自己的特性(identity)确立规范。当它实际上使用了这些自我描述时,它就开始组成自己的组成部分。与法律变得越来越"自治"的结果一起,这导致了与法律行为(legal acts)、法律规范、法律过程、法律教义学(legal dogmatics)相关的自我指涉之循环的出现。在人们能够论及某个与法律相关的事件和某个有效的规范等之前,法律自己决定哪些预设必须存在。如果法律的自我指涉组织起来的组成部分以这样一种方式联接,即规范与法律行为交互地生成彼此,并且过程和教义学确立了这些组成部分之间的某种关系,法律就开始在该词的严格意义上再生产着它自己。唯有在循环组织之系统的组成部分按照这种方式互动之时,法律的超循环(hypercycle)始成为可能。[51]

法律自治因此不但指法律生发其自身秩序的能力,抑且指法律行动(legal action)的自我构成(self-constitution)、过程的调节,以及法律教义学中新图解的发明。[52]

40

[50] G. Teubner, *Law as An Autopoietic System*, Black well, Oxford, 1993, p. 21.
[51] G. Teubner, *Law as An Autopoietic System*, Black well, Oxford, 1993, p. 33.
[52] G. Teubner, *Law as An Autopoietic System*, Black well, Oxford, 1993, p. 34.

托依布纳强调了法律系统中人之施动(human agents)*的核心作用和法律系统的“认知开放性”,即与非法律世界的持续的互动与沟通;但如果没有人的施动和外部世界的“供养”(feeding)法律系统根本就不存在,我们能在多大程度上说其是“自治的”呢?

(三)“自治”的类型

在一种非常弱的意义上,“自治性”仅仅意味着某一法律规则或法律系统可以被**识别**为与道德、宗教或其他规则系统不同的东西,并且其不仅是任何一套非法律规则的一种重述。即使法律系统在很大程度上以这样一套规则为基础,但它从其他角度,更具体说是在内在逻辑方面改变和调整了这些规则;这种**最低限的实质自治性**,对法律系统作为一个可识别的系统存在来说是不可或缺的。

第二性规则中改变规则和审判规则(secondary rules of change

---

* “agent”一词是社会理论中常见的术语,吉登斯、布迪厄以及包括哈贝马斯在内的许多新马克思主义者也广泛适用这一术语,理论家日益以之取代与“主体”观念及与之相应的意识哲学有千丝万缕联系的“actor”(行动者)一词。一般而言,“agent”往往有批判理论背景,“actor”有解释社会学背景,也因之带上一些“主体论”色彩(如布迪厄)(参见[法]布尔迪厄、[美]华康德:《实践与反思:反思社会学导引》,李康、李孟译,邓正来校,中央编译出版社 2004 年版,第 146 页“译注①”;[英]安东尼·吉登斯:《社会的构成》,李康、李孟译,王铭铭校,三联书店 1998 年版,第 529 页)。一般可译为“施动者”“能动主体”“行动主体”“能动者”“施为者”等,当与“human”连用形成“human agent”词组时,可译为“人的施动”“人的能动”“人类能动”“人的施为”等。需要注意的是,托依布纳著作的中译本似乎是将该词译为了“人的力量”。参见[德]贡塔·托依布纳:《法律:一个自创生系统》,张骐译,北京大学出版社 2004 年版,第 40 页。但窃以为,通观全文论述,托依布纳所谓的“人的力量在这个过程中发挥着重要的双重作用”,实质上就是强调人的施动性在法律系统自创生过程中的作用。在此,托依布纳似乎受到吉登斯强调人的能动和“结构的二重性”(duality of structure)的“结构化理论”的影响。(关于吉登斯的结构化理论可参见:[英]安东尼·吉登斯:《社会的构成》,李康、李孟译,王铭铭校,三联书店 1998 年版;[英]安东尼·吉登斯:《社会学方法的新规则:一种对解释社会学的建设性批判》,田佑中、刘江涛译,文军校,社会科学文献出版社 2003 年版。)——译者注

and adjudication)[*]的出现，确保了法律系统的**制度自治性**(institutional autonomy)。这种制度自治性包括两个方面：形式自治性(自有的制度)和程序自治性(法律制定和适用的自有程序)。在发达的法律系统中，施职法律创制或适用工作的大部分人的**职业自治性**(professional autonomy)强化了这种制度自治性。

制度自治性与**方法论上的自治性**(methodological autonomy)并行不悖——后者包括三个方面[**]，即：

(1)**语言的自治性**(autonomy of language)：专业的法律语言发展起来，创造自己的概念，并且赋予日常语言以一种特别含义；

(2)它还包括**式样的自治性**(autonomy of style)：制定法、判决、合同等等以一种特有的方式起草；

(3)**论证的自治性**(autonomy of argumentation)：法律认可的推理和论据(arguments)种类，不同于其他话语形式(如经济、政治或宗教话语)。

41 先进的职业性与方法上的自治性达致一种**学说自治性**(doctrinal autonomy)。自有法律学说的发展，是某一法律系统相对于其他法律系统之自治性的一个重要因素。国际法或教会法更具自治性，乃是因为它们有自己的一种法律学说；次国家共同体(如体育俱乐部)只有较弱的自治性，部分是因为它们缺乏自己的法律学说。

---

* 这里的“改变规则”和“审判规则”借用于哈特。哈特所谓的“改变规则”，是为了消除前法律社会的静态性而引入的一种“第二性规则”类型。“此种规则最简单的形式，就是通过授权给某个人或人的团体为整个群体或其中某一阶层的人的生活引进新的行为的第一性规则、废止旧的规则。”“审判规则”是为了消除前法律社会压力的无效性而引入的一种“第二性规则”类型。该规则“授权给某些个人在特定的场合下就一个主要规则是否被违反的问题作出权威性的决定”。H. L. A. Hart, *The Concept of Law* (Clarendon Press, Oxford, 1961), p. 93 and 94. ——译者注

** 原文为“两个方面”，系笔误，已得到原作者的认可。——译者注

最低限度的实质性自治与方法论上的自治,与制度性自治一道,构成了所有法律系统的共同特征。越先进的法律系统需要越高水平的自治程度,即为其自治作出贡献的每个要素都发展起来:内容(源自其他法律规则和原则的法律规则)、语言、论证、法律职业和法律学说。

在这一发展态势下,又形成了另一种类型的自治,即关于**合法化的自治性**(autonomy as regards legitimation)。法律系统越精密,它就变得越具循环性,法律系统**内部**的规则和决定的更具合法性也是可能的,作为整体的法律系统就愈加成功地合法化其自身;至少,它能提供表面上的合法化,这种合法化唯有在有**强烈的**非法律理由侵蚀它时始会遭到破坏(比如,纳粹法律系统实体部分明显的非道德特征)。在**法律**术语中,合法化越来越多地被使用;它涉及**法律**渊源和法律原则。在法律商谈(legal discourse)中,它变得越来越具有循环性。正如上文所举立法与司法之间相互合法化的例子一样,这种循环性将其限定在同一个法律系统内。饶有兴味的是,在穿越单个法律系统边界的法律商谈内部,亦具有某种循环性。法律系统通过指涉其他法律系统而得以合法化:国际法指涉国家法,次国家法指涉国家法和国际法[比如,对少数人(minorities)权利的承认],欧盟成员国法律指涉欧盟法。

这个结论导致一个根本问题:这个法律系统还能被认为是"自治的"吗?或毋宁是"法律商谈"?或者,换言之,在相对独立于人之施动和外部世界的情况下,何种"系统"真正开始自我生存?是一个法律结构、程序和规则的机制(mechanism)在特定程度上自我生存,还是在法律结构和职业中发展起来的一种法律商谈?正如自创生法律理论家宣称的,包括法律系统在内的所有社会系统的组成部分都是沟通,而不是个体化的存在物(individual beings);社会不是一个生物系统(bio-system),而是一个经由沟通产生意义的意义系统(system of meaning)。[53] 对法律来说,这种沟通显然是采用一种法律商谈,但这种商谈在很大程度上为所有法律系统所共有,或至少也是数个法律系统共有。法律语言、法律论证(legal argumentation)和法律学说,对许多法律系统来说相当类似。而
42 且,诸法律系统碰巧在规则和原则层面(比如,欧洲人权公约及其对欧洲国家法律系统的影响)与制度和程序层面,都是缠夹不清的(各成员国政府一起组成欧盟部长理事会;欧洲人权法院有权废止各国立法,而且在一个纯属国内的审判中有机会、也有责任征求欧盟法院的预先意见等)。最终,很难说一个法律系统相对于其他法律系统是"自治的"。当法律系统相互生成,并维护对方,即当它们强烈地影响,部分地甚或有时是完全地决定彼此的内容和程序时,那么自治性体现在何处?我们如何能谈及"自创生的",即自治的法律系统?难道我们没有看到当今世界的诸法律系统,仅仅作为一种共同法律语言的方言(dialect)——一种共同法律话语(legal discourse)的变形——而存在吗?但如果这是正确的,我们就必须用与自创生理论不同的方式来分析法律的自治性。

为论证之需,区分形式与内容,即区分法律系统的形式结构与其产生之规则的内容,是可能的,也是有助益的。但如果能在认知上理解这一区别,人们应意识到这一事实,即形式和内容实际上是关联在一起而不能彼此完全分离的;不与实质自治性相联系,就不能完全回答法律系统的形式自治性问题。

二、实质自治性

(一)何种自治?

立法中规则的所赋内容,即文官、法官或个体适用法律时对法

〔53〕 G. Teubner, *Law as An Autopoietic System*, Black well, Oxford, 1993, p. 29-30, 参照卢曼(Luhman)的观点。

律的解释,或法律学说描述和建构法律时对其的解释,无疑在(很)大程度上取决于非法律事实、价值和规范。在这个意义上,法律系统不是自治的;他们需要,并接受系统外部的输入(input)。实质上的自治,仅仅依赖于这一事实,即法律系统选择并“转换”这些外部素材(external data)。为了与相关法律系统的法律语言和法律原则系统相适应,这些素材被转化和吸收。事实上,这是一种形式上的自治,只允许内容的某些细微改变;法律的根本内容则来自法律系统之外。

有时,在法律系统内工作的官员有权决定法律的适用;比如,文官或法官对法律有一种相当“自创生”(autopoietic)的观点。他们认为,法律与外部世界是认知闭合的,即是“自我指涉”(self-referring)、“自我调整”(self-regulating)、“自我反思”(self-reflexive)和“自我生产”(self-productive)的,简言之,是自创生
的——不是托依布纳意义上的,而是字面意义上的。这是一种卡 43
夫卡式的官僚机构(kafkaian[*] bureaucracy),它在一定程度上与先进法律系统的发展并行不悖。在此,规则事实上被解释为似乎与

---

* 弗兰茨·卡夫卡(Franz Kafka,1883~1924年),奥地利小说家,与法国作家马赛尔·普鲁斯特,爱尔兰作家詹姆斯·乔伊斯并称为西方现代主义文学的先驱和大师,系欧洲著名的表现主义作家。卡夫卡生前默默无闻,孤独地奋斗,随着时间的流逝,他的价值逐渐为人们所认识,作品引起了世界的震动,并在世界范围内形成一股“卡夫卡”热,经久不衰。他生活在奥匈帝国行将崩溃的时代,又深受尼采、柏格森哲学影响,对政治事件也一直抱旁观态度。卡夫卡的作品大都用变形荒诞的形象和象征直觉的手法,揭示了一种荒诞的充满非理性色彩的景象和被充满敌意的社会环境所包围的孤立、绝望的个人,成为席卷欧洲的“现代人的困惑”的集中体现。其最著名的作品有:借小动物防备敌害的胆战心理,表现资本主义社会小人物时刻难以自保的精神状态和在充满敌意的环境中的孤立绝望情绪的短篇小说《地洞》(1923年);通过小职员萨姆沙突然变成一只使家人都厌恶的大甲虫的荒诞情节,表现现代社会把人变成奴隶乃至“非人”的“异化”现象的短篇小说《变形记》(1912年);写土地丈量员K在象征神秘权力或无形枷锁统治的城堡面前欲进不能、欲退不得,只能坐以待毙的长篇小说《城堡》;借银行职员约瑟夫·K莫明其妙被“捕”,又莫明其妙被杀害的荒诞事件,揭露资本主义社会司法制度腐败及其反人民本质的长篇小说《审判》等。——译者注

非法律世界相脱离,而仅仅依据法律系统的机制在该系统内开始自己的新生命。实际上,如果仅仅根据自己系统的规则利用和吸收"外部世界",法律系统就不能以理性的方式发挥作用。法律系统与外部世界的关系,是一种持续的沟通过程,而非单向的信息流动。这种沟通在法院对法律的解释中占最突出的地位——在那里,案件的具体事实和境况、有时是变动着的社会观点和其他因素,决定性地影响着裁决的结果。这种沟通是如此强烈,即这种"认知开放"是如此普遍,以至于法律系统的任何"自我生产"概念必然是很脆弱的。法律系统"生产"规则,仅仅意味着规则经由技术化的改造以适应法律系统,确保"法律"的标签;但这是一种极弱形式的"自治"。

在某种程度上,人们可以争辩说:先进的法律系统已然获得更高程度的实质自治性,因为他们已产生了并非导源于非法律价值的"法律价值"。典型的例子,是"程序性"权利,正如《欧洲人权公约》第6条承认的那样。[54] 这是与法律系统第二性规则有关的人权,是公正审判的最低保障;其所涉价值在法律系统外没有任何意义。这样,第二性规则不仅大大地增强了法律系统的制度性自治性,亦强化了其实质自治性。但这些就真的是"内在价值"吗?程

---

〔54〕《欧洲人权公约》第6条规定:"1. 在决定其公民权利和义务或受任何刑事指控时,任何人有权在合理时间内获得依法组成的独立、公正之法院的公平、公开之听讼(hearing)。判决应当公开宣布;但是,基于对民主社会中道德、公共秩序或者国家安全利益,以及对民主社会中的少年利益或保护当事人私生活权利的考虑,或者法院认为,在特殊情形下,如果公开将有损正义利益的话,可以拒绝媒体和公众参与旁听全部或者部分审判。2. 凡受刑事指控者在未经依法证明为有罪之前,应当推定为无罪。3. 凡受刑事罪指控者具有下列最低限度的权利:(1)以他所理解的语言立即详细地通知其被指控罪名的性质和原因;(2)有充足的时间和便利为辩护作准备;(3)本人亲自或者由自己选择的人帮助为自己辩护,或者如果无力支付法律帮助费用,则基于正义利益要求,应免除该费用;(4)询问不利于他的证人,并在与不利于他的证人同等的条件下,让有利于他的证人出庭接受询问;(5)如果不懂或者不会讲法院所使用的语言,可获得译员的免费翻译帮助。"

序价值可能比法律价值的范围更广。卡尔·海因茨·拉迪亚(Karl-Heinz Ladeur)的法律程序主义观点,强调非常一般化的程序价值,即保持多种选择的开放性;容忍和促使多种观点的可能性;促使多种语言游戏(language games)相互影响,并通过分解自我强化(self-reinforcing)话语来保证它们相互之间的可交换性。[55] 所有这些价值,都有一个宽泛的范围,包括意识形态和政治领域。因此,程序价值理所当然地不是"内在的"法律价值;我们所需要的,是限制法律系统的专断使用和卡夫卡式运作(kafkaian working)。一方面,应当防止法律的滥用,防止表面良善的背后却明显涵盖不道德即不正义的法案;另一方面,要防止法律系统变成完全自创生的,即防止它作为一个系统放任自流,防止它与其存在和感知的社会理由南辕北辙,防止它把人作为系统建构目标的简单工具。 44

我们能否在其"自发地"限制自己的程度上说法律系统是"自创生"的?当然,从自创生理论的观点,我们能;但这意味着什么?

我们可以把这种情形同一个奴隶相比较。作为一个自创生的存在物,奴隶能够适应环境,并保持自治;因为他或她从外部世界杂乱的输入中接受并吸收了少量的要素。就此而言,奴隶"自主"地决定如奴隶般行为;他们通常要服从主人的所有命令——即使它们是令人不快的、羞辱性的、不公正的或不合理的。把某个小孩子当作奴隶使唤却是不可能的,因为他们不能理解命令,也不能"自主"决定去遵守它们。如果某人试图让婴儿停止哭叫而对其大喊,他只会哭得更凶。殴打孩子亦如此。威胁根本就行之无效。

---

[55] K.-H. Ladeur, "Prozedurale Rationalität - Steigerung der Legitimationsfähigkeit oder der Leistungfähigkeit des Rechtssystems?", (1986) 7 *Zeitschrift für Rechtssoziologie* 265-274, at p. 273.

在某种程度上,孩子是“主人”,而在任何给定时刻内负责照看他的人则是其“奴隶”。然而,作为一个生命系统,婴儿的自主生存要比普通成年人困难得多。不像自创生系统,他们缺少“自我观察”、“自我指涉”、“自我描述”和“自我反思性”,毋宁说他们对外部世界是封闭的——他们与外部世界只有很有限的沟通。然而,成年人则与外部世界有更好的沟通,而且根据他或她吸收的所有沟通结果而“独立地”行为。正因为他(她)是一个完全的自创生系统,他(她)可以成为一个奴隶。正因为他(她)是“自治的”,他(她)在很大程度上根本就没有自治性。

如果我们能用这种“吊诡”的形式表述我们的结论,这证明我们在谈论“自治”的不同种类。人或法律系统作为自创生系统的“自治”,并不是指我们在谈论“自治的个体”或“自治的法律系统”时所认为的那种自治。

45 可以稍嫌拙笨地说:人的自治使其能成为一个奴隶,法律系统的自治则使其依赖于道德或任何其他意识形态。

系统的“自治”仅仅涉及系统本身的同一性(identity),即与外界进行沟通、吸收来自外界之信息的能力。高水平的沟通,意味着外界影响巨大;系统的“自治性”越低,内容的自治性就越高:纸牌游戏或国际象棋规则根本不受道德影响,就规则的内容来说,这些游戏比法律系统自治性更高。系统的“自治性”越高,内容的自治性就越低。这是自创生自治性的明显吊诡:法律系统以一种系统方式越发达、自治性越高,决定其内容的自治性就越低。

(二)自治的程度

为了分析法律系统实质自治的程度,我们须区分不同的情形。一方面,要区分法律系统之间的联系与它们同所有其他社会系统的联系。另一方面,外部世界的影响可能比有关行为的第一性规则层面的影响更大,它可能也部分地决定着第二性规则。

1. 相对于其他法律系统的自治性

正如前文已经指出的,不仅在法律系统内,而且在法律系统相互间,存在一种循环:比如,国际法以国家法为基础,但在某些情形下,国家法又导源于超国家法(如欧盟或欧洲人权公约)。这种循环使得法律系统相互依赖;相对于经济、政治或其他系统和话语自治性的"共同"收获,是以失去法律系统相互间的自治为代价的。在这里,人们也可以这么说:相对于其他法律系统自治性的降低,提高了相对于非法律系统的自治性。某种离群索居之部落的原始法律系统,相对于所有其他法律系统而言是完全自治的,但它相对于诸如道德、宗教和经济等其他社会系统的自治性,却非常有限。现代法律系统在这方面获得了更多的自治性,但却丧失了诸法律系统间的自治性。即使处于相对隔绝顶点的19世纪的集权民族国家,法律系统间亦存有相互依赖性。没有其他国家的至少某种官方承认,国家法律系统是不能存在的。[56] 它们唇齿相 46
依,共同制定、发展和实施着国际法。即使直到最近仍总被排除于国家法之外的国际私法,亦包含着指涉其他法律系统的规则,因此,"通过授权"(by delegation),原则上把所有其他国家法律系统的私法融进国内法律系统。

非国家法律系统,像国内和国际体育协会,通常会利用某种国家法获得某一国家法律系统下的一个"法权人"地位。当他们起草章程和规则时,他们会从与国家法相联系的法律学说中借用一些法律概念。作为必然结果,它们也会顾及它们所要运行的地域内

---

〔56〕 种族隔离体制下的南非非国家的"thuisland"国的法律地位是一个好例子,它只获得南非白人政府的官方承认;这种"国家"不能作为国家运行。实践中,它们仍然是南非的分权地区(decentralised regions),没有自己真正的国家法律系统。

国家法律系统的基本规则和原则,也会尊重由国际条约(诸如欧洲人权公约,其在该地域内是可实施的)规定的基本权利。

不仅诸法律系统之间,其存在与内容相互关联,而且与法律学说的发展和诸法律系统之间、一般法律人之间的沟通的发展并行不悖,它们还是法律语言、法律式样和法律论证的共同体,简言之,即法律话语(legal discourse)的共同体。有时,这种强势意义上的共同体,比如,欧洲大陆的国家法律系统,转而削弱了法律系统相互间的自治性。语言、式样和论证,不仅是一个形式问题,它们还藏隐着概念和世界观。比如,与使用其他概念相比,对"**所有权**"(dominium)、"**占有**"(possessto)和"**持有**"(detentio)的区分创造了关于所有权的另一种法律现实。〔57〕 在法律推理中接受的论据种类,部分地决定着结果。基于同样的法律规则,由于对诸如立法资料、社会需要、社会中变化了的观点和立法者假定的合理性等的接受不同,对法律的解释、适用则完全不同。在比较法中,我们可以发现,相关法律系统有时规则不同,但在将规则适用于具体案件时却能产生相似的司法裁判。首先,这表明了法律内容在何种程度上取决于法律解释;其次,它证明了以相似社会环境为基础的某种共同意识形态的重要性,这些意识形态经由共同语言、共同式样和共同论证几乎不知不觉地渗入法律之中;最后,因为嵌入广泛的非法律语境之中,法律话语是表征整个法律语言和法律推理的最恰当术语。因而,一种共同的法律话语对于法律的内容即法律适用时赋予法律以意义有决定性影响。

47 比如,我们拿比利时、法国、意大利和西班牙的民法话语作比

---

〔57〕 一些法律概念提供了法律内容中共同语言之重要性的一个例子,诸如在荷兰法律学说中发展起来、比利时部分说荷兰语地区的学说和法院采用的"rechtsverwerking"。[一种特定的处罚权(forfeiture right)。]在比利时说法语的地区,这一新的概念并不成功,主要是因为它已被证明在法语中没有一个恰当的翻译。

较,就会发现它们比自己法律系统内的劳动法、刑法或税法有更多的共同之处。这不仅表明了诸法律系统之间在相当程度上具有法律话语的共同性,而且也指出了对我们的分析很重要的另一个要素,即法律系统相当有限的统一(unity)。这里我们不讨论它本身,指出这一点就足够了:法律的不同部门应当可能被视为自有的"自创生系统",或至少是相对自治的"自我生产"系统。显而易见,一方面,单个法律系统内,比如,环境法相对于商法的"自治性",比诸法律系统内的这些法律部门之间的自治性更强;另一方面,相关法律系统或欧洲的同样法律部门还要受到欧盟的调控。那么,法律系统的"运行闭合"体现在何处呢?

最终,法律系统相互间的自治性所剩无几:它们是一种循环着的相互依赖;它们具有共同的法律语言、法律式样和法律论证;它们相互借用规则和概念。为了强化它们相对于道德、政治或经济话语(或系统)的自治性,它们有必要这么做;但这样却使得它们不得不相互依赖,而丧失了相对于其他法律系统的自治性。

作为一个结论,我们不得不说:法律系统相互之间并不是自治的。它们可能对那些根本与其无任何关联的法律系统保持自治;但对于所有法律系统、甚或大部分法律系统来说,法律系统则从来就不是自治的。[58]

2. 相对于其他社会系统的自治性

在法理学中,法律系统相对于其他社会系统的自治性通常讨论的是法律与道德的关系。但影响法律的因素要比这多得多。有些社会系统也是规范性体系,特别是道德、宗教、礼仪、习俗、惯例

---

〔58〕 只要存在法律系统属地或属人管辖重叠(territorial or personal overlap),接下来的即是一种"联系"(contact),进而自治性的至少某种损失;比如,在欧洲出现的次国家法、国家法、欧盟法和国际法的属地管辖重叠,或教会法和国家法的属人管辖重叠。

和意识形态。在每一个共同体中,重要的社会规范都会通过法律而制度化;在某种程度上,法律是各种社会规范制度化的一种表征。法律被用来赋予这些社会规范以更大的力量、权威性和实效。

其他的社会系统,如经济、政治、艺术、体育、信息(传媒)等,不是规范性的。然而,它们提供了事实性要素(factual elements)——该
48 要素常常与其他社会规范相联系,形成了社会的、最终是法律的规范。经济上的素材和洞识与正义和平等原则一起,会促进劳动法和社会保障法规则的发展。在一定程度上,这些非法律话语产生了它们自己的基本规范:比如,经济话语中的实效规则、传媒话语中的"信息权"和政治话语中的多数规则等。这种或隐或显的规范性立场(positions),不可避免地影响法律的内容。

法律只是众多社会系统之一种。为了能在其所调控的社会中运行,法律应当与其他社会系统相适应。如果一个法律系统不遵循经济、政治和道德等的基本原则,它就不能起作用。如果一个法律系统真正地"自治",并且产生了侵蚀经济系统、政治系统或主流道德系统的规则,那么它就不会长久存在。[59] 法律规则的自主生产亦受此限制。根据自创生理论,法律系统根据自己的系统标准选择和改造来自外界的信息。这被证明仅仅部分正确。在一定程度上,这种选择和改造也取决于其他社会系统。最终,只有技术形式即法律形式完全由法律系统自主决定。

就法律系统和其他社会系统的另一种显然联系来说,同样真实的是法律中"**模糊概念**"的使用。当起草法律规则时使用诸如

〔59〕 法律系统侵蚀经济系统的一个例子,是第二次世界大战至20世纪90年代初的东欧国家;法律系统不遵循可接受的即民主的政治系统之基本规则的一个例子,是种族隔离下的南非法律系统;不道德法律系统的一个例子,是纳粹德国。纵然有强大的军事力量呵护着这些法律系统,它们无一幸免地只存续了几十年。

“公正”(fairness)、“理性”、“公平”(equity)[60]、“滥用”和“侵权”等概念时,法律隐而不显地要借助非法律的规范性体系来实体化这些模糊概念,以填充法官将适用于案件的事实性规范(the factual norm)。在这里,存在法律系统与其他社会系统、特别是道德之间的一种众所周知的联系。当然,法律仍然规定着这些社会和道德规则何时、何种条件下可纳入法律系统,但这些规则的内容是完全开放的。模糊概念的使用不能被解释为立法起草时的某种懒惰或能力不足;这体现了法律与其他规范性体系结构上的关联性,即旨在避免法律中的纯粹漏洞(gaps)和法律的调控过度(overregulation)。在19世纪欧洲法典化的浪潮下,在福利国家兴起的背景下,立法者常常认为尽可能多地经由一般性立法的调控,而留给文官和法官适用法律时尽可能小的个体决定空间是可能的,也是可取的(desirable)。自那时起,我们就领教了这种下行(top-down)取径的局限性和不足:立法不可能预见到所有情况,也不能 49
为了适应社会中的每一次变化而不时改变每一个法案(Act)。而且,在那个法典化时代,存在对法官的极度不信任。今天,法官有时被视为法律系统的顶梁柱,而对立法者则表现出更多的不信任。结果,今天的立法更经常地使用模糊概念,而授权法院“选择和改造”道德或其他社会规则,将其“改变”和“转化”为法律规则。最显著的是1992年的《荷兰民法典》,其中的规则很常见地仅涉及“理性和公平”。[61] 从某种程度上,人们可以将其看作一个“诀窍”(trick),它使所有的社会规则在法律系统需要时都能变成法律规则。不存在非法律规则:共同体内的所有社会规则都是潜在的法律规则;无论何时需要它们,法院被明确授权可给它们贴上“法律

---

[60] 广义上的,而非普通法历史和当下英国法律系统中技术性意义上的。

[61] 在这个程度上,因其模糊和缺乏“法律确定性”,该法典受到严厉的批评。

的”标签。这是闭合某个法律系统的一种方法,一种行之有效的方法,但却是以自治性的丧失为代价的。不仅规则的内容完全取决于其他规范性体系,而且法律系统已不可能控制其他社会系统对其施加的影响。

最后也最重要的是,法律系统相对于其他社会系统自治性的缺乏,还表现在司法过程中必然而至的对法律的**解释**。我们这里不讨论制定法解释问题,〔62〕看到解释对法律适用时法律最终意义的影响和意识形态对这一解释的影响就足够了。比如,伯恩·魏德士(Bernd Rüthers)向我们展示了,1933 年前制颁的德国法律在何种程度上经由纳粹意识形态指导下的解释被曲解的情形。〔63〕意识形态经由司法解释对法律施加的这种巨大影响的存在,并不仅局限于这种极端的政治环境。一个众所周知且更能赢得受众的例子,是“权利滥用”的概念,它由法院和法律学说引入大多数欧陆法律系统。它不仅涉及道德规则,而且把明确制颁的法律规则的范围限定在纯粹道德根据之上。而且,该法律系统中的第二性规则,并未赋权法院通过引入和使用这一概念来限制法律规则的范围。作为人,法律人、更确切地说是法官,不仅是法律系统的组成部分,他们也属于其他的社会系统。有时,他们转变角色和话语进入——比如——一种道德话语中。当角色混同时,他们会将道德或其他话语偷运至法律系统,突然间恰恰是道德系统而非法律系统在决定法律是什么。“权利滥用”概念的实际运用,导致根据法律系统是“合乎法律的”(legal),基于纯粹道德根据却是“非法”的。

50 自创生理论承认这种角色干扰(role-interference)的发生,承

---

〔62〕 参见本书第七章第四部分。

〔63〕 B. Ruthers, *Die unbegrenzte Auslegung*, JCB Mohr, Tübingen, 1968.

认它们对于系统间的沟通成为可能甚至是必要的。[64] 这种沟通成为可能,是因为人们"操着各种各样的次系统'语言'"。[65] 但是,这种角色干扰和多语主义(multilinguism),可能会向两个不同的方向发展。在选择非法律价值、规范和其他素材时,一个法官可能扮演法律系统组成部分的角色,但他也可能利用其作为法官的职位**从一种非法律观点**引入这些非法律要素。他可以转向——比如,一种道德话语或经济话语,仅仅进行一定程度上必要的技术改造以使他能够给结果贴上"法律"标签。"权利滥用"(abuse of rights)的概念,就是把道德话语引入法律话语并部分**取代法律话语**的典型例子。法律系统已失去了对其内容的控制,其他社会系统已侵入法律系统并改变着它的功能。然而,自创生的法律系统是盲目的,它看不到正在发生的事情,只是继续在凡法官称为"法律的"东西上均贴上"法律的"标签,就像一个机器给每一个经过的形如酒瓶的瓶子都贴上酒类标签一样,而无论其内容为何。为了证明其"自治"将法律限定为法律系统的结构特征,可以相比于分析酒类及其在社会中的作用时将分析限定在标签机器的运作上。但是,拓宽对法律内容的分析,使我们不可能主张法律系统相对于其他系统的自治性。

3. 第一性规则与第二性规则的自治性

法的自创生理论认为,法律系统应被视为在第一性规则层面是开放的,而在第二性规则层面则是闭合的。

毫无疑问,一个法律系统所产生的有关行为的**第一性规则**,在(很)大程度上受到其他社会系统或话语的影响,甚或是从它们那

---

〔64〕 G. Teubner, *Law as An Autopoietic System*, Black well, Oxford, 1993, p. 99.

〔65〕 R. Mayntz, "Politische Steuerung und gesellschaftliche Steuerungsprobleme: Anmerkung zu einen theoretischen Paradigma" (1987) 1. *Jahrbuch für Staats und Verwaltungswissenschaft* 89 -110, at p. 102.

里借用而来。一个获得普遍认同的结论是:即使这些规则借用于其他规范性体系,它们也要进行某种改头换面的或技术上的改造以适应法律话语。

然而,**法律的第二性规则**似乎是纯法律的。它们组织着包括法律的制定和适用在内的法律产生的结构和程序。在这个层面上,法律系统应当能够保持自治性,不仅是形式,而且是在规则的内容上。

51 不幸的是,情况并非如此。法律系统中一些主要的第二性规则是那些决定法律"渊源"的规则。从前文给出的几个例子中,我们似乎看到外界影响着法律系统,甚至以该系统中第二性规则不能调控的方式改变了这些渊源。当法官接受国际法作为国内法的渊源,并使之优位于国家法律系统中相冲突的规则时,他们引进了一种新的法律渊源和这些渊源中新的等级关系,但却没有任何"第二性规则"授权他们这样做。

同样,人们也将"不成文法律原则"接受和使用为独立的法律渊源。这些原则的引入,完全取决于不属于法律系统组成部分的意识形态假设。比如,"善意"(good faith)的一般原则,已被诸多欧洲国家通过极大地扩大规则的范围而引入,为人们施加了"善意地履行合同"[66]的义务。即使能在这些法律系统的规则中找到"善意"的概念,这种认为能够而且应该对法律进行全面适用的理念显然也是一种意识形态上的选择,它使比法律系统先前确认的价值权衡更多的道德价值权衡得以出现。在其他情况下,道德价值并未任意被法律系统所吸收。最引人注目的例子,是前面讨论过的禁止权利"滥用"的一般原则:道德价值作为一种新的法律渊

---

[66] 参见本书第七章第五节更详细的讨论。

源引入,限制了法律系统所产生的法律规则的范围。这不仅影响了第一性规则的内容,而且相当大地改变了第二性规则:尽管没有第二性规则授权法官这样做,新的法律渊源仍然经由司法渠道被引入进来。

还有一种方式,是法律内容的要素共同决定法律系统制度化的结构和程序。程序性权利的出现强烈地影响着这些制度,尤其是欧洲人权法院的判例法相当大地改变了这些国家法的结构和诉讼程序(proceedings);它们不得不改变其原则,诸如辩护权、受到独立且公正的法官审判的权利或在合理期限内受审权(《欧洲人权公约》第6条)。这表明:结构和程序并不是价值无涉的(value-free),它们并不能由法律系统专断地、完全自主地创造;非法律价值共同决定着这些第二性规则的内容。

如果法律系统外的价值不仅能偶尔影响第一性规则的内容,还能经由对组织法律创制的第二性规则的改变而成为法律的制度化渊源,那么,法律系统即使在第二性规则层面上显然也并不是完全自治的。由于外界不仅影响法律系统产生之规则的内 52
容,而且影响着它的机制,法律系统几乎不能被称为是“自创生的”。法律系统不仅没有完全控制和决定输入其中的东西,甚至对输入可能的渠道也无能为力。

第七节 法律系统的闭合性和整全性

前文已经间接地甚或直接地讨论过法律系统的闭合和开放问题,它与法律系统的自治问题紧密相连。从这些讨论中,我们可以看到法律系统似乎是一个相对开放的系统。在这一节,我们将试图与法律系统的整全性问题相联系,更确切地说明法律系统在何种程度上是开放和各自闭合的。法律系统的整全性(comprehensiveness)特征,尤其与国家法律系统相联系;如今,国家法律系统有志于成为或被假定为具有整全性。

通过清晰地区分"是"与"应当"、法律与其他规范性体系,汉斯·凯尔森试图将法律系统确定为闭合的系统。他从一种静态、[67]线性和等级化的视角,特别是从法律规范的具体适用(例如,在执行司法判决的场合责成某人向另一人支付一定金额赔偿金的场合)中产生的法律合法化视角,分析了这一问题。在凯尔森看来,法律系统是闭合的,因为包含于法院裁决中的命令是基于一连串的高级规范,并最终达致闭合该法律系统的某一假定的基本规范。没有外界因素影响这一法律推理(legal reasoning)过程。[68]在他看来,法律系统是闭合的,第一性规则和第二性规则概莫能外。

自创生理论从动态的视角分析法律系统,强调法律系统的认知开放性。为了生产新的规则,法律系统需要且依赖于同外界的沟通。然而,从这一视角看,法律系统也是凯尔森式闭合的。这不是因为外界给养着法律系统;凯尔森无异议的一个事实是:一旦法律规则作为一个法律规则而产生,它就不是自治的。事实上,成为法律规则后,它们在一个运行闭合的法律系统内开始自己的生命。

---

〔67〕 凯尔森本人区分了"静态的"法律系统和"动态的"法律系统之间的区别。他称法律系统是"动态的",因为"被假定的基本规范只是决定着规范创造的事实、规范创造权威性的权威化或基于基本规范的一般性和个殊性的命令规范应当如何被创造出来的规则"。[Kelsen, *Pure Theory of Law*, (trans. Max Knight) University of California Press, Berkeley and Los Angeles, 1967, p. 196.]显然,凯尔森是在很强势的意义上使用"静态的"这一概念。然而,就我们的讨论而言,称凯尔森的取径是"静态的"似乎是不合适的,特别是当与自创生理论相对或采用我们关于法律的循环和沟通观点时。

〔68〕 Kelsen, *Pure Theory of Law*, (trans. Max Knight) University of California Press, Berkeley and Los Angeles, 1967, p. 201-205.

凯尔森和托依布纳似乎都大大地低估了非法律价值和规范在所有 53
法律推理层面,对决定第一性规则和第二性规则内容带来的影响。凯尔森认为,法律解释中的选择性是相对有限的。无论何时,只要存在这样的一个选择,决定都是基于非法律价值和规范而作出的。然而,如同凯尔森似乎认为的那样,这种选择的数量似乎常常是很有限的,要在很大程度上受到局限。前文给出的所有例子和随后对制定法解释的分析,都是为了表明法律相对于其社会环境,最显著的是相对于意识形态语境的自治性是多么的微弱。凯尔森将非法律意识形态清除出法律系统的尝试,让人想起某人使用喷砂机(sandblaster)来清除某人身上的所有杂质的场景。如果那样,这一彻底清除的结果是其身体所剩无几,唯余骨骼。他纯净了,但已就不再是"人"。通过将法律系统化约为自我生产、自创生的机械装置(mechanisms),托依布纳也将法律系统化约为了其骨骼化的形式(skeletal form)。最终,真正自我生产的是作为"法律的"规则、行为等诸如此类的标签;凯尔森静态的骨架被替换为一种动态的标签化的机械(labelling machine)。他们都成功地闭合了法律系统,但是仅仅将其化约为了前述法律系统本身有限的形式化成分。他们没有像我们理解的那样将法律系统作为一个整体看待。在他们分析的意义上,"系统"确实可以说是闭合的,但是这一"系统"只涵盖了如此有限的部分法律现实,以至于我们几乎不能说"法律系统"确实是闭合的系统。

如果一个法律系统是自我生产的,法律系统生产所有法律规范可能吗?或者,换言之,将任何非法律规则吸收、转化为一个法律规则可能吗?法律系统的闭合或开放问题也可以用不同的形式提出来:基于该法律系统为任何问题找到一个法律解决方案(a legal solution)可能吗?在实证主义传统中,法律人热切地为该问题找寻一个肯定的回答。如果回答是否定的，这将给所有法的实证主义理论带来极大的难题。实践中，人们期待法官为所有眼前的案件找到一个法律解决方案。《拿破仑法典》(the Code Napoléon)第4条常常被解释为法律整全性的表征；根据该条款，对“以沉默、模糊或法条(statutes)不完整为借口”，〔69〕拒绝作出决定的任何法官，我们有义务惩罚之。遵循凯尔森的理路，法官有必要找到法律规范授权其做出单向的(one way)裁决，否则，其裁决将不是一个法律裁决，在法律系统内是无效的。然而，实践中，没有任何法律系统的规则可适用于每种可能形式的人的行为。首要原
54 因是没有任何法律系统追求在每种意义上的整全性。伴随现代国家的兴起，潜隐于“主权”理论之下的，是一种隐而不显的主张，即主张国家法律系统对调控任何种类的行为具有无限能力。〔70〕然而，人们不应该将政治上的饰情矫行(rhetoric)与法律系统的潜隐原则混为一谈。的确，最近几个世纪的国家法律系统，已宣称它们能够调控**几乎**每一种人的行为。一个不乏天真的民主观念盛行已久——根据此观念，经民主选举的政治上的多数能掌控万物。今天，即使这种政治观也不再被无限制地接受(它要受到人权、少数人的权利等限制)了。显然，即使最包罗万象(all-encompassing)的国家法律系统，也已然有严格的地域限制。在这样的法律系统中，法院无疑会拒绝对无论哪方面都与有关法律系统毫无关联的

〔69〕 该条款不仅在法国仍未改变，而且，在其他数个欧洲国家也仍然有效。其推理基于这一假设，即根据《拿破仑法典》第4条的字面表达，任何关于沉默、模糊和不完整的想法都将理所当然地是一个虚假的“借口”。

〔70〕 这一表述(**主张**事实上并非每种事务均由法律调控)似乎被约瑟夫·拉兹无条件地接受[Joseph Raz, *Practical Reason and Norms* (Princeton University Press, Princeton, 1990), p. 150–151]；也被 Atienza 和 Ruiz Manero 稍有差别地接受，参见 Atienza and Ruiz Manero, *A Theory of Legal Sentences*, Kluwer Academic Publishers, Dordrecht, 1998, p. 105。

眼前案件做出裁决。并非所有种类的人之行为和互动都能被法律(完全地)调控:友谊、爱情、时尚和礼貌等诸如此类,只是间或与法律规则相关联,但它们本身逃避了法律的调控。此外,即使在国家的领域内,至少也要为其他非国家法律系统留下一些空间,就像欧洲法律史上的教会法一样。而且,通过承认基本自由,现代国家法律系统退出了一定领域,在该领域内国家限制其干预进而积极调控的权力。[71] 所有这些意味着:存在一个隐而不显地潜藏于国家法律系统之下的主张,即主张国家法律系统原则上在某一既定的地域内调控着私人和公共生活的所有方面,但仅在一定程度上如此,它还要对不加干预的重要领域进行划分,服从(实践中不可避免的)国际组织[欧盟、北约(NATO)、联合国(UN)和国际航空运输协会(IATA)等的]更高级职权。连同没有法律系统曾掌控万物的实际结论一道,这几乎不能支持国家法律系统整全性或闭合性的命题。

在以具体方式规定行为特定形式之行为规则的第一性层面上,法律系统从来都不是完全的。即使在制定法解释的实践中我们虚构了一个完美的、合乎理性的立法者,但每一个法律人都清楚地知道:没有完美的立法者;制定法中错误的可能性是不可忽视的;法律系统不可预知的情形时有发生——在该情形下,法律出现空白或不够精确。而且,社会现实是不断变化的,法律系统必须调整以适应变化了的现实。通过不断地改变立法和修正细枝末节来 55
适应现实的变化,事实上是不可能的。每一法律系统中的司法实践,都表明法律的这种适应在很大程度上是法官的责任。即使创

[71] 当然,在凯尔森意义上,国家法律系统是闭合的,因为自由是对行为的一种(消极)导引。然而,Atienza 和 Ruiz Manero 正确地论辩说,自由禁止国家制颁任何**积极的**行为规则,从而弱化了国家潜在地调控万物的隐而不显主张。

造一个整全性、闭合性的法律系统在理论上是可能的,实践中上述原因的存在,也使得在有关行为的第一性规则层面上获致这样的结果成为不可能。

为了避免这一问题,人们尝试经由"闭合规则"(closing rule)的引入,在第二性层面上闭合法律系统。[72] 这是第二性层面上的规则,当法律系统不能在第一性层面上掌控时,它将发挥作用。比如,在刑法中,大多数法律系统都有一个第二性规则允许所有法律未明确禁止的行为。比如,在刑法、税法或行政法中,当划分政府不干预的领域时,这一闭合规则很容易形成。然而,当调控私人关系时,设计出闭合规则更困难一些;如果可能,这些闭合规则也仅适用于一个有限的领域。一个例子是,当合同发生歧义时,应当作出有利于债务人、不利于债权人的解释(《比利时民法典》第 1162 条和《法国民法典》第 1162 条)。但是,在更一般化的层面上,形成一个在整个私法或整个法律系统中都可使用的闭合规则似乎是不可能的。因而,没有法律系统在这种第二性层面上是完全闭合的。

然而,存在第三个层面——在该层面,很多法律系统在技术上是闭合的。这一"技术上的闭合"(technical closure)意味着:通过决定其他规范性体系何时、如何及由谁操作在法律系统内使用,法律系统调控着其自有的漏洞。这并不意味着法律系统排除非法律规则的使用,而仅仅意味着通过允许非法律规则转换为法律规则的一般性规则的供给,它要控制这种使用。在现代法律系统中,这一第三层面的技术性闭合一般以授权的形式出现,即授权法官即使在法律系统未包含所适用的规则时决定某一案件的裁决。有

---

〔72〕 布劳沃(Brouwer)在其论文《法律秩序、法哲学和法的理论》(Openheid van en in rechtsordes)中已区分了法律系统第一性闭合和第二性闭合之间的区别。PW Brouwer, Openheid van en in rechtsordes, *Rechtsfilosofie en Rechtstheorie* (1979) *Netherlands Journal for Legal Philosophy and Jurisprudence* 128-148.

时，法官随心所欲地使用这一权力（如在英格兰、法国或比利时），或者权力被限制在确定法官允许适用的法律渊源的等级上。[73] 但是，即使很多法律系统在第三层面是技术上闭合的，它们在何种规则属于该法律系统、何种不属于的问题上也是开放的。

但通过将闭合规则作为法律的内容，凯尔森则认为在第二性层面闭合法律系统是可能的；自创生理论强调了第三层面，即**结构** 56
性层面：授权人或机构特别是法官“借用”其他规范性体系的规则，将其“转化”、吸收，并合并于法律系统。这又意味着我们承认法律系统在规则内容层面的开放性；法律系统是十分灵活的，它可以在合适时给任何非法律规则贴上“法律的”标签。这样，也只有这样，法官确实给任何案件找到了一个“法律”解决方案。

实际上，还有第四层面——在该层面，法律系统理所当然地从不是闭合的。这就是法律的意识形态结构层面，它常常隐而不显地、持续地导引着对规则的解释。某一法律系统的确切内容不（仅）是给定的，而是经由法律学说和判例法的解释不断地赋予的。经由这一解释，非法律的观点、价值和规范不可避免地渗入法律之中。正如我们在前面的章节中已经看到的，这种非法律的影响不仅仅局限于有关行为的第一性规则的种类，而且它也完全影响着那些组织法律创制和适用之结构和程序的第二性规则。结果，第三层面的结构性闭合赖以为基的法律系统的机械体系（machinery），不是一种持续性的因素，其本身在外界影响下是变动的。

为获得对法律系统的完好说明，人们不能将自己局限于某种静态的凯尔森式的价值等级，或者**概念**法学（Begriffsjurisprudence）中的法律概念代数学（algebra）；也不能像自创生理论那样将

---

〔73〕 比如，《瑞士民法典》第 1 条规定：若无可适用的法定规则，法官应当根据习惯法决定；若无习惯法，则根据他不得不作为立法者时将制颁的规则决定。

自己局限于制度层面的法律的动态过程。在同一动态的视角中,我们也有必要关注有关法律系统的意识形态结构和社会结构;这些结构共同决定着法律的内容,第一性规则和第二性规则皆然。法律系统不仅是“认知地”开放的,在某种程度上它也是“运行地”开放的。

第八节　法律与文化

一、一般文化

由于法律与社会、传统和主流价值观有基本联系,它理所当然地嵌入该社会的一般文化之中。这种文化是该社会中普遍接受的信仰、价值观和世界观,连同与人际关系相关的一些基本习惯(habits)和态度的总和。“文化”显然是一个模糊不清的概念,因为它是以文学中使用和界定的方式出现的;[74]比如,“普通的社会和历史意义世界”[75],或“心智和观念状态的一个一般性术语”[76]。
57 然而,文化的外延要比“世界观”“意识形态”“习惯”大;它是所有这些在**相互交往**中的组合。正如劳伦斯·弗里德曼(Lawrcnce Fridman)所言,当界定“法律文化”的概念时,“社会中的事件、情势和诸如此类作为整体影响着这些心智状态,心智状态又转而导致

---

〔74〕 对此的批评,参见 R. Cotterrell,“The Concept of Legal Culture”, in D. Nelken (ed.),*Comparing Legal Cultures*,Darmouth,Aldershot,1997,p. 15-16。

〔75〕 F. Mulhern, *Culture/Metaculture* (Routledge, London and New York, 2000), p. xiii.

〔76〕 L. M. Friedman,“The Concept of Legal Culture: A Reply” in D. Nelken (ed.), *Comparing Legal Cultures*,Darmouth,Aldershot,1997,p. 35.

了影响法律系统本身之行动的发生”。[77] 或者,如埃哈德·布兰肯伯格(Erhard Blankenburg)所言:“如同系统是发生器(generator)的产品一样,‘法律文化’是系统的产品。”[78]

法律价值观和法律习惯是一般文化的一部分,但是仅仅是有限的一部分。价值观和习惯唯有通过承认为是“法律的”,即通过某些机构(被社会承认的、有权将其接受为法律的“法律”机构)的某种“法律化”(legalisation),始能变成法律的。

因而,法律始于**一般**价值观、世界观等。然而,在第二阶段,法律和法律实践也**创造**一些**法律的**价值观、世界观、传统和习惯;换言之,即法律文化。

的确,文化不仅是一套给定的价值和规范。它是一个持续的沟通过程:在这里,一方面,传统和习俗经由一个集体的学习过程被吸纳进来;另一方面,文化共同体的所有成员实际上都参与了该文化要素的保持、改变和/或废除——比如,通过买或不买某种衣服、文学作品、音乐制品和食物等,通过观看或不观看某类电影、电视剧、网站等,通过使用或不使用某一具体的语言等。

文化与一个群体或共同体的认同(identity)有着强烈的关联。与其他文化的相异性创造或加强了这一认同,正如相比于年长一代的“年轻人”在着装方式、听乐类型、夜晚生活和饮食习惯等方面的认同,或者相比于德国人或其他外国人的英国人的认同一样。但是,共同的文化特征可以创造群体或共同体的归属感;这种归属感不是、或不在同种程度上是可以在地理上加以确定的:流行歌手或电影明星的一个“粉丝”俱乐部(a fan club),一个职业共同体,与

---

〔77〕 See Friedman, *The Legal System: A Social Science Perspective*, Sage, New York, 1975, p. 15-16.

〔78〕 E. Blankenburg, “Civil Litigation Rates as Indicators for Legal Cultures”, in D. Nelken (ed.), *Comparing Legal Cultures*, Darmouth, Aldershot, 1997, p. 65.

某人碰巧共享同一业余爱好的外国人，来自不同国度的参加同一研究生项目（postgraduate programme）的学生等（都可以拥有共同的文化特征，并使其之产生归属感）。

二、法律文化

（一）社会中的法律文化

在很大程度上，法律文化是作为一个职业群体的法律人的文化，即所谓的“内在的法律文化”（internal legal culture）。然而，在
58 某种非常有限的程度上，法律文化也可以在整个社会中识别出来，即所谓的“外在法律文化”（external legal culture）。它是分布广泛的有关正义和公平的信念、与相对频繁发生的诸如家庭关系等法律关系有关的传统和习惯或有法律效果的其他情势——比如，在刑法或侵权法领域；它还包括公民对法律规则和法律建制的态度。它们共同创造了社会中的法律世界观和某种法律意识（legal awareness）——在一些情形下，这一法律世界观和法律意识强烈地支持着法律规则或者政治、行政或司法机构所作决定的有效性；但在其他情形下，它们也生发出与这些规则或决定的合法性和可接受性有关的重要难题。

同每一种文化一样，这一法律文化也是不断变化的，但是变化很慢。在改变法律时，诸如立法机构或法院的决策者不得不考虑这一因素。很多法律规则或政策不能直接地影响这种社会的法律文化。法律规则或政策可由卷入决策过程的（法律）专业人员“单方面地”加以改变。然而，如果没有产生重要问题的风险，基本的社会价值观和习俗不会简单地改变；极端的情形是旨在恢复先前盛行之法律文化的革命或政变（coup d’état）。

（二）法律人的法律文化

当我们谈及“法律文化”之时，大部分情形下，我们考虑的是在

某一法律职业或法律人中盛行的传统、价值观、世界观和习惯(内在法律文化)。

在这一共同的法律文化的产生中,**法律教育**是重要的因素;这一法律文化的共同性不仅与法律概念、法律原则、法律技术、法律文书的式样等诸如此类有关,而且也与潜隐的法律、政治、社会和经济的价值观和世界观有关。在该法律系统中接受教育的所有法律人不可避免地在某种程度上——事实上,是很大程度上——共享着这一法律文化。而且,在每一**法律职业**内都存在的社会化过程一方面强化了该法律文化,另一方面也添加了某些对该职业而言典型的更具体要素。

(三)法律文化与法律的和谐化

在法律和谐化的讨论中,形态迥异的法律文化常常被视为法律聚合(convergence)的一个障碍,更况论法律统一(unification)了。然而,为了考量这种文化差异的重要性和后果,人们首先须确定何种法律文化处于危机中。显然,这种形势完全不同于法律价值观——与法律人群体的习惯相比,法律价值观深深地根植于社会之中。法律文化不是这样,因为它很容易改变。[79] 当然,如果该立场为整个法律职业所支持,社会中法律人的强势立场会非常有效地阻止任何改变。区别在于社会对改变的接受程度及其合法 59
性的程度。如果法律强使他们这么做,法律人将不再改变其习惯。这里,形态迥异的法律文化趋向和谐可能更困难一些,但是如果存在支持这一改变的足够政治意愿的话,将不会有任何真正的障碍。在深深根植于社会价值观的情形中,这种改变将被证明更为困

[79] 例如,参见在欧盟和欧洲人权公约影响下的欧洲法律人的态度改变。也与此相关的一个对法国法律文化的最近分析,参见 J. Bell, *French Legal Cultures*, Butterworthe, London 2001。

难——如果不是不可能。

第九节 法律与正义

罗伯特·阿列克西正确地争辩说，每一种法律系统至少将自己装扮为正义和公正的。[80] 制颁法律表述说“从今天起这一不正义的规则将是有效的”，将是一个吊诡。法律可能极不正义或不公正，但是它却总是理所当然地将自己装扮为包含着最低限的正义和公正。即使黑手党也将其内部规则视为（很）正义或公正的：当命令处死一个不忠诚的，或者仅仅是不成功的团体成员时，那些发出命令的人从不认为这是不正义的，恰恰相反，他们会说，“这是游戏规则”。

约瑟夫·拉兹以同样的笔触写道：“宣称其具有合法性、道德性和权威性对法律而言具有根本意义。”[81]

与大多数自然法论者主张的相反，正义、公正、公平和类似的价值，并非法律被视为“法律”的根本特征。然而，**宣称**法律是公正、正义的却是每个法律系统的通例（endemic）。

并非法律的所有方面，都与道德和正义相关。法律与道德之间存在重叠，但并非每一个道德规则都是法律规范，也并非每一个法律规则都有道德规则与之对应。法律比道德的范围更有限，因为它仅仅关切外在行为，而不过问思想、欲望或感觉，除非它们与行为相关。然而，法律比道德的调控性更强。它有规制整个社会

---

〔80〕 R. ALexy, *Begriff und Geltung des Rechts*, Karl Albert, Freiburg/Munchen, 1992, p. 62.

〔81〕 J. Raz, “On the Nature of Law” (1996) ARSP6 and 16. 也可参见 J. Raz, *The Authority of Law* , Clarendon, Oxford, 1979, p. 28-33。

的潜能,国家法律系统一般就这么做。法律包含着旨在实现**集体目标**的行为规则,通过**机构**和**程序性规则**的运行来**建构**社会或某一共同体。很多"技术性"规则——比如,交通规则,是无涉道德的(amoral)。当存有道德性内容时,在法律规则的道德特征中就会有一个强弱之别(gradation)。一些规则有着强烈的道德内容,诸如很多刑事规则或合同法或消费者法中规定的"善意"原则等;其他的有较弱的道德内容,诸如社会保障法在某种程度上意味着对穷人 60
或较不幸公民与富人或较幸运公民之间关系的团结(solidarity);或者,它们唯有在其他法律规则和法律原则的语境中始具有道德内涵。

正是在法律的制定和适用层面,正义原则在(很多方面)——比如,同样情况同等对待(treating equal case alike)有着广泛的应用。程序的公正、机会和法律适用的平等、规则内容和法院裁决的合理性,是人们认可某一法律系统的重要条件,也是即使人们不喜欢某些具体规则或因之败诉的司法判决之内容,但仍将其视为"正义"的重要条件。这样,最低限的正义对法律系统的存在来说是必要的,因为最低限的可接受性是其运行、进而实际存在的一个条件。[82] 这涉及比该法律系统调控的共同体更大的一个共同体:

> 与伦理问题相比,正义问题与某一特定集体没有本质联系。政治上制颁的法律,要想具有合法性,须至少与道德原则相一致,而该道德原则超越了任何具体法律共同体的边界而具有普遍的有效性。[83]

---

〔82〕 同样的观点,参见 H. L. A. Hart, *The Concept of Law* (Clarendon Press, Oxford, 1961), p. 189, 196; M. van de Kerchove and F. Ost, *Legal System Between Order and Disorder* (trans. Iain Stewart) Oxford University Press, Oxford, 1994, p. 19。

〔83〕 J. Habermas, *The Inclusion of the Other*, Polity Press, Cambridge, 1998, p. 245.

正义原则理所当然地包括对处于时空中的人类具有普遍有效性的一种主张。在空间上,尤其是指人权——该主张相当成功地在世界范围皆具效力。在时间上,它是指掌控生态争论的当代与后代间的代际平等的理念。

法律与道德间有关联,但不是一种等级化的关系。这解释了这一现象,即为什么一个法律系统虽不具正义性,仍只是(一些)规则或官方公职行为受到批判、宣布无效和/或受到制裁而不是作为一个法律系统而崩溃。

我们不能更进一步地讨论法律与正义或法律与道德的复杂关系了,因为在这里我们仅仅关切通过划分其典型特征以定义法律的问题。[84]

---

〔84〕 在该领域的庞大文献中,笔者将提及 Kerchove 和 Ost 在《有序和无序间的法律系统》中关于"法律系统与道德"的章节[M. van de Kerchove and F. Ost, *Legal System Between Order and Disorder* (trans. Iain Stewart) Oxford University Press, Oxford, 1994, p. 124-132.]和哈贝马斯《在事实与规范之间》一书的附录[J. Habermas, *Between Facts and Norms*: *Contributions to a Discourse Theory of Law and Democracy* (trans. Williiam Rehg) Polity Press, Cambridge, 1996, p. 447-462];在这里,哈贝马斯解释了实在法为什么不能从属于道德,展示了人民主权与公民权利如何互为前提,阐明了民主原则有着自身独立于道德原则的根基。

第四章　法律的功能

“功能”的概念,既指立法者希望通过法律而 61
达致的效果(法律的“目的”),亦指不同于立法者所追求之效果的立法实际效果,或者与任何思虑周全的立法(deliberate lawmaking)根本没有关联的,甚至被大大忽视的立法实际效果。[1]

在传统的法理学中,论者常常过于排他性地关切法律的目的了。这种做法压缩了对思虑周全之立法的分析,进而把法的一个重要方面撇在一旁;但同时,这亦可能高估了法律作为社会工程之工具的可能效果。萨莫斯(Summers)正确地将这一取径称为“朴素的工具主义”(naïve instrumentalism)。[2]

---

〔1〕 关于“功能”的概念,参见 W. Krawietz, *Das positive Recht und seine Funktion* (Duncker& Humblot, Berlin, 1967), p. 39-46。

〔2〕 R. Summers, “Naïve Instrumentalism and the Law” in P. M. S. Hacker and J. Raz, *Law, Morality and Society. Essays in Honour of H. L. A. Hart*, Clarendon Press, Oxford, 1977, p. 119-131.

再者,在采取这样的立场时,法学家们倾向把描述性分析和规范性观点混为一谈。当认为法律的(主要)目标是实现像“正义”“平等”“个体自由”这样的价值,并以此来提供某种法律理想图景(idealistic picture of law)时,尤为如此。

最后,我们应当区分具体法律规则和法条(statues)的目标与**法律系统**的功能这两者之间的区别。谈论一个法律系统的“目标”确实没有太大意义,这就好比说该“系统”是在某种特定时刻,由一个共同体或其部分,带着周虑的目的——例如,就像人们指出的“社会契约”场景——有意识地建立起来的。作为一个整体,所有法律系统的发展均经历了一个相当长的时间跨度。思虑周全的立法会存在不同甚至相反的目标。法律在实践中的解释与适用方式会与这些目标不同,甚至对立。那么,人们如何能确定“法律”的“目标”?即使确定与某个法令(Act)有关的立法者之目标时,问题亦很容易产生。冲突性的利益与对立目标之间的政治妥协,常在这样的制定法(statues)中结束:它们具有明确的规则,但亦带有一个隐而不显的潜隐社会模式和社会目标。

在此,我们没有兴趣去探讨潜隐于具体法律规则之后的目标,而拟讨论对所有或至少大多数**法律系统**来说都具有典型意义的**功能**。

62 法律最明显的功能,是从法律的定义中产生的:**规制社会**(ordering society)。法律的许多其他功能都与这一基本功能相关联,因此,规制社会可视为(所有)法律系统的典型特征,而不是一个或少许法律系统的特征。

规制社会意味着建构人与人之间互动与沟通的模式。这可以从两个不同的视角看到:社会的视角与个体的视角。1973 年,朗 · 富勒(Lon Fuller)写过一篇关于法律功能的论文,他选定的论文标题是“作为社会控制之工具的法律与作为人之互动的便利手段的法律”(Law as an instrument of social control and Law as a facilitation of human interaction)。[3] 尽管法律的功能要比富勒的标题和(论文)所显示得丰富,但该文还是很好地展示了分析法律功能时必须采取的双重视角。

在讨论这两类功能之前,应当注意的是,法律系统所具有的全部范围的功能,仅与“政治性的法律秩序”(political legal orders)相关联,也就是那些把某个社会中的政治辩论组织起来,并在某一地域内垄断着合法的法律强力(比如,国家法律系统和法律强力之程度更小的国际法)的法律秩序。[4] “非政治性的法律秩序”(non-political legal orders),如体育协会或教会,其功能则更为有限一些。

在此,我们拟讨论法律在社会中的不同功能。除非其与法律的社会功能有关,否则,我们不会关切(不同种类的)法律**规则**的功能。然而,指出与法律系统本身相关联的法律规则的两种功能,是有助益的。一定数量的第二性规则(主要是其中的审判规则)对法律系统的**维护**,即对确保调整行为的那套第一性规则在社会实践中总体上发挥功能来说,是有意义的。第二性规则中的改变规则,转而确保了法律系统的可能**转变**(transformation),即法律系统持续的或至少常态化的适应变动着的环境。[5]

---

[3] 发表于 L. Legazy Lacambra (ed.). *Die Funktion des Rechts*, ARSP Beiheft 8, Frans Steiner Verlag, Wiesbaden, 1974, p. 99-105。在该文中,富勒主要争辩说:传统法理学很大程度上忽视了法律为人之互动提供便利的功能,而过于排他性地专注于法律的社会控制功能。

[4] 参见本书第三章第四节。

[5] 博比奥(Bobbio)将这两种功能称为“二阶控制”(second order control),并将其视为“复杂规范性体系”的典型特征。N. Bobbio, “Nouvelles réflexions sur les normes primaires et secondaires” in C Perelman (ed.) *La règle de droit*, Bruylant, Brussels, 1971, p. 118.

第一节 建构社会

从社会视角出发,我们能区分出法律的两种主要功能:(1)建构政治权力;(2)创造并维持社会聚合(social cohesion)。

63 ### 一、政治权力

在过去的几个世纪,法律、国家和政治有着某种强烈的关联——这种关联如此强烈,以至于造成了诸多混乱,如将法律局限于国家法律秩序或者将法律系统等同于政治系统。[6] 无论怎样,几乎不能否认的是,建构政治权力和政治决策是法律的主要功能之一:"政治权力唯有通过法律代码(legal code)* 始能发展"。[7] 在现代国家法律系统的宪法中,可以清楚地看到这一点。宪法不仅是法律系统的基础,而且其主旨亦是建构政治权力:何种

---

〔6〕 在比较法中,最显著的是,在20世纪后半叶人们在**私法**领域划分法律系统时经区分而获致的"社会主义法系"(socialist legal family)概念。[对此的批判性评论,参见M. Van Hoecke and M. Warrington,"Legal Cultures, Legal Paradigms and Legal Doctrine: Towards a New Model for Comparative Law",(1978)47 *International and Comparative Law Quarterly* 495-536, p. 499.]

* 这里主要借用了该书中译本的译法。该书译者童世骏对此解释道:"Kode 这个词既可以译成'代码',也可以译成'规则',乃至'法典'。当作者使用 Rechtskode 这个词的时候,这几个意思往往都有。但因为作者在这里——在本书其他地方基本上一样——强调的是不同系统或领域的'语言之间'的翻译、编码、解读等等,所以统一译为'法律代码'。"参见[德]哈贝马斯:《在事实与规范之间——关于法律和民主法治国的商谈理论》,童世骏译,三联书店2003年版,第69页。——译者注

〔7〕 J. Habermas, *Between Facts and Norms: Contributions to a Discourse Theory of Law and Democracy*(trans. Williiam Rehg), Polity Press, Cambridge, 1996, p. 134. "规范性的实体信息,唯有用法律语言始能在整个社会中循环起来。如果不能将其转换为对生活世界和系统同等开放的复杂法律代码,这些信息在由媒介导控的(media-steered)行动领域将如水投石,毫无效果。因而,法律像'转换器'(transformer)一样运行,它首先保证延展于整个社会并发挥社会整合作用的沟通网络保持不破。"

机构享有何种政治权力？谁有权选举或任命这些机构的成员？谁享有政治参与权（投票权和被选举权）？必须遵循何种程序？谁有权控制这些机构的政治权力运行方式？怎样控制？哪些基本权利属于公民，并因而限制着政治机构的权力？

法律对于政治的重要性仍与日俱增。过去，政治争端常常以武力方式解决。现在，它们是通过法院，而不是通过军队来解决，最显著的是宪法法院，在欧洲则是欧洲人权法院。[8]

法律不仅建构政治权力，它还在很大程度上使其**合法化**（特别是在当下社会）。当其是由正确的法律程序任命或选择的政治机构，按照正确的法律程序制定出来时，政治决定被视为是合法的。在开放且多元的现代社会，这是大多数政治决定唯一被普遍接受的合法化形式。因此，法律一方面具有使政治权力合法化的功能；但另一方面，法律亦依赖于政治权力而使其自身合法化。

二、社会聚合 64

尤根·哈贝马斯曾经批评马克斯·韦伯片面强调法律组织政治权力的功能[9]，并因此忽视了法律在实现**社会整合**（social integration）方面的重要作用。遵循帕森斯（Parsons）的取径，哈贝马斯认为，在初民社会，社会整合在相对小型的“社会共同体”（societal community）层次上，经由普通语言和面对面的互动——包括仪式（rites）和宗教祭仪（religious cults）在内——来实现。在现代社会，法律在一个更抽象且匿名化的层次上，承担着市民社会的社会整合功能。现在，互动的框架和情境是通过司法建构起来

---

〔8〕 一个清楚的事例，是随着2000年美国总统选举产生的许多审判提供的；它使得最终由法官基于它们对**法律**规则（由政治性所激发）的解释、而不是由一种（狭义）人民多数决来选择总统。

〔9〕 J. Habermas, *Between Facts and Norms: Contributions to a Discourse Theory of Law and Democracy*（trans. Williiam Rehg），Polity Press，Cambridge，1996，p. 66-73.

的，它们为诉求和冲突提供了一般性的规则和程序，而这种诉求和冲突以前必须基于习惯、忠诚或信任来解决。而且，潜在的所有社会关系的法制化（juridification），已经使得具有政治参与权的民主的公民资格（democratic citizenship）普泛化了；人们通过由基本权利保障的志愿性社团和由大众传媒形成的政治性公共政治领域内的各种形式的沟通践习着这种政治参与。[10]

因此，法律为公民提供了达致基于规范和价值的理解、实现集体目标、协调利益关系和解决冲突的框架。所有这些对社会聚合或社会整合的形成和维系，都有着重要作用。[11]

公共政治辩论不仅是政治决策过程的一部分及其政治决策过程合法化的一个根本要素，而且还对社会聚合的形成有着重要作用。公共政治辩论为人们提供这样一种论坛：在其间，人们确定着共同规范和价值的内容，谈论着集体目标间的优先性，并协调着相互竞争的利益立场。法律是实践所有这些形式，并将其建构为融贯的整体的工具。在现代民主社会，人们之间的持续沟通和政治机构内部（主要是外部）的公共政治辩论（最显著的，是经由大众传媒实现的公共政治辩论），对这些法律功能的实现极为重要。

此外，法律还具有一个重要的象征性[12]价值。[13] 例如，法律

---

[10] J. Habermas, *Between Facts and Norms: Contributions to a Discourse Theory of Law and Democracy* (trans. Williiam Rehg), Polity Press, Cambridge, 1996, p. 73-76.

[11] 法律的该项功能尤其与社会学视角相关。有趣的是，这一点在学者的法律论著中从未被提出来。

[12] 这里，我们不讨论象征性地制颁规则的现象。事实上，有时，政治家为满足压力团体或其他各类公民的需要，会制颁满足其愿望的立法，但实践中一切照旧。关于"象征性的立法"（symbolic legislation），参见 M. van de Kerchove and F. Ost, *Legal System Between Order and Disorder* (trans. Iain Stewart), Oxford University Press, Oxford, 1994, p. 122; M. van de Kerchove and F. Ost, *Jalons pour une théorie critique du droit*, Publication des Facultés universitaires Saint-Louis, Brussels, 1987, p. 344-351。

[13] W. J. Witteveen, P. van Seters and G. van Roermund (eds.), *Wat maakt de wet symbolich?*, WEJ Tjeenk, Zwolle, 1991, p. 253.

可以扮演着创造一种国家、地区或欧洲认同感的角色。一旦一些 65
价值在立法中规定下来,它们很容易被视为社会中绝大多数世界观的象征,即使情况并非如此(例如,因为社会中的绝大多数可能对此并无任何具体观点)。法律的这一象征性作用,转而又强化了社会凝聚力(social cohesion)。

实现社会聚合暗含社会系统和法律系统的固化(consolidation)功能。法律趋向于保护和维持其所调控的社会秩序。[14]

第二节 便利个体生活

法律通过规则和制度建构社会,并以此使生活在该社会的人们的生活变得简单。

(法律)规则减少了生活中不断出现的决策的复杂性。规则使生活更加容易。规则提供了一种决定框架,该框架是已经在不同理由之间做出的选择。我们不必再三番五次地做出自己的决定,如在马路左边还是右边驾驶更好。这个决定框架已经替我们决定好了。

但事情远不止这些。法律规则所提供的这个决定框架,不仅帮助我们定位我们的行为,并限制我们不得不做出的选择,而且有助于我们预知其他人的选择和行为。比如,这意味着我们可以相信其他所有车辆都会在道路的同一侧行驶。

规则决定的行为(rule determined behaviour)不仅取决于孤立的规则本身,还受制于社会情境及其与其他行动者的互动。法律创造着“共享的互惠预期”(shared reciprocal expectation)

〔14〕 I. Szabo,“Les functions socials du droit”,L Legazy Lacambra(ed.). *Die Funktion des Rechts*,ARSP Beiheft 8,Fuans Steiner Verlag,Wiesbaden,1974,p. 63-84,特别是第 77 页。

（富勒）[15]、“稳定的行为预期”（stabilised expectations of behavior）（哈贝马斯）[16]和“全然一般化的行为预期”（congruently general behavioral expectation）（卢曼）。[17] 富勒正确地指出：法律不仅有助于便利人的互动，“而且法律**源于**互动”。[18] 法律不仅是作为“事实”而存在的事物，而且由官员和法律的承受者（addressees of law）*在日常实践中创制和改进。正是那种在实践中**解释和适用**

---

〔15〕 L. Fuller, "Law as an Instrument of Social Control and Law as a Facilitation of Human Interaction" in L. Legazy Lacambra (ed.), *Die Funktion des Rechts*, ARSP Beiheft 8 (Frans Steiner Verlag, Wiesbaden, 1974), p. 101.

〔16〕 J. Habermas, *Between Facts and Norms: Contributions to a Discourse Theory of Law and Democracy* (trans Williiam Rehg), Polity Press, Cambridge, 1996, p. 122, 144. 富勒将“习惯”界定为“产生于过往互动的稳定预期”。

〔17〕 N. Luhmann, "The Unity of the Legal System" in G. Teubner (ed.), *Autopoietic Law: A New Approach to Law and Society* (Walter de Gruyter, Berlin and New York, 1988), p. 27-28.

〔18〕 L. Fuller, "Law as an Instrument of Social Control and Law as a Facilitation of Human Interaction" in L. Legazy Lacambra (ed.), *Die Funktion des Rechts*, ARSP Beiheft 8 (Fuans Steiner Verlag, Wiesbaden, 1974), p. 103.

* “addressees”的字面意思指“收件人”。因此，“addressees of law”一词的字面的意思即“法律的收件人”，亦可转译为“法律的角色承担者”、“法律的受众”、“法律的接受者”或“法律的用户”。这里之所以翻译为“法律的承受者”，主要是考虑到作者本人显见的“亲哈贝马斯”立场，因此在哈贝马斯的意义上将其译为“法律的承受者”。在哈贝马斯那里，“法律的承受者”（addressees）是相对法律的创制者（authors）而言的。哈贝马斯继承卢梭的人民主权思想和康德的公共自主和道德普遍主义思想，强调法律合法化的根源在于法律的承受者必须同时是法律的创制者：“在没有宗教或形而上学支持的情形下，与个体权利的利己主义使用相适应的强制性法律要保持其社会整合力，只有当法律规范的承受者（addressees）同时作为整体把自己理解为那些规范的理性创制者（authors）时才能实现”[J. Habermas, Between Facts and Norms: Contributions to a Discourse Theory of Law and Democracy (trans Williiam Rehg), Polity Press, Cambridge, 1996, p. 33. 中译本参见[德]尤尔根·哈贝马斯：《在事实与规范之间——关于法律和民主法治国的商谈理论》，童世骏译，三联书店 2003 年版，第 40~41 页]；“法律的承受者只有他们将自己理解为法律——作为私法上的主体，他们服从该法律——的创制者时才能获得自主（康德意义的）”。[J. Habermas, The inclusion of the other (Ciaran Cronin and Pablo De Greiff eds, Polity Press, Cambridge, 1999, reprinted 2005), p. 207.] 曹卫东在不同的地方将“Adressaten”（德语）分别译为“受众”和“接受者”（参见汪晖、陈燕谷主编：《文化与公共性》，三联书店 1998 年版，第 343 页；[德]尤尔根·哈贝马斯：《包容他者》，曹卫东译，上海人民出版社 2002 年版，第 242 页）。——译者注

的官方法，确定着人们可以预期的行为种类。比如，在欧洲，将高速公路上的限速标志作为预测其他驾驶者行为的可靠基础将是天真的。“真正的法律”是在公民与法律官员之间的互动中形成的。 66
我们一般都知道，警察并不重视高速公路上的速度控制，并且速度限制本来是时速 120 公里/小时，但自动检速装置却仅从时速 136 公里开始监测——当此之时，普通驾驶者的行为也将随之调整。“稳定的行为预期”因而不是仅基于制定法文本或“官方法”，而毋宁是基于这一互动的结果。

一旦存在一个稳定的预期，不管其与成文法是否一致，“**法律的确定性**”（legal certainty）就存在。但这不应被视为一种绝对的确定，而毋宁是行为的一种稳定框架。显而易见的是，很多理论提出的那种产生于对确定良好的（立法）规则的严格适用的绝对法律确定性，不过是一种幻想。为了创造这种绝对确定性，完全自上而下地掌控法律，并在司法过程中在足够程度上摆脱任何道德或实践输入因素（input）的影响是不可能的，甚至是不可欲的（undesirable）（参见本书第七章）。[19] 至多，人们可以获得在“某种不确定性的法律文化”[20]中的相对的法律确定性——这种法律文化须在所有层面（不仅是立法层面）不断调整以适应变化着的环境与情势。根据法律领域的不同，“法律确定性”强弱不一。比如，在税法或刑法中，为了保护公民远离恣意，人们对法律确定性有着更

〔19〕 同样的观点，参见批判古斯塔夫·拉德布鲁赫（Gustav Radbruch）关于自治性的论文（源于道德性的法律自治性）：H. P. Olsen and S. Toddington, *Law in its Own Right*, Hart Publishing, Oxford, 1999, p. 35-41, 115. 对拉德布鲁赫观点的进一步了解，参见 S. L. Paulson, “Lon L. Fuller, Gustav Radbruch, and the ‘positivist’ theses”, (1994) *Law and Philosophy* 313-359，特别是第 328～341 页。

〔20〕 K. H. Ladeur, “Perspective on a Post-modern Theory of Law: A Critique of Niklas Lubmann, The Unity of the Legal Syetem” in G. Teubner (ed.), *Autopoietic Law: A New Approach to Law and Society*, Walter de Gruyter, Berlin and New York, 1988, p. 273.

强烈的要求;但这不只是对制定法条文(statutory provision)的一种严格适用,它包括了公共行政的实际惯例,至少当其有利于公民时。[21]

当法律规则被普遍遵守,并且法律官员(警察、行政机构和法院)的决定在社会中被大多数人接受时,某种可以强化法律遵守、提升法律确定性的一般化的"对法律的尊重",就可以创造出来。因此,在个体可以确信地依赖于他人可预期行为的意义上,法律便利了个体的生活。

法律为个人生活提供便利,不仅是经由互惠的行为预期的稳定化而减少社会的复杂性。事实上,唯有减少伤害的复杂性始能避免混乱。这不过是生活本身的一个必要条件。这种复杂性的减少,可以防止社会环境走向那种使任何有意义的生活变得不可能的混乱状态。但是,法律不仅防止混乱的发生,它亦为便利人之互动、人之沟通和个体的发展创造积极条件。法律为那些想按照自己偏好的方式组织生活之个体的策略行动(strategic action),[22]提
67 供了一个稳定的环境。如果想做生意,我们可能想购买财物。为

〔21〕 比利时最高法院(Hof van Cassatie/Cour de cassation)在税务案件中曾作出此种意义上的一个判决,参见 Cass. 13 February 1997, *Rechtskundig Weelblad*, 1997-1998, 400-401。

〔22〕 这里"策略行动"概念主要借用于哈贝马斯。在哈贝马斯那里,以成功为导向的"策略行动"主要与以理解为导向的"沟通行动"相对。哈贝马斯在区分"目的(策略)行动"、"规范调节行动"(normatively regulated action)和"拟剧行动"(dramaturgical action)的基础上提出了其"沟通行动"的概念。他认为,目的行动是指通过在一定情况下使用有效的手段和恰当的方法,行为者实现了一定的目的。策略行动与目的行动密切相关;"当把其他至少一位同样具有目的导向的行为者的期待列入能动者的成功计算之内时,一种目的行动模式也就发展成为策略行动模式。"策略行动通常被认为具有功利主义色彩,奠定了经济学、社会学以及社会心理学的决定论和博弈论的基础。See Jurgen Habermas, *The Theory of Communicative Action*(*Volume* 1):*Reason and the Rationalization of Society*(trans Thomas McCarthy) Beacon Press, Boston, 1984, p. 84-86.

此，我们必须首先知道能从谁那里获得这些财物[23]，以及如何获得。因此，我们需要财产法（土地法）和合同法。如果没有任何形式的财产法或合同法，则什么都做不了。

允许和便利策略行动的功能，通过以下七种更具体的功能得以实现：(1)通过——私人化地（私人自主）和政治性地（公共自主）——承认最低限的个人自由，法律创造了个人自主的领域；(2)阻止他人的不可欲行为，促进可欲行为；(3)协调人的行为；(4)便利人们之间的私人安排；(5)分配可利用的资源；(6)促进物品和服务的再分配；(7)解决公民之间的争端。

一、创造自主的领域

所有法律系统，即使那些最独裁的政体所决定和控制的法律系统，至少为了私人的互动，都为其公民保留了某种自主领域。比如，某种程度的契约自由，即所有法律系统都认可的。

现代民主的法律系统，亦建立了一个公共自主的重要领域：人权为参与公共生活提供了保证，包括直接或间接地参与政治辩论。这样，这些权利不仅保证了政治权力的建构和社会聚合的增强，亦便利了个体生活。个人安排着自由的领域；这些自由使用与否，悉听尊便。人们既可以成为也可以不成为选举的候选人，既可以使用也可以不使用其投票权，既可以成为也可以不成为诸多团体的成员，既可以使用也可以不使用宗教信仰自由。出版自由对于公共辩论和意见形成（opinion formation），可能是最重要的；大多数人从未想过自己使用这一自由，但是只要他们愿意就能够实现。

自主的领域，如隐私权，可以被用来把自己与他人隔离开

---

〔23〕 在20世纪末的中欧和东欧，无法确定“真正”的财物主人成为阻碍外商投资和商业活动开展的重要因素。

来，并创造着个体可以免于任何外界侵扰地组织其生活的“孤岛”。
然而，在大多数情形下，“个体自由”是与他人互动的一个条件或机
68 会：私人的（契约自由，通信秘密）或公共的（结社自由），在策略行
动语境中的（契约自由）或在沟通行动语境中的（言论自由）。

二、促进可欲行为

普通公民与法律相联系的最常见场景是刑法——它以惩罚为威胁，禁止诸多种类的社会越轨行为（deviant behaviour）。对越轨行为的这种禁止，当然首先依靠刑法，但不限于此。侵权法（tort law）也旨在避免伤害他人的不可欲行为。有时，税法被用来作为手段以说服人们避免较不可欲（less desirable）的活动或者避免使用危害健康或环境的产品。实际上，所有的法律部门都具体化为意欲影响人们行为的规则。一般而言，通过导控人们的行为，每个个体都会发现他或她的社会环境得到了极大改善：一个更安全的环境，取决于有效的刑事法律、刑事政策、交通规则和运输的安全条件等；一个更健康的环境，有赖于环境法和向污染行为（汽车尾气、吸烟和工业污染）课税；一个更舒适的环境，依赖于对城镇和乡村规划、对进入像建筑业这样的行业的调控等。所有这些都极大地便利了个体的生活。由于法律（除其他方面之外）促进了可欲行为，它提升了个体的善好生活（good life）。

三、协调人的行为

在以下两种情况中，法律对个人行为的协调是可取的，甚或是必要的。

当人们在同一领域中以个体化的方式行为时，以这种个体化

的方式组织个体的策略行动以至于他们不必相互妨碍,是可欲的。一个例子是交通规章。该领域的大多数规则,都旨在通过**协调**(比如,通过指示在每个方向中应走哪一侧,谁将享有通过优先权,哪里以及在何种条件下可以停车等)而便利尽可能多的使用者对道路的利用。许多法律规则,体现了这种协调功能。另一个例子是法院对诉讼职权的组织化。

特别是在非国家的法律系统中,法律的另一种协调功能更为明显。比如,当人们成立某个体育俱乐部时或者当某人希望从事某种或多种体育活动时,这不是个体化的行为,而是集体行为。在大多数情形下,体育活动都不能单独进行。有些体育活动是典型的团队活动(足球,曲棍球和篮球),而另一些体育活动则需要对手的参与(网球,国际象棋和拳击);如果人们想参与竞争,对任何个体化的体育活动,亦是如此。为了达致这一目标,(候选的)男(女) 69
运动员必须创造或加入某个具有共同目标的团体。对该团体而言,他们需要确定谁能进入(该团体)的结构和规则,需要确定采取何种游戏规则和/或谁掌控这些规则的实施、改变以及实施、改变的方式。他们需要任命一个委员会、教练和管理者等。不同于交通规则的情形,这里的协调并非旨在便利个体策略行动,而是为了**集体的**团体行动。因而,协调对该行动发生的可能性来说在根本上是不可或缺的。作为体育俱乐部的成员,他们理所当然想获得好的表现;为了使俱乐部利益最大化,他们愿意接受对其个人机会的限制,包括(尊重)教练、经理、委员会等的权威。

国家法律系统只在有限程度上实现这种协调功能。在大多数情形下,总有少数人(有时,甚至是大多数人)不同意政府想实现的目标和已制颁的法律规则所服务的目标。然而,就政治上的多数来说，这些规则将作为集体行动的协调框架而发挥作用。[24]

四、便利私人安排

只有部分法律旨在以某种具体且可欲的方式，导引着人们的行为。通常，法律只是协调集体或个人行动（参见上文），或者为人们提供私人安排的手段，以使其可以如其所愿（或仅具有有限的限制）地做出与他人的**私人安排**。在这种情形下，法律为诸如合同类型等此类安排提供了必要的法律**工具**。通常，法律亦为这些安排提供了某种**模式**（model）——它意味着在没有其他规则被有关当事人适用时，法定规则将自动适用。即使当事人对该模式不太满意，也必须这么做，如指明何种公寓能被出租、月租金多少。其他任何事情，均由这种就其本身来说非强制性的制定法规则来掌控。

这种私人安排，既可服务于个体的策略行动（比如，购买某人需要的廉价商品），亦可服务于集体行动（比如，成立像公司这样的未来合作形式）。

五、分配资源

主要通过财产规则和权限规则，法律确定谁、在何种限度内可
70 以使用可利用的资源。与足够大量的个体的最低限自由一道，法律是任何个体间安排的一个先决条件。没有进入合同领域的行为能力（legal ability）（自由与权限）和处置资源（货币、物品和服务）的权利，合同的制定是不可能的。在一个较小的共同体内（如一个

---

〔24〕“对那些赞成组织目标的人”而言的法律的协调功能，参见 C. Gans, “The Normativity of Law and its Co-ordination Function”, (1981) 16 *Israel Law Review* 333-349。（我的引证在 p. 348。）

家庭),或者,在像村庄或国家这样的较大共同体内,必须确定何种财产是公共的,何种是私人的。正如法律的经济分析所显示的,大多数法律系统的大多数规则,倾向于根据最优的实效原则(the principle of optimum efficacy)进行选择。当交涉成本(bargaining cost)低时,财产私有的安排更为恰当;当交涉成本高时,由于所涉人数众多,财产公有的安排更为有效。[25] 基于相似的理由,限制私有者的权限是可欲的,如当财产的某些使用所导致的损害性后果(如环境污染)不具有私人性、而具有公共性的时候,限制私有者的权利是可以的。[26]

六、对物品和服务的再分配

法律不仅通过可利用资源的分配确定着个体的"起始位置"(starting position),亦为他们自己对这些资源的再分配提供了框架;而且,法律本身也对货物和服务进行再分配。

当人死亡时,我们需要规则来告诉我们其财产、请求权(claims)和债务的归属:属于共同体、家庭,或者(比如,在其遗嘱中)指定的人,或者其(某些)权利和义务是否会随着他的离世而消失。在所有社会中,当权利持有者(right holder)死亡后,至少一些权利会转移至他人。这就意味着物品的再分配。

在初民社会,会存在诸如此类的规则:部落的成年男性成员须承担不停为首领劳作的义务。这就蕴含着服务的再分配。

在现代社会,存在更为复杂的物品和服务的再分配:一方面,通过税法、社会保障津贴等诸如此类;另一方面,通过由公共权

---

〔25〕 R. Cooter and T. Ulen, *Law & Economics*, 3rd edn., Addison-Wesley, Reading, MA, 2000, p. 160.

〔26〕 R. Cooter and T. Ulen, *Law & Economics*, 3rd edn., Addison-Wesley, Reading, MA, 2000, p. 150-159.

威提供的大量服务供应(教育、公共交通、道路和军事防卫等)。

因此,物品与服务的再分配似乎是所有法律系统的典型特征。[27]

71 ## 七、解决争端

解决争端既是法律建构社会的方式,亦是法律便利个体公民生活的方式。甚至当法院主持争端解决的时候,解决争端也成为政治权力组织化的一部分。法院裁决也在获致社会凝聚力方面发挥作用。但是,从个体的观点看,人们可以利用能够解决争端的机构,并且存在建构争端解决方式的程序性规则,是运用法律及其授予的权利和权限的重要边界条件(boundary condition)。如果没有对包括制裁在内的法律实施(implementation)的有效控制,很多法律规则将很大程度上形同虚设。这不是个人的问题,而是当权者(the authorities)的问题。对个体来说重要的是,要有一个可供其使用并具有权威性的机构来解决当事人之**权利与义务**的争端。由此,争端解决的组织化,是法律发挥其他旨在便利个人生活之功能的一个必要条件。

---

[27] 特别是拉兹正确地指出了法律的这一很大程度上被忽视的功能。(J. Raz, *The Authority of Law*, Clarendon Press, Oxford, 1979, p. 171-172.)

第五章　法律规范的概念

法律系统包含不同类型的“规范”、“规则”或“法律语句”(legal sentence)。规范的基本类型是规定性的(prescriptive)行为规则,它指明人们应当做什么,不应当做什么,或者在特定环境下应当做什么。正如前文已经讨论的,法律系统的典型特征是这种行为的第一性规则由一整套第二性规则来支持。这些第二性规则为第一性规则创造了框架,特别是关涉其出现、改变和废止的框架,以及冲突可能或应当被解决的方式。第二性规则,不仅包括指向法律系统官员的行为规则,而且包含了大量的其他种类的规则。比如,授权性规则(power-conferring rules),它们本身不包含对行为的任何指导,而仅指出谁负责或者有权力做出某种法律行为(例如,签定契约、订立遗嘱的权力,判决案件的权力)。立法也提供了许多法律建制(legal institution)、法律概念之类的定义,以及其他类别的“描述性”规定或多少 73

具有施为性的规定(performative stipulations)——其被称为“资格性安排”(qualifying dispositions)或“构成性规则”(constitutive rules)。例如,它们建立法院和议会,确定法律行为被宣布为无效时的后果,等等。人们应该清楚地区分“规范”和“立法安排”(legislative dispositions)。并非制定法或法典中的每个条款都包括一个规范。而且,正如后文将要讨论的,[1]人们也应当区分规范和规范的形成(formulation)。首先,规范性安排常常在描述性语句中明确表达出来。其次,在一些情形下,单个的语句可能不止包括一个规范;但在其他情形下,为了重构单个规范的所有成分,人们须把数个条款结合起来。

在本章中,我们将集中讨论作为行为规则的“规范”,或者Honoré 所说的“具有直接规范性的规则”。[2] 当它们看起来对我们的一般性理路(general line of reasoning)有帮助时,我们也将仅部分地且偶尔地讨论其他类别的法律规则。[3] 这里,我们也不会
74 陷入规范术语学的难题之中。在此,由于体例上的原因,“规范”和“规则”是作为同义词使用的——即使在其他场合,“规则”可能是在更广泛的意义上使用的,包括没有直接规范性内容的法律安排。[4]

---

〔1〕 参见本书第七章。

〔2〕 A. M. Honoré, “Real Laws” in PMS Hacker and J Raz, *Law*, *Morality and Society*, Clarendon Press, Oxford, 1977, p. 112.

〔3〕 对不同种类法律语句的一个彻底讨论,我们可参见 M. Atienza 和 J. R. Manero 的出色工作。M. Atienza and J. R. Manero, *A Theory of Legal Scntences*, Kluwer Academic, Dordrecht, 1998, p. 192.

〔4〕 关于对不同意义的“规范”的一般看法,参见 G. H. von Wright, *Norm and Action, ALogical Inquiry*, Routledge & Kegan Paul, London, 1963, p. 1-16。饶有兴味的是:与我所认为的该词在法律话语中的一般意义不同,冯·赖特(von Wright)认为“规范”比“规则”的含义更广,其被当作包括“规则”、“规定”(prescriptions)和“指示”等意义的一般法律概念。(p. 15)

第一节 作为人之行动理由的规范

人们可以从不同观点来看待规范。正如我们马上将要讨论的,规范应该总是在规范发出者(norm－sender)与规范接受者(norm-receiver)之间的沟通情境中看到。很多片面因而有缺陷的法律理论,都建基于对规范发出者、规范接受者或者规范文本一方的过分强调。

如果我们在此强调规范作为人之行动理由(norms are reasons for human action)的一面,我们并不仅想把法律规范的概念压缩至此,而毋宁是为我们对规范概念的分析提供一个起点。关于规范作为人之行动理由的先行工作,是由约瑟夫·拉兹在其著作**《实践理性与规范》**[5]中作出的。

拉兹区分了以下两种理由:由于比其他理由强势而获胜的理由;仅是排除了其他理由的理由。在第一种情形下,正如拉兹指出的,存在一阶理由(first-order reasons)之间的冲突;这种冲突是由不同冲突性理由的相对优势来解决的。[6] 在第二种情形下,冲突则有所不同。拉兹举的例子是一个士兵被指挥官命令去挪用原本属于一名商人的货车。他的朋友指出了不服从命令的诸多重要理由,规劝他不要服从这个命令。士兵并不否认其朋友言之有理,但是他宣称这不是对错问题。命令就是命令,即使它是错误的,即使不服从它没有什么损害,也必须遵从。作为一个下属,并不由你决定何者最好。命令就是你按照你被命令那样去做的一个理由,而

---

〔5〕 Joseph Raz,*Pratical Reason and Norms*,1st edn,Hutchinson,London,1975.

〔6〕 Joseph Raz,*Pratical Reason and Norms*,1st edn,Hutchinson,London,1975,p. 36.

不管理由之间的平衡问题。然而,人们可能背离这个一般性规则,例如,如果他被命令去实施一个暴行。[7]

对于一个士兵而言,指挥官的命令是一个二阶理由(second-order reason),它实际上排除了由指挥官对不同理由的平衡。拉兹将“排他性理由”称为排除了行为的某种理由的二阶理由。一阶理由和二阶的排他性理由之间的冲突,不是由不同竞争理由的优势来消除的,而是由实践推理(practical resoning)的一般性原
75 则来解决的——该原则决定着与一阶理由冲突的时候,排他性理由总是占优。排他性理由的范围会不断变化,它们排除所有或仅一些一阶理由。它们亦会与另一种二阶理由发生冲突,并被其压倒。[8]

在拉兹看来,理解规则的主要问题是看规则所具有的理由类型,及它们如何不同于其他理由。[9] 为了做进一步的分析,拉兹区分了“命令性规范”(mandatory norms)、“许可性规范”(permissive norms)和“授权性规范”。[10]

命令性规范是那些被更普遍地称为“规定性规范”的规范[11]。其包括那些范围非常广泛的、调整人之行为的规则和原则。在拉兹看来,所有不属于“许可性规范”或“授权性规范”的规范,似乎都是命令性规范。拉兹争辩说,所有的命令性规范既是一阶理由,又是二阶的排他性理由。从遵循该规则的人的观点来看,它意味着信任,即信任它是一个排他性的理由。他可能是错的,该规则可能

---

〔7〕 Joseph Raz, *Pratical Reason and Norms*, 1st edn, Hutchinson, London, 1975.

〔8〕 Joseph Raz, *Pratical Reason and Norms*, 1st edn, Hutchinson, London, 1975.

〔9〕 Joseph Raz, *Pratical Reason and Norms*, 1st edn, Hutchinson, London, 1975, p. 51.

〔10〕 这一区分,与霍菲尔德(W. N. Hohfeld)分析“权利”概念时所作的主要区分非常类似:权利/义务(命令性规范),特权(许可性规范)和权力(授权性规则)(参见本书第五章第五节)。

〔11〕 Joseph Raz, *Pratical Reason and Norms*, 1st edn, Hutchinson, London, 1975, p. 49.

是无效的或者未被正确地解释,但对他而言却是排他性的理由。但是,当且仅当一个规范应当被遵守时,它始是有效的。因此可以说,只有当规则是有效的排他性理由时,它始是有效的。

规范是行动的理由,但它们转而亦须获得证成(justified)。但是,为了正确地将其适用于大多数情形,我们不必知道这些理由是什么,正是因为这些规范是排他性的理由,它不需要与一阶理由相平衡。因此,规范以其自身的条件被视为一个完整的理由,而非仅作为一系列理由的一部分。〔12〕

许可意味着强制的不存在,一个强势的许可是基于排他性理由的许可:它是基于理由,而非仅基于强制的不存在(正如在弱势许可的情形下)。〔13〕

排他性的许可不同于排他性的理由,因为其不需要人们忽视 76
那些被排除的理由。它们只是授权人们这么做。排他性的许可是一种强势许可。它们不仅是相反理由不存在的结果,而且还常常

---

〔12〕 Joseph Raz, *Pratical Reason and Norms*, 1st edn, Hutchinson, London, 1975, p. 79.

〔13〕 已有论者认为,不存在"许可性规则"。因为弱势许可仅是指特定规则的不存在(这种规则明确地允许其他未被它们调整的情形没有为规范性的现实添加任何东西);而强势许可,与强势许可作为其例外的命令性规范一道,可能会被重新表述为具有更有限范围的命令性规范——在这有限的范围内,强势许可相对于命令性规范的那种例外已被抛弃。[例如, M. Atienza 和 J. R. Manero 对 Echave-Urquijo-Guibourg 和 Ross 的评论,参见 M Atienza and J. R. Manero, *A Theory of Legal Scntences* , Kluwer Academic, Dordrecht, 1998, p. 90-94。]然而,对强势许可来说成立的现象,即强势许可作为其例外的命令性规范可以被重新表述,以至于"许可性规则"会变得多余,对弱势许可却不成立。强势许可比弱势许可更为具体。如果一个标语说:车辆禁止在该公园通行,自行车除外,许可显然是非常具体的。从定义上看,弱势许可不能很具体,因为它存在某种非调控的领域——在这里,我们能够设想的无数具体行为都被允许,因为它们未被法律直接地或间接地禁止。而且,我们应当区分第三种许可类型,即一种"强势的弱许可"。一个例子是"言论自由"。它是一种强势许可,因为法律中明确规定了它,但是它与弱势许可也有共同点,即它不调控具体行为,而是涉及整个领域——由于它又是明确的弱势许可,在这个领域,我们能够设想的无数具体行动都被允许。不是具体行为,而是相当抽象的行为类型,被明显地允许。它为公民自由创造了这样一个明确的领域:在该领域内,包括公共权威在内的所有其他人都具有一项不干涉的义务。

要求证成。[14] 许可性规范有着和命令性规范相同的结构。一个许可性规范的陈述表明：当适用条件满足时，某一规范主体有排他性的许可权去实施该规范行为。排他性许可仅在义务施动者(deontic operator)*上与命令性规范有所不同：排他性许可的义务施动者，取代了排他性“应当”的义务施动者，再加上在命令性规范陈述中出现的一阶“应当”的义务施动者。[15]

规范性权力是影响运用于某人自己或他人行动中的排他性理由的一种能力。当且仅当某个行为(act)被认为影响到某种规范性改变(a normative change)的时候，它才是在实施一种规范性权力。除了其他可能的正当理由(justifications)外，某个行为是这种类型的，以至于人们可以作出这样的合理预期：如果该行为被认为影响到某种规范性改变，只有当相关人士想促成这种规范性改变的时候，它才会被一般地实施。授权性规范类似于许可性规范且不同于命令性规范之处，在于它具有某种规范性力量，但其本身没有完整的行动理由。[16]

---

〔14〕 Joseph Raz, *Pratical Reason and Norms*, 1st edn, Hutchinson, London, 1975, p. 89-90.

* 这里，作者是在拉兹意义上使用的。我的翻译参考了拉兹的著作，主要是下文即将出现的、拉兹关于规范性陈述的阐述(注释〔50〕中的那段文字)。本书的中译者将该段文字译为“如果规范性陈述只包括一个正式的启动因素(如‘应该’‘允许’等)或者一个正式的指示(如‘有义务’‘有权利’等)，那么，这样的规范性陈述就是直接的”。([英]约瑟夫·拉兹：《法律体系的概念》，吴玉章译，中国法制出版社2003年版，第60页。)可见，中译者将“operator”和“predicate”分别译为“正式的启动因素”和“正式的指示”。其实，拉兹认为，一个规范性陈述要有一个施动者，相对的要有一个受动者，它规定了受动者怎么样行为，应当做什么，被允许做什么等；“operator”在这里可能还是它的原意，即操作者的意思。因此，我在此将其译为“施动者”。“predicate”乃谓词之意，“有一个义务”这个句子中的“有”就是一个谓词，通过这个谓词也表达了一个规范性陈述。这两种表达方式都是直接的规范性陈述，直接表达了要做什么。此处的翻译听取了专事拉兹研究的朱振的意见，特致谢忱！——译者注

〔15〕 Joseph Raz, *Pratical Reason and Norms*, 1st edn, Hutchinson, London, 1975, p. 89-97.

〔16〕 Joseph Raz, *Pratical Reason and Norms*, 1st edn, Hutchinson, London, 1975, p. 97-106.

每个人都会同意拉兹的这个观点：规则常常作为一个理由而发挥作用，而且一般被当作某人以某种方式而不以另一种方式行为的决定性理由。比较成问题的是这一命题：与其他理由相比，规则构成了**不同种类**的理由。为什么规则应当先验地、甚或一般性地**排除**了所有其他理由？难道它们不仅是与其他理由相平衡吗？例如，当1991年比利时国王拒绝颁布议会投票通过的堕胎法案时，显然正是道德理由作为排他性理由在发挥作用，这种**道德理由**把包括法律规则在内的所有其他理由都撇在一旁了。

当然，这是一个相当例外的情形。在日常生活中，我们面临许多这样的情况；仅由于其作为规则的地位，规则确实排除了对任何其他行为有利的所有其他理由，从而决定我们的行为。比如，通常，我们会进入一个私人停车场，而不会将车停在某个标有"职员专用"标志的停车位。但是，即使在这种情形下，我们仍可能将车停在一个被禁止的位置，因为我们赶时间，因为没有其他可资利用的车位，以及因为我们不必在这里停太久。在这里，规则似乎 77
并没有作为一个排他性理由而发挥作用，因为规则和该规则被假定的理由明显要与其他理由（比如，上述例子中提到的理由）相平衡。

显而易见，规则至少暗含着选择某一停车位而非另一停车位之理由的某种改变。当两个等值的空间可资利用但其中一个被保留时，任何理性行为的人都将使用那个未被保留的车位。当天气很热而且分别有一块暴晒之地和阴凉之地时，亦会发生同样的情形。每个理性的存在物，都将把车停在阴凉之处。把车停在太阳下达数小时后所导致的强热，是人们会设法避免的恼人后果，就像人们会力图避免由于将车停在一个保留车位而可能引发的问题、争论和制裁一样。

可以说,规则甚至连一个不同种类的理由都称不上,更不用说它们是一种排除所有其他理由的理由吗？这取决于我们看待规则的视角。

当然,制颁规则的人或机构的权威性,应该获得那个被期待将其作为行动理由予以考虑之人的承认。我们来看这样一个例子：一位女士在寻找车位很久以后,终于发现了一个车位,但是一位男士向她走过来,在没有进一步的合法化依据的情况下,却说这个车位是被保留的。她并不倾向接受这位男士有权力制颁或者适用一个禁止停车的规则,但她可能仍会考虑将这位男士认为她不能使用这个车位的显见意愿,作为一个弱势甚或强势的理由,来决定她是否将车停在此处。但是,她不会将这看作一项法律规则的适用。[17] 然而,当这位男士将自己合法化为一名警察时,她可能甚至不会问为什么这个车位是保留的以及为谁保留的,而只是服从他的指示,去寻找另外的车位。在这里,权威性制颁的规范通常的确是作为一个排除其他理由的理由在起作用。

这是否意味着规则将先验地排除任何其他的可能理由呢？当然不是。比如,如果刚才提到的那位女士需要一位医生的急救,把车停到医院或医生家门口时,她会援用急救这一理由抗辩她对停车禁止指示的忽视。在大多数情形下,她甚至将成功地说服警察。

事实上,"排他性理由"之表达所暗含的内容,比拉兹所意谓的
78 似乎要丰富。[18] 存在一个强施了某类行为的法律规则的事实,并

---

〔17〕 她可能将其视为一项礼仪规则的适用,但是,相反,该规则也适用于这位男士对待这位女士的态度。

〔18〕 在其**《实践理性与规范》**1990 年第 2 版的后记中,拉兹写道:"存在着我称之为排他性的这种理由的主张,遭至了部分读者的怀疑态度。"他承认,他使自己陷入某些混乱(p. 184),他在某些点上的论证(argument)也是有缺陷的(p. 198)。就消除一些误解而言,他在后记中所作的评论是有助益的,但是"排他性理由"概念的确切范围仍失之模糊。

不能排除那种关于该行为恰当性的(reasoning)。[19] 整体来看,这并没有排除规则不会被遵守的情况,因为在这一特殊情势下,存在忽视规则的(很)强烈理由。法律规则只是表面上看起来是排他性理由而已。

法律规则是某个决定的结果,即一个基于理由而做出的决定的结果。这些支持制颁该规则的理由,已经同其他批判所颁布规则或不同内容的理由平衡过。正是这种权衡和平衡权威性地达致了一个决定,并在该规则中规定下来。受拉兹作品的影响,哈特借用了“作为行动之排他性理由的规则”(rules as exclusiouary reasons for action)的概念;但是,他又谈到了“行动的专断理由”(peremptory reasons for action)。[20] 正如麦考密克(MacCormick)指出的,这些理由“是专断的,恰恰是因为它们关闭了对某一问题的进一步辩论——无论是什么问题需要讨论,在某一特定点上,法律找到了呈在它面前之难题的答案”。[21]

对这些理由的权衡和平衡,是**那些**被关闭之辩论的主题。当然,新的、非常特别的事实性理由,在规则被适用的场合会出现;规则并没有将这些新理由排除于考虑之外。它排除的仅是:每次规则被适用时,关于被平衡理由的争论一再地被开放出来。正如前文已指出的,(法律)规则减少了在生活中不断决策的复杂性。它们提供了一个决定框架,该框架已经是不同理由之间的选择。而且,经由一般性的行为预期,它们亦帮助我们预知他人的选择和行为。

---

〔19〕 1990年第2版《实践理性与规范》的后记,第184页。

〔20〕 H. L. A. Hart, *Essays in Jurisprudence and Philosophy* (Clarendon Press, Oxford, 1983).

〔21〕 N. MacCormick, “The Concept of Law and ‘The Concept of Law’”, (1994) 14 *Oxford Journal of Legal Studies* 1-23, p. 11.

因此,规则通过两种方式便利了行动。其一,规则为公民提供了现成的决定,使其不必在诸多理由之间进行平衡。只有当他有一个不遵守规则的强势理由时,他才会不得不去考虑其选择。其二,规则创造了一种代表其他公民的一般性行为预期,并且为人们提供了坚持决定如何行为的理由。

在这个意义上,规则是行动的专断的或“排他性的”理由;不是因为它们消除了人们对某一特定情势下遵守规则之可欲性(desirability)的推理,而是因为它们消除了人们这么做的**必要性**。“为了达致理解”,现代法律“使在自己的努力中已不堪重负的行动者,摆脱了社会整合的任务”。〔22〕

直到现在,我们仍当然地认为法律规则影响着人的行为。事实上,有关行为的第一性规则理所当然如此;否则,它们将毫无意
79 义。当然,法律包括许多其本身并不旨在指引、但却间接影响人之行为的规则。〔23〕 它们属于第二性规则,我们在此搁置不论。但是,第一性规则对人之行为的直接影响也不应被高估。当有关人士不知晓规则时,当规则被(他本人、官员或其他教导他的人)误解时,当由于疏忽大意或情绪上的理由而忽视规则时,或者当在某人的(风险)计算中遵守规则的坏处比其好处更重要时,人们将不遵从被期待的行为(the desired behaviour)。一个法律系统包含的规则越多,一些或者许多规则不被遵守的风险就越高。这就是发达的福利国家的悖论:规则越多,全部或大部分相关人士知道它们的

---

〔22〕 J. Habermas, *Between Facts and Norms: Contributions to a Discourse Theory of Law and Democracy* (trans. Williiam Rehg) Polity Press, Cambridge, 1996, p. 38.

〔23〕 比如,一个宪法中的施为性规则(performative rules)说存在一个最高法院、“官方的旗帜颜色是红黄黑三色的”或“国家分为十个省”,该规则将在一定程度上间接地影响人们对最高法院、国旗和省的“存在”的接受——比如,在特殊场合,使用那种旗帜。然而,这仅仅是这些宪法性条款的间接影响,在严格意义上它不包含“规则”。

可能性越低，规则之间相互冲突、带来解释难题和/或被迫地忽视某一规则的风险越高，控制并有效制裁不被期待行为（the undesired behaviour）的困难和代价也越大。所有这一切一般性地削弱了法律的权威性，使实施规则和指引人的行为变得更为困难，甚至在更为根本的问题上。

授权性规则是行动的理由，不是在它们是行动之充分条件的意义上（就像行为规则一般都如此那样），而是在一个较弱的意义上：它们创造了人们**会决定如何行为**的（必要）框架。它们是行为的必要条件，而不是充分条件。虽然授权性规则并不决定人们将采取何种确切种类的行动，但所授权利（比如，签定合同或负责管理的权利）是确定人们行动的基础——在这个意义上，也是其理由。

然而，对于官员而言，授权性规则扮演着一个更为重要的角色：这种类型的第二性规则，明确决定着已被授予某种权力之官员的行为。原因是这些权力一般不是授予某人自由地使用或不使用，而是根据一个既定目标，作为一项**义务**将这些权力使用于某人的最佳能力。比如，法官有义务在合理的时间内根据法律判决案件。他有权这么做，不是一个全然的机会问题（如同有权签定合同一般都如此那样），而毋宁是其职责的本质所在，其决定着他**有义务**采取何种行动。

因此，人们不能像 Atienza 和 Ruiz Manero 主张的那样陈述说：授权性规则总是具有双重的条件性，因为它们告诉我们**如果**满足特定条件应如何行为，并且**如果**想达致某一特定结果我们应如何
行为。[24] 只有当存在达致或不达致某一特定结果的**自由**时，这种 80
说法始是正确的。授权创制、废止或改变法律的第二性规则一般

---

[24] M. Atienza and J. Ruiz Manero, *A Theory of Legal Sentences*, Kluwer Academic Publishers, Dordrecht, 1998, p. 66.

包含这一自由,但是那些与法律适用有关的规则,则不包含这样的自由,或者仅提供了相当有限的选择自由——至少在决定是否采取某一行动的层面上。一旦某一案件诉至法院,法官没有任何自由决定是否裁决之,使用其权力裁决案件是其义务。在实践中,法官几乎总有某种与其判决内容有关的自由,但这不是在“他本身想达致的结果”层面上的自由,因为那些结果取决于他不得不适用的法律。法官只具有某种大体上有限的关于法律**解释**的自由。

因而,授予官员——但有时也授予私人(比如,在一个公司中的私人)——的权力,似乎或隐或显地与包含着对行为之积极指引的原则联系在一起。非常一般地说,在公共领域中,它们都是这样联系在一起的:立法者或政府被假定在其权力范围内为其生民(the population)的利益而采取所有有益的行动。在私人领域中,它们亦常常根株相连(比如,父母被假定为其孩子的利益而采取所有有益的行动),但并不总是如此(比如,接受或拒绝遗产的权力可能完全自由处置)。根据公共权威种类的不同,是否采取某一行动和决定其内容的自由,可能受到更多或较少的限制:宪法的供给者(constitutional law-giver)受到很有限的强制,而地方性的权威受到的强制则更多。这是一个渐层化(gradation)问题,所有授予官员的权力都暗含着一项至少采取某种积极行动的义务,而不仅是一项放弃某些行动的义务(比如,因为它们处于某人权力之外,或因为它们侵犯了人权)。

第二节 规范发出者与规范接收者

在语言和沟通中,语词、语句和符号(signs)等一般是从发出者到接收者传递信息的一种方式。人们应当在信息本身、被用于传递信息的形式、发出信息的人(们)和接收信息的人(们)之间作出区分。[25]

如果不与发出者和接受者之间的这种沟通过程相联系,一条信息没有意义,或者至少几乎不能被理解或被正确地解释。如果我们一般性地把规范当作信息,我们不得不承认:对规范而言,考虑发出者和接收者的必要性更为明显一些。

规范是被某个规范发出者(norm-sender)用于调整社会的手段。就有关行为的第一性规则而言,规范发出者旨在调整和引导某种群体的规范接收者(norm-receiver)的行为。如果规范发出者要想确信社会中的行为符合其目的,规范—信息应当充分传递给 81
有关的规范接收者。但是,如果规范接收者要想正确地解释和适用规范,他们也应当考虑规范发出者*的目的。

法律解释的整个问题尤其与这一个问题相关联,即规范发出者的目的,亦即立法者的意志,应当在多大程度上决定着法律的解释和适用。这个问题将稍后讨论。在此,我们已经可以认为:许多法律理论不能给出法律的一个正确解释,因为它们过于强调了"规范发出者—规范—规范接收者"关系中的一方。

---

[25] 在本书第七章中,将对此进行更为详尽的讨论。

* 原文为"norm-receiver"(规范接受者),但从理论逻辑和前后行文看,这里显然应当是"norm-sender"(规范发出者)。因为一方面,按照现代社会通行的立法(议会)至上的民主制度安排,规范接受者在解释规范时必须考虑规范发出者的立法目的;另一方面,即便作者在前文(参见本书第三章关于法律自治性的论述)乃至其他地方、甚至全书的主题之一即是对这种立法与司法间的"单向的"("one-way")和"下行的"("top-down")关系进行了批判,但是在此,作者只是一般地陈述规范发出者与规范接受者间的一般关系或主流观点中的两者关系,以引入自己对该问题的论述,而并未阐述自己强调两者之间沟通与互动的观点。而且,如果读者将这里的"规范发出者"置换为原文的"规范接受者"似乎也不符合一般的语用逻辑——因为"接受者"不可能考虑自己的目的以获得解释的正确性。因此,译者认为这里可能是作者笔误或印刷错误,故冒昧改之。后与作者的联系中,他也认可了这一点。——译者注

比如,法律**命令说**(the command theory of law)将法律看作纯粹的主权者的意志。最显著的是,约翰·奥斯丁(John Austin)[26]将**每个**法律规则(而非仅普通种类的规则)都看作主权者的一个命令。在奥斯丁看来,命令与**制裁**紧密相连,而制裁被界定为对损害的威胁。在这种观念中,正是主权者的意志排他性地决定着规则或“命令”的内容。在解释某一规范时,人们必然仅关注这种意志,而将规范文本的表达和具体适用带来的实践问题弃之不顾。

现实主义运动(the Realist Movements),则将整个法律化约为规范接收者的观点。在美国的法律现实主义中,人们关注作为规范接收者的法官,而斯堪的纳维亚现实主义(Scandinavian Realism)则毋宁聚焦于公民。最著名的引证是奥利弗·温德尔·霍姆斯(Oliver Wendell Holmes)的一句话,即“我所谓的法律,是对法院实际上将要做什么的预言,而绝非什么矫饰浮夸之辞”[27];但是,这种过分强调法官作为规范接收者的也许最典型或相当极端的代表者,是杰罗姆·弗兰克(Jerome Frank)。依弗兰克之见,人们在其生活中需要包括法律确定性在内的确定性。这使他们创造了各种各样的迷思(myths),包括能够为每个法律问题提供答案的完全而又闭合的法律系统的迷思和法官不造法而仅适用预先存在的(pre-existing)规则的迷思。[28] 然而,在弗兰克看来,在现实中,法律是一套可变的、仅在一定限度内可预言的决定。所谓“法律规则”和“法律原则”,无外乎是一种虚幻的建构,它们作为影响司法行为的刺激物(stimuli)而发挥作用,但不过是像法官的意识形态、同情心、厌恶感和政治确信等其他刺激。在这一取径中,法律规则

---

〔26〕 J. Astin, *The Province of Jurisprudence Determined*, Weidenfeld and Nicklson, London, 1954. (first published J Murray, London, 1832)

〔27〕 O. W. Holmes, “The Path of Law”, (1897) *Harvard Law Review* 457-478. p. 463.

〔28〕 J. Frank, *Law and the Modern Mind*, New York, 1930, p. 41.

完全失去了**规范性**的内容。

循着同样的理路,斯堪的纳维亚现实主义理论亦解构了法律的概念,诸如“法律规范”“权利”“义务”,或者现实中不存在的神秘化的“立法者的意志”等。阿克塞尔·海格斯多姆(Axel Hägerström)批评了凯尔森的观点——后者基本上在“国家意志”中发现法律,不是将法律定义为心理学上的意志,而是将其定义为“被界定为法律秩序之组织化统一体的表达”。〔29〕在他看来,这是 82
一个借助其他概念而形成的不真实概念的定义,它同现实没有任何关联。〔30〕而且,这是一种循环的推理:当规范能被归结为一种“国家意志”时,规范始能被视为“法律规范”;但是海格斯多姆认为,“国家意志”的概念不涉及经验现实,而是包含在“法律规范”概念中的一个法律概念。因此,“国家意志”只能由“法律规范”来定义,反之亦然。海格斯多姆认为:当像更传统的法律取径一样谈及“人民的意志”时,并不存在真正的“一般的”或“集体的”意志,而只是某种行而上假定的超个人(meta-individual)意志,即被装扮或被构想为“人民的意志”。〔31〕他亦批评了在“命令”和“义务”之间的混淆。一个命令仅表达了命令者的愿望,并不带来任何“义务”本身。“义务”不过是公民应当遵守命令和规则的主观感觉。〔32〕社会影响和压力的存在,使得人们在脑海里建立起了法律与义务

〔29〕 H. Kelsen, *Hauptprobleme der Staatslehre entwickelt aus der Lehre vom Rechtssatze*, Tübingen, 1911, p. 183, 699.

〔30〕 A. Hägerströme, *Der römische Obligationshegriff im Lichte der allgemeinen romischen Rechtsanschauung*, Vol 1(1927), p. 12.

〔31〕 A. Hägerströme, *Inquires into the Nature of Laws and Morals*, Almquist & Wiksell, Uppsala, 1953, p. 22.

〔32〕 作为一个“形而上学概念”, Vilhelm Lundstedt 已经进一步详细阐述了对“义务”的这种分析。参见 Vilhelm Lundstedt, *Die Unwissenschaftlichkeit der Rechtswissenschaft*, Vol 1(1932), 特别是第 56 页及以下。

感之间的联系,它给人们以虚假印象,即由于与法律相联系,某种“客观义务”是存在的。从这里,海格斯多姆得出结论说:在根本上,法律具有一种社会心理学基础。法律意识、对无政府状态的恐惧、遵守“有效法律”的某种传统、公共权威对越轨行为的惯常制裁等,在社会中创造了人们对这种法律确实存在的一种“迷信”。斯堪的纳维亚现实主义的这一取径,清空了法律的任何规范性内容和任何思虑周全的社会规制。

法律的**黑体字理论**(black letter theories)* 将规范化约为与规

---

* 就我目前阅读范围,“black letter theories”在汉语文献中似未见过。在与本书作者的邮件联系中,作者进一步解释道:这种理论认为,一个文本的意义就“在文本中”,其独立于任何文本。在英国,“black letter”是涉及“字面解释”(literal interpretation)的一种方式,在其他欧洲语言中,人们更愿意使用“字面解释理论”(literal interpretation theories)。与此相关的是“black letter law”。《英汉法律用语大辞典》将该词译为“法律基本原则”,并将其解释为“法院或法规所体现的历史悠久的基本的法规,也称 hornbook law”(参见宋雷主编:《英汉法律用语大辞典》,法律出版社 2005 年版,第 82 页);《元照英美法词典》将其译为“黑体字法”,并借用《布莱克法律词典》的解释说:它是“一种非正式用法,用来表示被法院普遍接受的或体现在某一特定司法管辖区的制定法中的基本的法律原则。”[薛波主编、潘汉典总审定:《元照英美法词典》,法律出版社 2003 年版,第 156 页;另参见 Herry Campbell Blacke, M. A., *Blacke's Law Dictionary: Dictionary List of American and English Jurisprudence, Ancient and Modern.* (fifth edition) (West Publishing, St. Paul, MN, 1979),“black letter law”词条。]据说,这种法律最初是指用古英语字体或哥特体印刷颁布的法律,例如 1535~1594 年苏格兰议会颁布的法令。在麦考密克等的《制度法论》,作者将其同“法律教义学”相提并论。(参见[英]麦考密克、[奥]魏因贝格尔:《制度法论》,周叶谦译,中国政法大学出版社 1994 年版,第 2 页“译者注”及以下)。在霍姆斯的《法律的道路》一文中,他使用了“black-letter man”之表达,并说:“对法律的合乎理性之研究而言,the black-letter man 可能是属于现在的,而未来属于研究统计学和精通经济学的人。”(For the rational study of the law the black-letter man may be the man of the present, but the man of the future is the man of statistics and the master of economics.) [Oliver Wendell Holmes, The Path of the Law, 110*Harvard Law Review*(1997) 991-1009, p. 1001.]有译者将其译为“研究文本的人”(参见[美]斯蒂文·J. 伯顿:《法律的道路及其影响》,张芝梅、陈绪刚译,北京大学出版社 2005 年版,第 428 页。)窃以为,若非要强调该词的“文本”因素,译为“研究历史文本的人”似乎更佳;因为从前述“black letter law”的含义看,其强调的即是历史文本的影响。也是主要基于上述考虑,我原本拟将“black letter theories of law”译为“法律的历史文本理论”,但最终还是决定参照《元照英美法词典》对“black letter law”的翻译将其译为“法的黑体字理论”。——译者注

范发出者和规范接收者都无关的文本(text)。他们认为,一个文本可以是“清晰明确的”,对这一文本中何种意义“显见”的任何解释,都是对规定在文本中的规范之“真实”意义的扭曲。因此,要禁止这种解释:**解释止于明白**(interpretatio cessat in claris)。就确定规范的意义来说,规范发出者的意志和规范接收者的解释或案件的具体境况都被认为是无关的。

在本书的进一步讨论中,我将主张:只有一种辩证即沟通的取径,始能解决这一问题——在这一取径中,规范发出者、规范接收者和规范文本彼此互为前提,共同决定着规范的意义。这里,我只想得出这样的结论:规范至少与某一规范发出者和某一 83
规范接收者有点关系,它们都与规范的分析、解释和适用有某种关联。

承认了这点,我们现在不得不确定:当面临具体法律系统中的某一规范时,在实践中谁应当被视为规范发出者和规范接收者。

一、规范发出者

在现代法律系统中,大部分法律规则是由法律系统自身确定的一个立法者发布的。一般而言,这一立法者可轻易地被界定和识别为他所制颁之规则的规范发出者。

但是,问题仍然是:是否制颁某一法律的个人或机构总应当被看作“规范发出者”,即总被看作其意志与法律的解释和适用相关的立法者。

比如,19世纪的德国历史法学派认为,议会或其他“立法者”是“**民族精神**”(Volksgeist)的唯一代言人,即社会中的法律观点和正义感(sense of justice)的化身。在该观点中,真正的规范发出者是

“人民”,即公民的集合体(the community of the citizens)。[33] 议会仅被视为一个技术性的中间人(intermediary)。

但是,在很多情形下,形式上的规范发出者,即官方的立法者,几乎不能被认为在法律中表达了目的,因为他甚至不知道他所制颁之法律的内容。比如,在比利时,为了执行由议会制颁的更一般的制定法,每年制颁了成百个甚或上千个的皇室法令[Royal Decrees(*Koninklijk Besluit*,*Arrérét Royal*)]。这些法令形式上是由国王颁布;然而,国王是否已阅读过其中的任何法令,甚至在大多数情形下他是否能意识到他所签署之法令的内容,是颇令人怀疑的。

在一个更小的程度上,同样的问题可能亦会发生在其他情形中。比如,在议会中,当议会委员会准备和讨论颇具有技术性的问题及随后整个议会同意通过该问题时,大多数议员将不能完全领会法案的内容或范围。

这是否意味着由于该“立法者”显然对法律内容没有精确观点,更况论有任何“目的”或“意志”因而谈论“规范发出者的目的”或“立法者的意志”没有意义呢?这是要求我们放弃“规范发出者”的概念而去研究独立于任何“规范发出者”之规范的一个决定性论据吗?答案是否定的。

在所有情形下,**形式上**的立法者应该被视为“规范发出者”,恰恰是因为法律系统自身这样界定,而且人们常常一般地接受形式上的立法者能处置这些立法权力。

84 一个相似的情形是:某人在没有阅读并意识到其合同的大部分内容时,已经签署了该合同;这时,他仍然是合同的当事人,即一个其意志与合同的解释相关的当事人。

---

[33] F. C. von Savigny, *Vom Beruf unsrer Zeit für Gesetzgebung und Rechtswissenschaft*, Freiburg un Breisgau, 1892, 1st edn, 1814, p. 5 及以下。

立法者在较大甚至很大程度上依赖于社会中的观点(“**民族精神**”),压力团体的建议,小型(议会)委员会、文官、政党内的专家或多数党(parties of majority)等的预备性工作。如果立法者在没有(完全)领会其内容和范围的情形下,形式上制颁了该法律,这仅意味着立法者在一定限度内(有时是在很大限度内)依赖于他所信赖之人所做的预备性工作;而且,从其所信赖之人那里,他接受了(事先准备好的)法律草案。连同草案文本一道,形式上的立法者也不可避免地接受其目的,即其创制者(们)的意志。通过给予对一部法律形式上的权威标记(例如,通过签署一项皇室法令),国王或其他立法者决定制颁一项规范,并且决定根据立法者有意识的意志或没有与法案有关的有意识意志之时,根据法案起草者“被委托”的意志适用该规范。

正如约瑟夫·拉兹指出:

> 法律创制并不意味着有意地创制某人意欲的法律,而是有意地创制一项他本应知道他正在创制的法律。[34]

诚然,人们应当区分**形式上的**立法者和**实质上的“立法者”**。形式上的法律供给者(law-giver),完全由法律系统的第二性规则来决定和界定。形式上的立法者事实上的权威性,依赖于其被期待适用的共同体对授权予立法者的第二性规则所普遍接受的程度。

“立法者意志”这一概念的使用,已经造成了很多混乱。比如,当分析立法材料时,法律人常常试图找出谁的意志是与确定

〔34〕 J. Raz,“On the Nature of Law”,(1996)*ARSP*1-25,p. 22.

"立法者意志"相关的。比如,当议会讨论一个相当专业的问题时,更熟悉该领域、更充分地讨论该草案之议会委员会成员的陈述,被认为比议会其他议员的陈述更有分量。这里的"立法者意志"大体上等同于该立法机构部分成员的意志。当部分实质立法者是组成形式上的立法者之机构的一部分时,诸如"国会"不能有一个"意志"此类的问题,似乎循着这一理路以一种可接受的方式得到解决。

然而,在一些甚至大部分情形下,形式上的立法者与实质上的立法者毫无关系。比如,前文提到的皇室就是这样的,至少大部分
85 是这样的。如果我们是在心理学意义上来理解"立法者意志",那么人们会面临一个困难的选择:或者(1)人们不得不得出结论说,形式立法者没有任何与考虑中的法案有关的实际意志,因而不存在"立法者意志",法案没有任何含义;或者(2)人们不得不考虑实质立法者(们)的意志,但间接的结果是我们承认根据法律系统的第二性规则不享有任何这种权力的人们代表了一种规范性权力;或者(3)我们不得不认定形式立法者的意志是"虚构"的,而将其完全遗留给了发挥解释作用的规范接受者,由他们来确定其内容——法律适用者(law-applier)的意志被装扮为好像它就是"立法者的意志"一样。

在法律实践和法律学说中,解决该问题的出路是抛弃"立法者意志",在制定法文本背后发现它,并只遵循该文本。然而,这毋宁是一种鸵鸟态度(ostrich attitude):问题并未被解决,人们只是试图不去看到这个问题,而自陷于法律文本的茫茫沙海之中。

解决该问题的一个出路,是将实质立法者的工作看作形式立法者(们)的一种默示授权(implicit delegation)——正如前文显示的那样。但是,人们也可以用一种稍微不同的方式来解决这一问

题。每个立法法案(legislative act)被假定为是一场政治辩论的产物,而且是沟通的结果——有限地或广泛地与行政机关、压力团体、院外活动集团、司法机关、法理学说、技术专家,甚或通过媒体与整个共同体[35]等处于立法机构之外的其他行动者沟通的结果。立法草案以及最终制颁的文本,是这一沟通过程的产物,而这一沟通过程有时会很彻底和广泛。所制颁的立法文本权威性地结束了这一辩论和信息输入过程。立法法案是这一沟通过程的一种合成物。只有在其所赖以为基的沟通要素的语境中,始能正确地理解这一合成物。在这一意义上,"立法者意志"与形式立法者的(成员的)某种心理学上的意志毫无关联。如果使用"立法者意志"这一概念,仅意味着它是预备沟通过程的某种客观结果,正如它在某一最终文本中所达致的结果一样。只有根据这一预备的过程,才能理解该文本;但是,当其被形式立法者形式上制颁时,只有根据(所制颁的)这一最终文本,始能正确理解这一沟通过程的确切范围。

也许,我们可以得出这样的结论:形式上的立法者总是不得不被视为规范发出者,即使他根本不知道所制颁之规范的内容。形式立法者本身并不决定着规范的含义和范围,而仅决定着作为法律系统内的有效规则之规范的地位。规范的意义取决于一个更广 86
阔的语境,但是这是另一种讨论,我们稍后再讨论这一问题。

二、规范接收者

法律规范被传达给公民?法官?皆然,抑或皆不然?这是一个已然带来许多讨论的问题,特别在德国法理学中。现在,这个问

---

〔35〕 立法者与共同体间一个有限的沟通渠道也经由选举发生。选举行为中的改变、下次选举的预期改变或避免这种改变的企图有时直接地——常常是间接地——影响着立法中的改变。

题似乎相当奇怪。然而,这个讨论仍是饶有兴味的,因为它关注了法律规范的一个重要方面:规范的内容与其语言表达(linguitic formu-lation)之间的区别。规范的表达和意义问题,稍后将放在法律方法论的框架内讨论。在此,我们只是得出这样一个结论:前文提到的对规范接收者的讨论,在很大程度上是由规范与规范的表达之间的混乱所导致的。

第一种理论排除公民而将法官视为唯一的规范接收者,因为除了其他方面之外,法律规范常常是被这样表达,从而仅传达给法官。[36] 在刑法中尤其如此:大多数刑法典事实上并未明确地禁止盗窃、谋杀和强奸等,它们毋宁是包含着规定那些已实施盗窃(谋杀等)行为的人,必须以所列规则接受惩罚的内容。初看起来,这可能被解释为一个仅传达给法官的规范,其为法官强施了惩罚犯罪的某种义务,而不是强施于公民的某种行为规则。现在,很少有人会同意这一观点。显而易见,刑事条款首先意指有关行为的第一性规则,其禁止某种被界定为"犯罪"的行为。但是,正如它们所表达的,这些条款亦包含着传达给法官的一种第二性规则,从而授权法官实施惩罚,同时也为他们强施了惩罚的义务。

认为法官是唯一规范接收者的理论,亦依赖于其他一些论据:

(1)公民不知道法律的内容;[37]

(2)违法时,只有法官才有权适用制裁;[38]

---

[36] 参见 J. Binder, *Rechtsnorm und Rechtspflicht* (Erlangen, 1911), p. 11; M. E. Mayer, *Rechtsnormen und Kulturnormen*, Breslau, 1903, p. 7 – 8; A. Ross, *On Law and Justice*, University of California Press, Berkeley and Los Angeles, 1958, p. 33。

[37] M. E. Mayer, *Rechtsnormen und Kulturnormen*, Breslau, 1903, p. 6 – 9; EE Hirsch, "Die Steuerung menschlichen Verhaltens" in M Gruter and M Rehbinder (eds.), *Der Beitrag der Biologie zu Fragen von Recht und Ethik*, Duncker & Humblot, Berlin, 1983, p. 285–287。

[38] R. von Jhering, *Der Zweck in Recht*, Vol 1, Leipzig, 1884, p. 333–338.

(3)抽象的规则是传达给法官的,法官转而使规则更具体,并在审判中向一个或多个当事人发布某种命令。[39]

第一个论据,是一个实用性的(pragmatic)论据。在对规范及 87
其与规范发出者和规范接受者之关系的理论分析中,这一论据几乎没有任何影响。而且,同所有的法律人一样,法官亦常常“不知道法律的内容”,他们不得不查询法律。法官与普通公民的区别,不是法官知道所有法律规则而公民对此一无所知。只存在一个程度上的差别,而没有绝对的区分。在一些公民较熟悉的技术问题上,例如,由于职业的原因,公民可能知道许多特定法律规则,而法官甚至不知道它们的存在。但是,作为一名法律人,法官对法律有更好的一般知识;同一般公民相比,他们在更大的程度上具有查找法律渊源的技能优势。

其他两个论据依赖于法律命令说,这种学说依据规范发出者传达给规范接受者的命令来解释所有法律。[40] 我们将不深入地讨论这一理论;作为替代,我们将自己限定于这一结论:法律命令说将所有的规范化约为一种类型,即在具体境况下,强迫或禁止某种行为的命令性的、有关行为的第一性规则。

而且,这些第一性规则不被看作传达给有关人士,而是传达给负责适用这些规则的法官。因而,在这个观点中,未经司法裁决而遵守规则的大多数人们,将被看作没有遵循“法律规则”。显而易见,这一理论并没有为法律给出一个正确的解释。

---

〔39〕 M. E. Mayer, *Rechtsnormen und Kulturnormen*, Breslau, 1903, p. 45;凯尔森似乎也采取这种立场。(See Kelsen, *General Theory of Norms*, Clarendon Press, Oxford, 1991, p. 52-55.)

〔40〕 例如,参见 J. Austin, *The Province of Jurisprudence Determined*, Weidenfeld and Nicklson, London, 1954; J. Astin, *the Uses of the Study of Jurisprudence*, Weidenfeld and Nicolson, London, 1955, (first pulished J Marray, London, 1863), p. 17, 254-257, 358-361。

当某人承认法律组织着社会中人的行为时，他应当同时承认：在某个特定时刻，某一规范发出者即“立法者”会根据社会中人的行为及时地引入新规则或者改变已有规则。法院和其他法律机构仅是帮助实施这些规则、矫正越轨行为和解决与法律解释和适用有关的其他问题的工具，它们几乎不能被认为是某一法律系统存在的主要理由。

其他理论已经宣称承受者不必是“规范”观念的一个条件，因为在其概念的清晰性上，某一规范只能被理解为一个“非人格化的应然形态”(unpersonal ought)[41]。在此，一种抽象的、纯理论的取径，显然忽视了法律的一个本质部分，即法律是规制社会的工具，它必然包括通过规则来影响人的行为。[42]

88 **三、非制定法规范的“规范发出者”**

在英国，由官方机构制颁的法律，逐渐取代了大部分在司法中精心打造的普通法而变得越发重要了——虽然如此，由法院在历史过程中引入和精心打造的法律系统内的重要规范，仍是有效的。

在诸如国际法或原始法等欠发达的法律系统中，习惯法发挥着某种重要作用。

甚至在最发达的法律系统中，规范有时也具有诸如“不成文的一般性法律原则”等非典型的渊源，因为它们被过去数十年来欧洲大陆的法院惯常地接受下来。

---

[41] 例如，E. Mezger，“Die subjektiven Unrechtsemente” in a special issue (*Sonderband*) of (1923) 89 *Der Gerichtssaal* 245。

[42] 对汉斯·凯尔森而言，关注这种行为可能是对那种纯粹的理论取径的一个反映：“说一个规范(被用来)‘引导’一个人仅仅意味着一个人的行为即人类的行为是必为的……‘规范承受者’(‘norm-addressee’)这一术语只是一种表达的方式，它表达规范中规定为必为的行为是人的行为即人类的行为的方式。”(Kelsen, *General Theory of Norms*, Clarendon Press, Oxford, 1991, p. 8, 89-91.)

在所有这些情形下,试图确定“规范发出者”都会使我们面对一些尖锐的难题。唯一可识别的“规范发出者”,将是首先表达规范的法官(们);但是,对大多数的法律人而言,他们并不认为是法院“创造”、“发布”和“制颁”了规范。一般而言,人们假定法官只是陈述、总结、追溯(derive)和表达了一个预先存在的规范,该规范以某种方式(本来就)是法律系统的一部分。在某些情形下,这意味着某种法律规范的表达,是使法律系统适合于其潜隐道德框架和/或其适用的当下社会或共同体中被普遍接受之意识形态的必然结果。最终,这意味着“规范发出者”是“传统”或“当下主流意识形态”。在此,将这些规范与某个可识别的形式上的“规范发出者”联系起来是不可能的,而实质上的规范发出者是一些相当模糊的历史或社会素材。

这种“规范发出者缺位的”(norm-senderless)规范,不是欠发达或不完善的法律系统的一个缺陷,它们是政治共同体的任何法律系统的通例。它们表明:这种法律系统必须在社会工程和传统之间寻求一种平衡。一个固守传统规则的法律系统,将变得越来越无法适应被假定为有序的社会。这将不可避免地导致某种革命的发生,部分或完全地创造出针对旧法律系统的**“白板”**(tabula rasa)。一个例子是1917年的俄国革命。但是,如果一个社会的统治者要用法律彻底改造社会——包括改造大多数公民将其视为其文化认同(cultural identity)之一部分的传统,这也将会导致一场革命。一些例子,是发生于20世纪90年代的罗马尼亚反对齐奥塞斯库(Ceausescu)独裁的革命,或者发生于20世纪80年代的伊朗反对沙阿(Shah)*的伊斯兰革命。

---

* 即“伊朗王”。——译者注

传统和当下主流意识形态,在长期存在的沟通过程中发展起来。先前和当下的所有成员都(仅通过他们接受/反对规则的态度)参与了这一沟通过程。这避免了某个立法者的任何支配。它属于法律的范式性框架(paradigmatical framework);在这一框架
89 内,立法者、法官或任何人都必须行为。法律系统不能掌控其历史和意识形态结构,相反,它们部分地受其支配。

因此,通过在其自身权限内无权制颁这一规则的法律系统中的某个官员,试图为直接导源于法律系统之历史框架和意识形态框架的法律规则或法律原则识别出某个"规范发出者",是没有意义的。当然,在实践中,从法律话语到某种非法律话语的转换,在法律推理中会遭至批评。人们也可能会认为,参照"传统"或"主流意识形态",不过是法官对自己意识形态的一种修辞上的掩饰罢了。在此,我们没有进入这种讨论。如果足够,我们可以假定:至少在某些场合,参照指向了传统或主流意识形态;并且,至少在某些情况下,这一参照是正确的。

第三节　规范的内在方面与外在方面

为了理解规范的本质,人们不得不分析纯粹的恒常行为模式(regular pattern of conduct)与规范的适用之间的区别。

从外部来看,就行为模式和规范适用而言,可观察的行为是相同的。所有或大部分共同体成员,在特定境况下都以相同的方式行为:他们早上吃早餐;用两条腿走路(不是用一条腿,或者手走路等);在街道的同侧开车;踢足球时,只有两个守门员用手接球;他们的着装方式相似(如他们都穿鞋)等。

对一个火星人而言,上述情形似乎都是同种人类行为的不同方面。他不能区分规则掌控的(rule-governed)行为与纯粹习惯之间的区别。

为了理解这一行为,火星人需要理解关于该行为的理由。正如前文所见(第五章第一节),规范是人之行为的重要理由。但是,它们不是唯一的理由。知道和理解掌控行为的规范,将有助于我们理解人的行为;观察人的行为,会助益于我们理解规范(被适用的方式);但是,这还不够。对人之行为的纯粹经验观察,从来不会带来关于规范内容的任何信息。

然而,即使我们的火星人意识到了某种"法律渊源"的存在,对于观察和解密法案(Acts)、制定法和条约等,即对于得出关于人类行为的结论而言,它仍是不够的。很快,他会明白就预言人的行为而言,成文法并不总是可依赖的。某些法律规则普遍适用,其他的不是那么经常适用或很少适用,一些则完全被视而不见。

因此,为了理解规则掌控的行为,人们不得不知道规则,但又不仅是规则。人的行为不仅取决于对(法律)规则的某种**知识**,亦 90
决定于对待这些规则的某种**态度**。除外在要素外,就规则本身而言,还存在某种必要的内在要素(internal element),这种要素使得人们根据规则而行为。[43]

让我们举个例子。在大多数法律系统中,法律(无论在刑法中,还是在民法中)都禁止重婚。在欧洲,这一规则似乎被普遍适用。对此的违反是非常例外的,但只有两个男人或两个女人之间

---

〔43〕 哈特已介绍了这种区别:H. L. A. Hart, *The Concept of Law*, Clarendon Press, Oxford, 1961, p. 55-56, 86-88. 也可参见 J. W. Harris, *Law and Legal Science*, Oxford, 1979, p. 56-57; N. MacCormick, *HLA Hart*, Series "Jurists: Profiles in Legal Theory" [W Twining(ed.)], Edward Arnold, London, 1981, p. 33-40; N. MacCormick, *Legal Reasoning and Legal Theory*, Clarendon Press, Oxford, 1978, p. 275-292。

的婚姻是被禁止的。没有结婚的人可以以同种方式同居一室,没有任何法律障碍。可是,这一情况是同重婚一样的例外,但却没有任何规则禁止。因此,法律规则是以特定方式行为的一个理由,但它们既不是一个充分理由,也不是唯一的理由。一夫一妻的生活方式因而也有其他理由:道德上的确信、经济与性别的局限和社会压力等。就此而言,禁止重婚的法律规则,对一夫一妻行为只具有很小的影响力。

为了能被作为一项法律规则而适用,该规则应当:(1)为规范接收者所**知晓**,并(2)让规范接收者**感到必须**按照该规则行为。受制于一项规则的这种感觉,构成了法律规范内在方面的核心。正是这种内在方面,使得区分规则掌控的行为与更一般的行为模式(比如,在早上吃早餐)成为可能。也只有在这种情形下,法律规则才是一个人按照他所做的方式而行为的一个理由。

将法律系统作为一个整体而接受,即承认其一套第二性规则,是感到被法律系统的每个第一性规则所强制的一个必要而非充分的条件。在此,我们讨论的只是对单个规则的接受,但"内在方面"也适用于一套第二性规则,即适用于作为一个整体的、而不是那些个体化的第二性规则。

正如前文(第三章第五节)已经讨论的,在受制于法律规则的感觉中,我们还能区分出几个层次:[44]

(1)**"完全接受"**(规则已经被内化而使得控制或制裁的威胁,对这些规则的遵守来说成为多余)。

---

〔44〕 尼尔·麦考密克(Neil MacCormick)作了五种层次接受的相似区分:"完全地、中等地、勉强地、最小地和谨慎地。"[N. MacCormick, "The Concept of Law and 'The Concept of Law'", (1994) 14 *Oxford Journal of Legal Studies* 1-23, p. 17-19.]他毋宁考虑的是对法律系统的(第一性)规则之整体的接受,但是这一论证(argument)的核心是相同的:接受不是全有或全无的(all or nothing),而只是一个程度问题。

(2)**“有条件的接受”**(如果规则被认为是公平的,并从同等对待的观点看被恰当地实施,则遵守该规则)。

(3)**“被迫的接受”**(只有适用足够的控制和适当的制裁时,规则始被遵守)。

如果大多数人以这三种之一的方式接受该规则,那么,规则将 91
是有实效的。在每种情形下,一个人将感到被规则约束。内在观点(the internal perspective)也许不同;因为对某些人而言,被约束的感觉是建基于个人的确信,而对其他人来说则是基于对制裁的畏惧。在这种内在观点中,亦存在某种程度之别。但是,在所有情形下,这种对遵守规则来说必要的内在因素都是存在的。

当然,这一内在观点仅对那些规则适用于他们的人才有意义。所有其他人都将只具有某种外在观点(a external perspective):火星人情形下的“完全的外在”;比如,在法律学者写一本关于某一法律主题之书情形下的“有见识的外在”(informed external);或者,在一个辩护人建议她的委托人根据法律她应当如何行为情形下的“忠诚的外在”(committed external)。

在很大程度上,接受是由社会决定的,并强烈地建基于社会互动和沟通之上。在有条件接受的情形下,这表现得最为明显。规范接收者之间和法律系统行动者之间的这种互动,以及关于这一互动的信息(比如,关于罪犯是否被处罚的问题),对决定个体的接受程度来说是必不可少的。

第四节　规范的结构

一、规范的基本结构

法律规范的基本结构是假定的或条件性的表达(utterance):

“当某一事实 X 发生,作为一个必然后果,人 P1 应当对人 P2 做事情 Y。”〔45〕这一结构,类似于一个描述性表达;通过这一表达,我们说明了一种因果关系:**“当某一事实 X 发生,作为一个必然后果,它将必需 Y。”**两种表达的唯一区别是:在法律规范中,义务的施动者是“应当”,而因果关系的表达包含描述性的要素“将必需”。

汉斯·凯尔森将这种区别作为其法律分析的一个主要出发点。他将因果关系的规范性对应物称为归责关系[imputation relationship(*Zurechnung*)]。对他来说,这也是科学中的基本区别:一方面,描述性科学(例如,物理学)研究因果关系;另一方面,规范性科学(例如,法律学说和伦理学)则把规则作为它们的方法。〔46〕

然而,这种区别不能如凯尔森所想的那样,在**关系**层面上找
92 到。在因果关系与归责关系之间,存在一个关于结果种类的区别,而不是关系种类的区别。在两种情形下,基本的逻辑结构都是“当……则……”即原因与结果之间的因果关系。〔47〕只存在**结果**层面上的区别。由于因果关系的存在,结果具有独立于任何人意志的自然恒常性(natural regularity);而归责关系则依赖于人的意志:一个人或一个人的团体(比如,一个法律供给者)想要使某事发生,它必需和预设了规则被强施的那些人之越轨行为的可能性。

(1)当按照该规范所强施的方式行为完全不可能时,或(2)当完全不可能存在越轨行为时(比如,一个要求人们呼吸的规范),一个规范没有意义。唯有当某人能够决定是否遵守该规范时,一个规范始有意义。

---

〔45〕 在这个句子中,“事实”有很广泛的含义,包括:情势或大量的事实。“人 P1”和“人 P2”可能意味着一个、几个或很多人。

〔46〕 例如,参见 H. Kelsen, *General Theory of Norms*, Clarendon Press, Oxford, 1991, p. 22–25。

〔47〕 J. Klanderman, *Ratio*, *Wetenschap en Recht*, Zwolle, 1986, p. 86–87.

冯·赖特(Von Wright)区分了行为的因果关系后果(causal consequence)与得自该行为定义的结果(result)。在“关窗户”这个行为中,“关”不是一个行为的(因果关系、外在的)“后果”,而是一个内在的**逻辑**结果。这种改变是由直接从该行为定义产生的行为导致的,而由于窗户被打开一个感觉很冷的人将感冒则是该行为的一个因果关系后果。[48] 这一区分表明,凯尔森明确区分法律中的“因果关系”(causation),或毋宁“归责(关系)”与实证科学中(真正的)“因果关系”是正确的。当自然科学中的一个“规律”(law)被确定时,它总涉及带来某种结果(或用冯·赖特的术语为“后果”)的外在要素;而在法律系统本身中的一个“规律”创造了那些条件的后果(或用冯·赖特的术语为“结果”),这些条件也决定着自身。因此,在“自然”规律中,条件和结果的关系是外在的,是因果联系着的;而在法律中,规律是一种内在的逻辑关系。在一定程度上,这是真实的,即法律创造了自己与科学相对(或者,至少在一种较大程度上与之相对)的“法律现实”。然而,从不得不遵循或适用规范的那些人的观点看,“条件”同下列这种情形一样是“后果”的外在要素,如为了避免特定后果(被雨淋湿)和不特定后果(被雷击死),人们躲避雷鸣电闪的雷雨的情形。在两种情形下,人们会这样行为以避免无益的(外在)后果。违反规则的法律后果将由法官、警察、文官等来确认;对他们而言,法律上的条件当然是将在制定法或司法裁决中发现的一个**外在**要素。

而且,条件和由法律规范所决定的法律后果,也总是根据**外在**要素来**解释**的,诸如根据案件的具体特征、立法者的目的和规范的字面严格适用所导致的有问题的后果等。

---

〔48〕 G. H. von Wright, *Norm and Action*, Rouledge & Kegan Paul, London, 1963, p. 39-40.

93 因此，只要人们将自己局限于与任何适用无关的规范，就仅存在纯粹的逻辑联系。一旦规范走向生活，纯粹的内在逻辑取径就变得太狭隘了——如果不是不可能的话。

法律规范的结构不能与该规范的语言表达相混淆，这两者之间常常有很大的区别。[49]

人们也应当区分规范与规范性陈述（normative statement）——后者是关于规范的一个陈述。规范不能是"真实的"或"虚假的"，因为它们不是描述着（describing），而是规定着（prescribing）现实。它们只是在一个给定的规范性体系内"有效"或"无效"。但是，如果其作出了一个有关规范的正确陈述，规范性陈述则是真实的；如果陈述不正确，则它们是虚假的。

规范性陈述可以是直接的或间接的。如果它们只包括一个规范性的施动者（如"应当"）或者一个规范性的谓词（predicate）（如"有义务"），那么，它们就是直接的。否则，它们就是间接的规范性陈述。[50] 例如，"在 2002 年 1 月 1 日，引入欧元的欧盟国家的货币管制制度（*monetary regulation*）发生根本改变"，就是一个间接的规范性陈述。[51]

真实的规范性陈述，要么是纯粹的，要么具有适用性（applicative），或两者皆然。如果特定规范的存在足以使其真实，则一个规范性陈述就是纯粹的；如果一个规范和事实的存在一起足

〔49〕 参见本书第七章第三节第二部分。

〔50〕 Joseph Raz, *The Concept of a Legal System*, 2nd edn, Clarendon Press, Oxford, 1980, p. 49.

〔51〕 冯·赖特把同这种间接规范性陈述一样的一个规范的存在状态之陈述称为"规范命题"（*norm-propositoins*）。[GH von Wright, *Norm and Action*, Rouledge & Kegan Paul, London, 1963, p. 106.] 我更偏好拉兹的术语，因为任何规范命题同时不可避免地是一个规范性陈述，但毋宁是以一种更悠远（distant）和更间接的方式表达出来。说欧元在 2002 年被引入是间接地说：在那些国家，自 2002 年起，人们不得不（或至少被允许）用欧元支付。因此，采用"直接"和"间接"规范性陈述之间的区别似乎稍微更文雅和更清晰一些。

以使其真实，则它就是一个具有适用性的陈述。一个陈述是纯粹的，还是可适用的，依赖于法律系统的内容。[52] 拉兹提供的这类陈述的例子是："牛津的居民应当做事情 A。"如果有某项法律影响牛津的居民应当做事情 A，这一陈述即是纯粹的。如果有某项法律使所有超过 10 万人的城镇的居民应当做事情 A，且牛津有超过 10 万人口，则它是一个具有适用性的陈述。[53]

涉及某一法律系统的所有纯粹规范性陈述的集合，完全描述着该系统。形成那些规范性陈述是法律学说的任务。因此，这一学科能被看作关切规范存在及其确切意义之真实性问题的经验科学。[54] 与凯尔森的主张相对，我认为，法律学说不是一个"规范性科学"，而是一个关于规范的科学。如果说规范不能是真实的或虚假的，规范性陈述则能。从这一视角看，规范是事实，其存在与否可被探知、争辩和证实，在同样程度上至少如同其他社会科学中的"事实"一样。

二、规范的要素 94

每个规范[55]包括三种结构性的要素：

---

[52] Joseph Raz, *The Concept of a Legal System*, 2nd edn, Clarendon Press, Oxford, 1980, p. 49. 在拉兹看来，如果有两个独立的条件集合，每一个都足以使其真实，且借助其一它是纯粹的，借助另一个它是可适用的，则这一规范性陈述既是纯粹的，也是可适用的。

[53] Joseph Raz, *The Concept of a Legal System*, 2nd edn, Clarendon Press, Oxford, 1980, p. 49.

[54] 当然，人们也可以把法律学说看作**阐释科学**（hermeneutic science），但是仅以历史为例，它至少部分是一种经验科学；依赖于所界定"经验"的广泛程度，把它看作基本上是一种经验科学是可能的。在此，"经验"与凯尔森法律学说的规范性观念相对。

[55] 这里，"规范"是在其与行为的主要规则相关联的标准化意义上使用的。我把诸如授权性规则是不是规范等问题撇在一边。对这种讨论和一般法律科学的一个更彻底分析，我参见了 M. Atienza 和 J. R. Manero 的杰出工作。（M. Atienza and J. R. Manero, *A Theory of Legal Scntences*, Kluwer Academic, Dordrecht, 1998.）在该书中，作者提供了法律规范和法律科学的一种全景式理论（overall theory）。

(1)一个肯定性或否定性的行为情势(act-situation)(做或不做X);

(2)一个应当或可以的**义务施动者**;

(3)义务施动者适用肯定性或否定性行为情势的条件。

当我们把行为情势和义务施动者放在一起,我们就看到了四种可能情态(modalities)的法律规范:

(1)**积极的指示**(命令):人们应当做某事;比如,“配偶有义务住在一起”(《比利时民法典》第213条)。

(2)**消极的指示**(禁止):人们不应当做某事(禁止做某事);比如,“禁止个别地向议会请愿”(《比利时宪法》第43条)。

(3)**积极的非指示**(*non directive*)(命令的不存在):一个人被许可不做某事;比如,“用益物权(usufructuary)提供担保……但是父母对其孩子的物品有法定的用益权(usufruct)……不必提供担保”(《比利时民法典》第601条)。

(4)**消极的非指示**(禁止的不存在):一个人被许可做某事,如“居住者在其土地上可以在任何时候获得和消灭野兔”(1882年比利时狩猎法案第28条第2款)。

在日常的语言中,我们没有区分命令的不存在与禁止的不存在。它们都归结为“允许”。

这四种形态组成了一个逻辑方阵(logical square)(见图5.1)。“义务”和“许可不做”是相对关系即矛盾关系(opposite,-contradictor relationship)*。当某人有义务做某事时,他显然不被许可不做;

---

* 相对(矛盾)关系,以及下文的从属关系、反对关系、下反对关系都是描述命题对当关系的逻辑术语。其中,相对(矛盾)关系是指两个命题不可同真、也不可同假的情形;反对关系是指两个命题不可同真、但可同假的情形;下反对关系是指两个命题可同真、但不可同假的情形;从属关系多称差等关系、蕴含关系(subaltern opposition),是指全称命题真则特称命题真,特称假则全称假的情形。相对(矛盾)关系、从属关系、反对关系、下反对关系组成如同本书所谓的一个逻辑方阵。——译者注

当许可不做时,不存在做的义务。在“禁止”和“许可做”之间有一种相对关系。当某人被许可做某事时,这一行为不能被禁止;反之亦然。

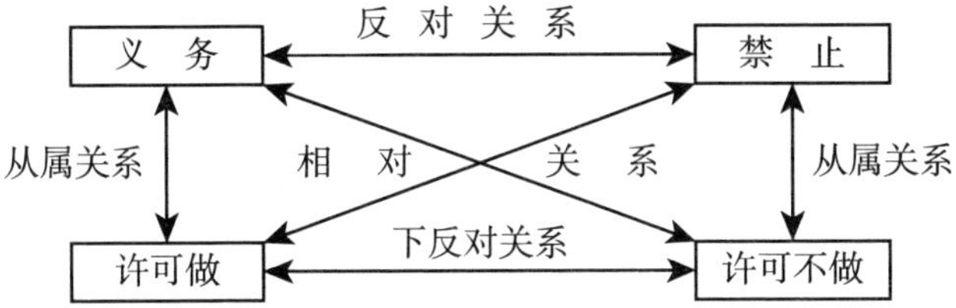

图 5.1　法律规范的四种情态

“义务”和“禁止”是反对(contrary)的概念。义务和禁止(同 95
时)适用于同一个人的同一个行为在逻辑上是不可能的。如果这种情形出现,它可称为一种自相矛盾(antinomy)。但是,义务和禁止都不存在也是可能的。行为会是明确被许可(强势许可),或仅是被许可的,因为它根本不为任何规则所掌控(弱势许可)。[56]

但是,既许可做又许可不做是可能,但既不许可做也不许可不做是不可能的。义务意味着许可做某事(反之则否)。相似的从属关系(subordinate relationship),存在于“禁止”与“许可不做”之间。

---

〔56〕 关于弱势许可与强势许可的区别,参见 GH von Wright, *Norm and Action*, Rouledge & Kegan Paul, London, 1963, p. 85 - 90; A Soeteman, “Weak and Strong Permission in the Law” in A Frändberg and M Van Hoecke (eds.), *The Structure of Law*, Series Skriften Från Juridiska Fakulteten I Uppsala, Iustus Forlag, Uppsala, 1987, p. 21-35。当 A Soeteman 认为弱势许可和强势许可的区分不是一个二分(dichotomy)而毋宁是一个程度问题时,他可能是正确的。也可参见 M Atienza and JR Manero, *A Theory of Legal Scntences*, Kluwer Academic, Dordrecht, 1998, p. 90-115。在该书中,作者认为“许可”的含义区别取决于语境,而不是“强势”许可和“弱势”许可本身……然而,在此,我们不能进入这些讨论。

最后，规范也应当规定它适用的条件。每个规范都是假定
96 的。[57] 在其适用于具体情势时，法律规范总不得不满足具体的条件。不存在绝对的规范。禁止杀害乍一看似乎是绝对的，但它只适用于法律系统本身所适用的人（因为国籍，或因为杀害在特定地域已被确定为犯罪）。[58] 而且，禁止杀害并不是在所有境况下都是有效的，如在自卫、战争或在为一个罪犯执行死刑的情形下，杀人是被允许的。

总之，人们可以说：法律规范规定着当具体条件满足时法律后果应当发生。

三、法律规范的特征

除前文讨论的实体性（substantive）、规定性的要素外，法律规范有另外两个显著的特征：（1）它们不是孤立存在的，而是服务于法律系统较广语境内的具体目的；以及（2）它们具有形式上的特征。

（一）作为目的之手段的法律规范

即使在一个原始的或发达的法律系统内，法律规范从来都不是纯粹的专断命令。无论充分与否，它们总是意味着服务于具体目的；这些目的是较广且大体上具有融贯性的世界观。诚如罗伯

---

〔57〕 “假定的”在这里是在广义上使用的，即为了使规范可适用，至少要满足一些条件。然而，甚至在狭义上——冯·赖特这样界定“假定的”［相对于“绝对的”（categorical）］，人们也可质疑是否存在不必绝对是“假定的”任何法律规范：“如果其适用的条件是有机会做其内容包含的事情及有**某种进一步的条件**时必须被满足的条件，我们将称一个规范是假定的。”参见 GH von Wright, *Norm and Action*, Rouledge & Kegan Paul, London, 1963, p. 74。在我看来，除非重新表述规范以含扩所有这些进一步条件，总存在至少一些消极的“进一步条件”。但是，这样，问题被化约为一个表达问题，人为地将所有规范都形成为绝对性规范也变得可能。这对规范概念的分析不是很有助益。汉斯·凯尔森认为：所有（一般性）规范都是假定的，因为“所有规范的有效只是条件性的”。

〔58〕 虽然也可能有其他禁止杀害（某些）动物的规则。

特·萨莫斯(Robert Summers)所言,法律规则——

> 被构设而直接地或间接地服务于实体性政策、基本的政治价值、私性偏好(private preference)或公平(或同时是一个或更多的这种目的);

而且,它们——

> 直接地或间接地基于一种暗含手段与目的间之因果关系的经验性概括,或者基于一种关于法律如何能组织和便利诸如政治领导者的选举和可说明性(accountability)之某种目的的理论,或者基于一般性道德或社会原则;或者基于制度、程序、方法或诸如此类的根本形式或其他适当形式的一种观念(conception)。[59]

这里不进一步讨论这个问题,我想强调规范的语境依赖性(the context dependence of norms):它们不仅必须从规范发出者—规范接受者关系的视角来看待,而且还须根据它们作为手段服务的具体目的来看待——所有这些都必须转而定位于作为一个整体之法律系统的语境及其潜隐世界观来考量。找寻潜隐的目的、理论和世界观时会引发的实践难题,并不意味着它们是不存在的。有时,它们将须由解释者部分地建构(重构)——通过这种 97
建构(重构),解释者将使法律规则既适合于它所属的法律系统,也使其适合于必须适用该规则的共同体,包括其主导的价值观和世界观。

---

〔59〕 R. S. Summers, "How Law is Formal and Why it Matters", (1997) 82 *Cornell Law Review* 1165–1229, at p. 1175.

从所有规范提供可用可不用机会的情形下规范承受者(norm-addressee)的观点来看,法律规范也会作为目的之手段而发挥作用。人们可以利用合同法达致某个目的,诸如布置一个漂亮的住所;人们可以利用结社自由建立一个品酒俱乐部或一个政党;人们可以根据婚姻法内的立法选择来保障没有自己收入之配偶的未来生活;等等。当然,这不是规范本身的一个特征,而是前文讨论的法律功能的特征。法律服务于两种目的,即集体的和个人的。在很多理论中,法律被过于排他性地仅看作社会目的的一种手段,因而忽略了法律作为公民个体目的之手段的作用。[60] 无论如何,在这两种情形下,法律都是达致个人目的或集体目的的手段;因此,我们应当从这一视角来看待法律。

(二)法律规范的形式性

在原始法律系统中,法律规范只具有某种很微弱的形式特征,它限定于其表达的一般性和确定性,以及如同萨莫斯所称的"被认可的具有权威性的密闭形式"(recognised authoritative encapsulatory form)[61]。在较发达的法律系统中,法律规则的形式特征更广泛一些。遵循萨莫斯,我们可以区分五种类型的"形式"——这几种形式可以在任何发达的法律系统中看到,最显著的是在国家法律系统中。

---

〔60〕 当清楚地将任何因果关系、手段—目的关系排除于只有归责关系存在的法律之外时,汉斯·凯尔森是那些似乎理解了法律双重功能的人之一。这一立场与凯尔森对规范作为"应然语句"(ought sentences)的相当狭隘的观点相联系;在"应然语句"中,命令性规范是"典型的"规范,其他类型[许可、损抑(derogating)和权力授予(empowering)规范]被界定为一种命令的(不存在)。

〔61〕 R. S. Summers,"How Law is Formal and Why it Matters",(1997)82 *Cornell Law Review* 1165-1229,at p. 1175.

1. 根本形式

“根本形式”,意指那些对法律规则将被视为“规则”来说是不可或缺的特征:它必须是**规定性的**(如同前文讨论的广义上的)、充分**一般的、完整的和确定的**。[62] 当然,由于最低限的确定性落入“规则”的概念之中,上述每个特征在一定程度上都是具备的,但不是完整意义上的具备。

“一般性”(*generality*),意指“可适用于某一范畴(a category)的事实情势”,即使在实践中只有很少的情形或只有一种情形碰巧落入规则之中。“一般性”是就规则之**主体**或规则适用之场合的数量来说的。后种形式的一般性,将一项规则与一个孤立的规定或命令区别开来。[63] 在法律中,在可能主体之数量层面上,也要求“一般性”:规则应当是抽象的,而不是个体化的。这并不排除规则间或也适用于单个个人的情形,如由于碰巧只有一个人符合规范适用的条件,或由于规则仅在某个时候理所当然地能适用于一个人(比如,首相或最高法院院长的权利和义务)。它只要求:当某一规则制颁之时,规则能适用于整个**范畴**的人们,诸如“所有未来的首相”。 98

“完整性”(*completeness*)仅意味着:为了指称语句,或语句集合即法律规范,条件、法律后果和义务施动者须是存在的。

“确定性”(*definiteness*)并不排除规范的模糊表达,它只要求规范足够精确而在根本上是可适用的,即能够按照行为的引导性规则那样行为。

2. 结构形式

创造“根本形式”的定义要素,决定着规范的结构,这种结构包

---

[62] R. S. Summers, “How Law is Formal and Why it Matters”, (1997) 82 *Cornell Law Review* 1165-1229, at p. 1175.

[63] GH von Wright, *Norm and Action*, Rouledge & Kegan Paul, London, 1963, p. 83.

括:法律规范的适用应当满足的条件、义务施动者与规范决定的法律后果。而且,一般性、完整性和确定性的**程度**也影响着规范的**结构**。其表达非常具有一般性的法律规范将被称为“法律原则”;例如,它要求具有完整性,但不要求非常确定。但是,更具体的规章只有较低程度的一般性,但却具有更确定和更精确的表达。

3. 表达形式

在萨莫斯看来,一个规范的表达方式(mode)包括:

(1)其清晰性程度;

(2)在其文字表达中被阐明的程度;

(3)其在技术性或其他专业性词汇中被阐明的程度;以及

(4)简洁阐述和组织严密地阐述的程度。[64]

规则不成文和模糊,是欠发达法律系统的典型特征——在那里,习惯法还与宗教有着强烈的关联。但是,这种规则亦能在发达法律系统中找到,如以“不成文的一般法律原则”的形式存在。

99 萨莫斯所列举的表达形式的其他两个要素,与法律的职业化相关。它涉及一种方法论上的专业化,包括一种专业的法律词汇、法律式样和法律结构。然而,高度职业化的法律系统也具有这样的规则,它们以仅在有限范围内属技术性的词汇表达出来——比如,由于法律创制者(law-maker)想使规则易于为多数人所理解、进而遵守(例如,交通规章、堕胎规则、租赁法和人权)。这也倾向属于非法律人起草契约性(contractual)或调整性(regulatory)规则的情形。这些规则中的一些可能很“技术化”,但这不是法律技术意义上的技术化,而是从其他技术视角来调整的专业化领域意义上的技术化,诸如产品安全的最低技术要求。这是另一种“技术

〔64〕 R. S. Summers, “How Law is Formal and Why it Matters”, (1997) 82 *Cornell Law Review*, p. 1179.

性”,这种技术性是在发达法律系统(比如,环境法和银行法)中占很大比例的那部分规则的典型特征。当其与高水准的法律技术性相结合时,它会使得法律规则很确定和完整,但对非专业人士——他们应当对法律和法律旨在调整的技术领域等两个领域都有最低限的了解——来说,也是非常难以接近的。

4. 密闭形式

通过“密闭形式”,萨莫斯讨论了“法律渊源”(宪法、制定法、习惯法和法官所造之法等)的种类,或“被承认的法律形式或法律模型(mould)”——在法律形式或模型中,法律规则被阐明,即法律表现着它自己的方式(mode)。[65] 这种形式与先前的形式即表达形式密切相关,特别是其在文字表达中所呈现的方面;但它不是规则呈现给外界的方式,而毋宁是法律人所称的“法律渊源”。因而,形式性的方面须与表达形式区别开来,尽管存在某些类似,但不是100%的相同,因为——例如,存在不成文宪法(比如,在英国)和习惯法——正如很大程度上出现在中世纪和文艺复兴时期的欧洲的事情一样。

5. 组织化的形式

某些法律规则具有形式上的**内容**,因为它们用程序性规则、权限规则、证据规则或其他第二性规则组织着法律系统。在这里,我们想把自己限定在前文列举的形式性种类上,因为这种“形式”与本书其他地方所要进行的讨论有所重叠。正如萨莫斯所做的,从研究法律形式方面的观点看,添加这种“实体”形式是有意义的。然而,这里的视角是不同的,以致出于完整性考虑,仅提到它应该就足够了。

---

〔65〕 R. S. Summers, “How Law is Formal and Why it Matters”, (1997) 82 *Cornell Law Review* 1165–1229, at p. 1175.

第五节 “权利”的概念

100 一、“权利”的类型

规范授予权利和义务。依据其所授“权利”(和相对的义务)种类之不同,规范也不同。对权利概念的分析是对规范进行分析的一个必要组成部分,因为规范之内容基本上取决于其所授权利之种类。

分析法学(analytical jurisprudence)已经为这一概念的分析,作出了重要贡献。最著名的,是威斯利·纽科姆·霍菲尔德[Wesley Newcomb Hohfeld(1879~1918年)]的工作。[66] 规范可能授予不同类型的权利:一项“请求”(claim)、一项“权力”(power)、一项“特权”(privilege)、一项“豁免”(immunity)和一项“自由”(liberty)。它们中的三个,可被视为真正不同且同等重要的“权利”观念:请求、自由和权力。

“请求”授权某人请求他人给某物、做或不做某事(比如,一张发货单)。请求的关联之物(correlative)是其他人的义务(一种严格意义上的)。

“自由”(liberty)承认“权利持有者”(right-holder)在一个本身非调控的(non-regulated)领域内,按照他喜欢的方式行为的自由(比如,言论自由)。如果这种自由是更一般化禁止的一个例外,它可被称为一项**“特权”**(比如,在自卫的情形下打人、甚或杀人的自由)。自由(和特权)的关联之物,是对抗自由的权利持有者之权利

[66] W. N. Hohfeld, Fundamental Legal Conceptions as Applied in Judicial Reasoning (Greenwood Press, Wesport, 1978) (reprint) [first published in (1913) 23 *Yale Law Journal* 16].

的不存在。这意味着不存在任何“法律上的”相关物，因为自由仅意味着法律关系和法律调控的不存在。这种情形类似于前文提到的许可之一。如果自由只导源于某种弱势许可，那就根本不存在任何法律调控。如果自由以某种强势许可的方式授予，正如这里的情形，它界分出了有利于自由之权利所有者的某种“调控无涉的领域”（regulation-free territory）。

权力是法律上承认或授予的创设、剥夺或改变权利和义务（在其广义上的）的资格（capacity）（比如，信托人的权力）。影响某人自己法律地位的权力，是一种“资格”，[67]影响他人法律地位的权力，是一种“能力”（competence）。[68] 与自由相比，人们可以说自由包含没有直接法律后果的所有行为，而权力使影响权利和义务的自由成为必需。它们组成了自由之合法与非法（non-legal）的两面（在法律上的相应后果的意义上）。

“权力”的关联物是**“责任”**（liability）：一个人有责任接受有权力影响其法律地位（legal position）之人的权力之行使。

通过在一个逻辑方阵结构中把它们每一个对立起来，霍菲尔德尤其试图分析不同类型的“权利”。[69]

关于不直接以影响其他权利——（法律）事实［（juristic）facts］ 101
领域——为目的的权利，人们可以建构一个如图 5.2 所示的图解。“请求—无请求（no-claim）”“义务—自由”是相对的；它们彼此互相矛盾，相互排斥。一个人不能同时拥有请求和无请求。如果某人有某项义务，有关义务下的行为，他是不自由的。

---

〔67〕 资格可以是完全的或有限的。

〔68〕 能力可以是自由决定的（discretionary）或目的决定的。

〔69〕 虽然霍菲尔德本人并未真正将逻辑方阵作为一个图解（scheme）。他把自己局限于将不同对范畴放在一起。

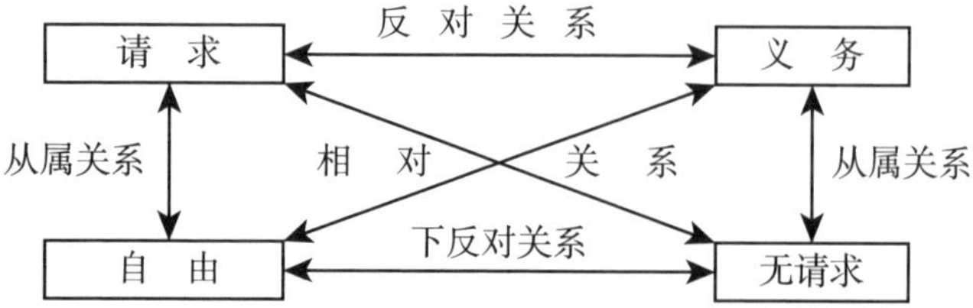

图 5.2　权利—法律事实的类型

“请求—义务”是反对的概念。例如,一个人不能是同一项债务的债权人和债务人。但是,不存在债务以及一个人既无请求也无义务则是可能的。

“自由—无请求”是下反对的概念。人们要么可以自由地做某事,要么在关于同种行为的该事情上无请求权,或者两者皆成立。人们可以同时具有做的自由和无请求权,但是人们至少拥有其中之一。一项请求暗含着一项自由,一项义务暗含着人们没有请求权。反之,如果一个人没有自由,他就不能有请求;如果一个人没有无请求(这意味着他有一个请求),他不能具有相应的义务。

关于影响权利——法律行为(acte juridique、rechtshandlung*)领域——的权利,人们可以利用概念之间的同样关系建构一个如图
102 5.3 所示的图解。这里,添加了两个(否定性)概念:“豁免”和“无权力”(no-power)。

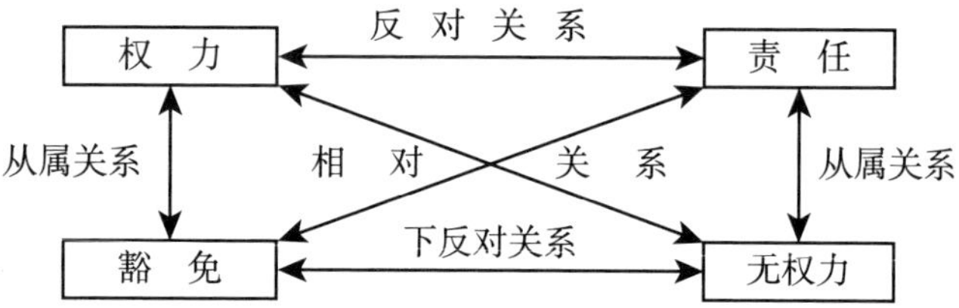

图 5.3　权利—法律行为的类型

---

* 两者都是“法律行为”之意。——译者注

二、法律关系的类型

在一些情形下，权利明显是两个或更多被决定的人们之间的关系。当我买一辆汽车时，我对售车者有请求其交付该车的权利，他则有权请求我支付价款。**对人权**（*ius in personam*）是典型的请求权，但它可以是任何一种请求权，诸如承租人请求房东对其出租给他的财产不予干涉的权利。更一般地说，对人权会是请求给某物、做某事或放弃做某事的权利。

在其他情形下，情势更为复杂一些，也已然引起了法理学中的讨论。[70] 比如，所有权（property）是否暗含着一种与其他任何人的法律关系（任何人都有不干涉的义务）或与被拥有之物的一种法律关系（它是我的财产，即该物属于我，我对其具有完全的权力），或者两者皆然？

显而易见，当面对任何种类权利的具体行使时，具体的人之间（不是人与物之间，也不是具体的人和抽象的人民之间）会存在冲突，至少是法律关系意义上的冲突。但是，这里我们将面临——侵犯某人权利的侵犯者（如一个小偷）之权利的具体化问题，但没人会否认对保障被偷物品之所有权的义务是有效的**普遍义务**（*erga omnes*），包括那些没有意识到该所有权存在的人和/或那些对该所有权从未具有任何实践相关性的人。但是，在所有这些情形下，都存在变成实践上相关、创设某种具体法律关系的**潜能**（*potential*）。

而且，一项**对物权**（a right of *in rem*）（诸如所有权）比对他人

---

〔70〕 例如，参见 J. Raz, *The Concept of a Legal System*, 2nd edn, Clarendon Press, Oxford, 1980, p. 180 - 181。（该书批判了霍菲尔德，并参照了 Honore。）D. N. MacCormick, "Rights in Legislation" in PMS Hacker and Raz, *Law, Morality and Society. Essays in Honour of HLA Hart*, Clarendon Press, Oxford, 1977, p. 189 - 209，特别是第 205 ~ 207 页。

(不干涉)的请求权范围更宽。它也必然需要销售权、租赁权及诸如此类。这并不必然意味着本人有做某事的权利,即"资格";而是在所有这些无法律上之行为能力(legal incapacity)的情形下,其他人有权利像一个信托人(trustee)一样代表权利持有者行为。而且,在此,人们不应将权利的所有与在其权能(exertion)框架内采取具体的法律步骤混为一谈。将其考虑进来,我们可以认为:甚至一
103 个1岁孩童都有"权利"出售其财物,或者更一般地说,权利持有者的具体行为能力(legal capacity)不影响权利的内容,而只影响其权能。在这个意义上,这意味着每个物品的所有者都具有出售、租赁该等物品的某种权利。

当然,所有者的权利并不限于将其财产上的权利让渡(transferring)给他人。人们购买某物最重要的原因是有机会使用它,并且是按照其喜欢的方式而使用;换言之,人们具有完整且自由地处置该物的**自由**,即**收益权、使用权和处分权**(*ius fruendi, utendi et abutendi*)。但是,自由本身并不暗含着与他人的任何关系。当然,它暗含着不干涉的请求权和所有其他人尊重其财产所有者之权利的互惠义务(reciprocal duty)。然而,当没有这种干涉出现时,所有者仍具有针对该物的"权利"——它远远比仅否定他人使用权的范围要宽。在此,谈论某个权利持有者与某物之间的法律关系即**对物权**(*ius in rem*)是有意义的。当然,这是另一种关系,而不是——比如,两个法律上的人创设和改变某些权利的一种合同关系。它也不同于典型的自由,诸如言论自由、宗教自由等。与所有权相比,这些自由尽管也创设了一个按照某人喜欢的方式而行为、处于任何法律关系之外(除不干涉的抽象请求外)的自由领域,但是,它们与具体物品没有任何直接的关联性。

总之,我们可以说"所有权"包含着一系列权利,这些权利包

括:(不干涉的)请求权、(使用的)自由和(部分或全部地让渡所有权的)权利。当我们更近距离地观察所有权所创造的法律关系之种类时,针对所有其他人的不干涉请求权和让渡权利的权利似乎仅是“被动的”法律关系,它具有在某天变成真正法律关系的**潜能**。在很多情形下,它们保持睡眠状态(dormant)。比如,我购买一个螺丝起子,其他人不是很可能会试图干涉我的所有权,或者我也不是很可能将权利让渡给任何其他人。然而,在该事例中,使用该物的自由总是一种权利人与该物之间的积极关系。即使我从不使用这个螺丝起子,或者由于认为它质量低劣而扔掉它,但它总意味着这是我的自由的积极使用,因为我能自由地决定使用与否、储存何处或者是否扔掉它。〔71〕

因此,我们可以得出这样的结论:**对物权**必然要求权利人与相关某物之间具有一种积极的法律关系,也必然要求其与潜在的所有其他人之间具有一种隐匿的(dormant)法律关系,而对人权则必然要求权利人与一个或者更多确定的人之间具有一种积极的法律关系。

〔71〕 当然,当我扔掉属于我的物品时,它也意味着解除我的所有权之权利的使用。

第六章　法律系统的概念

第一节　“基本规范”，抑或“承认规则”作为法律系统的闭合规则？

105 在前文（第三章第三节）中，我们在法律形式制度化的语境下，简要地讨论了哈特的“承认规则”和凯尔森的“基本规范”。我们争辩说：这些闭合规则并不能作为法律系统的一部分，因此它们不是“法律”；而且，它们也不是规则或规范，而是事实。下面，我们将讨论这一“闭合规则之取径”（closing rule approach）的更多方面。

对闭合规则的需要，有不同的缘由：（1）法律系统的一种实证**合法化**（positivist *legitimation*）；（2）从某种规范观点（a）和科学观点（b）对（有效）法律系统的**识别或认同**（*identification*）；（3）法律系统的**统一**（*unification*）；（4）法律与道德的分离；（5）规范与事实的分离。

最显著的是，汉斯·凯尔森认为，通过某个

单一的闭合规则即**基本规范**，他成功地实现了所有这些目标。[1]然而，尽管凯尔森为该**基本规范**的地位付出了诸多努力，但最终他不得不承认：基本规范只不过是法律论者们所接受的一种先验的虚构。[2]

哈特对其“承认规则”有着更为有限的抱负——其“承认规则”毋宁是通过“法院、官员和一般人（private persons）在法律识别中复杂但通常是协调一致的实践”，[3]聚焦于法律实践中对法律系统的识别，以及对这种识别的接受。

为了将某个法律系统识别为独立而又有效的法律系统，无论是哈特还是凯尔森，最终都不得不依据法律系统的**社会有效性**（*social effectiveness*）。

在实践中，对于法律系统的识别并没有太多问题。除了法律理论中某些偶尔的讨论外，这个问题甚至几乎未被提出过。在许多法律系统中，法律系统本身的合法化甚至也未被当作一个问题。更为常见的是认为法律系统的统一性（unity）和融贯性（coherence）是有问题的，但是没有一个实践问题是通过任何类型的闭合规则来解决的。法律和道德的分离也是同样的道理：正如前已经论及 106
的，“闭合规则”并未真正地将法律系统与外部世界分离开来，而毋宁是允许道德规则做了一些变通（on an ad hoc basis）输入到法律系统之中。如果对凯尔森和哈特来说，法律系统最终要仰赖社会

[1] H. Kelsen, *Pure Theory of Law*, University of California Press, Berkeley and Los Angeles, 1967，关于（a）p. 203-204 and 211-214，关于（b）p. 8 and 201，关于（c）p. 195 and 205-208，关于（d）p. 66-67, 201 and 219-220，关于（e）p. 193-195。

[2] 比较 H. 凯尔森的《规范的一般理论》。（H. Kelsen, *General Theory of Norms*, Clarendon Press, Oxford, 1991）第 256 页和《纯粹法律理论》第 198~199 页会发现：在后者中，基本规范被视为“是一个预设的（presupposed），而非实证的规范”。

[3] H. L. A. Hart, *The Concept of Law*, 2nd edn, Clarendon Press, Oxford, 1994, p. 110.

有效性来识别，那么，这些**规范性**体系就建立在这一**事实**基础之上：社会接受程度(social acceptance)。

那么，为什么有如此多的法学理论家感到有必要为了法律的识别及其实证合法化而研究或讨论闭合规则的理念呢？

这首先应归因于关于法律合法化研究的错误的线性取径——这一取径是通过不可能的无限回溯(regressus ad infinitum)而实现的，其最终不得不终止于一个虚构的基本规范。正如前文已经阐发的，我的观点是：对此应当采取一种**循环的沟通取径**(*circular communicational approach*)。

凯尔森的取径是静止的、历史的和线性的。他不得不回到第一部宪法(first constitution)——随后的每一部宪法、进而当下的任何法律规则或司法裁决，都可以直接导源于该宪法。[4] 在他看来，对历史上的宪法的普遍接受，创造了基本规范，该基本规范仅规定"人们有义务接受以法律上有效的方式导源于它的任何法律规则或法律决定"。[5]

这一取径假定：法律系统是闭合且融贯的整体，即法律由官方的法律制定者创制，并被负责法律适用的人大体上机械地适用。正如前文已经指出的，法律不是一套预先存在的规则，而是一种**在法律实践**中不断发展和精心打造的规范性**机械系统**(normative machinery)。法律从来不是完全融贯的，其融贯性在很大程度上是通过判例法和法律学说的日常实践而添加的。法律的有效性(validity)或社会接受程度，几乎从未与某种历史上的宪法有关

〔4〕 H. Kelsen, *Pure Theory of Law*, University of California Press, Berkeley and Los Angeles, 1967, p. 200.

〔5〕 "强制行为(coercive acts)应当按照历史上第一部宪法——规范根据它而创造——所描述的条件和方式而履行。"(H. Kelsen, *Pure Theory of Law*, University of California Press, Berkeley and Los Angeles, 1967, p. 201.)

联,而正是**法律机器的当下运行**(*current working of the legal machinery*)决定着法律系统能否被接受。一旦法律建制(institutions)及其运行方式——法律系统的第二性规范(secon-dary norms)——大体上被接受,法律系统就是可识别的且有效的;这种效力既独立于有关行为之第一性规则的有效性,亦独立于任何"基本规范"或"承认规则"的效力(effectiveness)。某个法律系统的有效性,不是基于一套静止的规范(这些规范应直接导源于某种第一部宪法及其潜隐的"基本规范")而被决定的,而毋宁是基于法律建制之间[越来越趋向法律系统之间(参见第三章第六节第二部分)]的一种动态互动,因为这些建制在社会学意义上为当下社会所接受。

另一个误解,是将"法律系统的有效性"与有关法律系统内的主要官员(比如,一个政府)或者该系统中约束行为的单个规则或系列规则的政治、意识形态或道德讨论,混为一谈。

法律系统不同于与之相联系的政治体制(the political regime)。 107
法律中的大部分根本不受意识形态或道德的影响,但仍然在很大程度上掌控着生活在一起的人们。比如,交通规章就不大可能因政治体制的一次更迭而受影响。[6]

法律系统亦不同于它的行为规则之集合。它可能甚至被那些激烈批评其规则的人(这是一个很普遍的情形)毫无异议地作为一

---

〔6〕 政治系统和法律系统的这种混同,基于一种十分狭隘和刻板的"法律系统"概念,它在约瑟夫·拉兹在法律系统的**延续性**(continuity)问题语境下提出的下列问题中是显见的,即"一次成功的**政变**(coup d'etat)或一个新政府(state)的成立会产生各种问题:先前的法律是否仍然有效?先前身居高位的人是否仍居该位或应当重新获得任命?新的体制或政府能主张税负和债务归属旧政府吗?在政变之前犯罪的人在其犯罪发生后能受到追诉吗?"[J. Raz, *The Authority of Law*, Clarendon Press, Oxford, 1979, p. 83.]当然,这些问题会在这种根本性的政治变革发生以后提出来,但是它们仍是相对不那么重要的。

个系统而接受。尽管美国的许多州频繁地适用死刑，尽管死刑在欧洲被普遍认为是野蛮的、不道德的和有悖基本人权的，但是美国法律系统仍为所有欧洲人接受。

在一个法律系统**内部**，正是通过相互承认彼此“产品”（立法、司法裁决等）的“法律效力”，不同类型和层次的法律建制之间循环的互动，使得法律系统作为一个整体而得以合法化。所有这些都是由法律系统及其“产品”之间的相互承认所支撑的。

由此可见，对某一法律系统的存在并生产“有效实在法”（valid positive law）的**认同**，不同于“该法律”的某种道德、政治或其他意识形态上的**合法化**。

在第一种情形下，我们是在一种既存的**经验现实**（an existing *empirical reality*）的意义上谈论“有效性”——在某种程度上，亦是在一种**弱式合法化**（*aweak form of legitimation*）意义上的有效性：我们“接受”该法律系统，也许仅是因为我们别无选择，我们需要法律官员执行契约、婚姻和签证申请等。

在第二种情形下，我们谈及的是一种**强式合法化**（a *strong form of legitimation*）— 不是作为整体的法律系统的合法化，而是**法律系统之部分**的合法化：政治体制，警力运行，堕胎规则，对女性、移民或者对诸如同性恋这样在统计学上属非典型性行为之人的歧视。在这里，如果某人认为“人们应当遵守法律规则”是由于它们在道德上是正义的，那么，这就意味着一种完全的即强势的合法化（strong legitimation）——这种合法化不同于下列情形中的“合法化”：在非民主国家里一名警察要求某个外国人（在大多数情况下他将乐于这么做）出示护照，或者认为与男性同事同工不同酬是不公平的某个妇女仍“接受”一个工作，或者人们“接受”其认为不适格（incompetent）的一名法官所作出的一个司法裁决，等等。

作为一个整体的法律系统，并不需要这种强式合法化。而且，从单一意识形态视角来判断法律系统的每个规则也是不可能的。至多，我们可以**消极地**判断一个法律系统有违一套基本价 108
值，如《欧洲人权公约》。

就我们据以承认法律系统“有效性”之最低限的弱式合法化来说，我们不需要任何“基本规范”，仅存在对法律系统足够高的社会接受程度（用哈特话说，即一个承认规则）就够了。但是，这是一个“规则”吗？当然，这依赖于人们如何定义“规则”。然而，即使从广义上来理解，将对规范性整体的**承认**即对法律系统有效性的信任看作“规范”或“规则”本身，似乎也是困难的——这不过是社会心理学上的一个事实罢了。

人们假定：其被认为是一个规则，因为它能被表达成对规范性陈述——“凡被法律系统依照其自身程序所颁布的规则都是应当被遵守”——的接受。但是，即使这种法律之某种接受的规范性特征也是令人怀疑的。将其表述为“根据官员们所告诉的方式行为似乎是明智或更可取的”，可能更现实一些。因为当我们面对一种弱式合法化之时，甚至对法律系统的被迫接受亦足以创造或维持一种经验上有效的法律系统。人们不需要像“人们应当遵守法律”这样的强烈规范性立场，他们也许只会无奈地（willy-nilly）接受它。

不管怎样，无论人们如何试图建构“承认规则”，它从来都不是一种规范，而至多只是对某个规范的**接受**，或者毋宁是对某种**规范性陈述**的接受，但极可能只是对**作为一种经验事实的法律系统之有效性的实际接受**，而无须必要的规范性内涵（当然，对该法律系统内之内在规范性逻辑的承认除外）。

对一个法律系统组成部分的强式合法化来说，谈论某个单一的“基本规范”也没有意义。根据正在讨论的规则、原则、建制和程序等种类的不同，源于分散的非法律规范性渊源的其他价值（之集合）亦会发挥作用：道德、宗教、经济政策或其他世界观。无论何种闭合规则使得人们接受该法律系统的有效性，它本身从来都不足以为具体的法律规则或法律决定提供一种强式合法化。它既非一个必要条件，亦非一个充分条件。说它不充分，乃是因为它须由外在于法律的考量（道德、政治、经济等）所支撑；说它不必要，乃是因为法律和政治实践表明：当一种道德或政治观点强烈地希望某种结果发生之时，形式上的法律理由是多么的脆弱而不堪一击。[7]

第二节 法律系统的结构

109 ### 一、何种系统？

法律是一种“系统”吗？或者说，它只是被装扮和构想为一个结构良好的整体？Joxerramon Bengoetxea 曾正确地指出：法律作为系统的观念，在法律实践和法律科学的不同阶段作为一种范导性理想（regulative ideal）而展开。[8] 在立法中，它只是部分地呈现出来。在很大程度上，系统化是在日常实践中达致的。它是法律人通过司法裁决和学术性法律著作中的解释而想要达致的一个目标。

---

〔7〕 例如，参见本书第七章第七节第三部分中比利时宪法解释关于“二战”期间由政府而不是议会制颁的制定法之有效性的例子。另一个例子，是为了保证 1991 年比利时堕胎法案（the Belgian Abortion Act 1991）的合宪性（a constitutionally valid）不顾国王的拒绝签署而对该宪法所作的创造性解释。［M. Van Hoecke，“Ideologische Grenzen der Gesetzsinterpretation. Der König der Belgier und das Abtreibungsgesetz”，（1991）22 *Rechtstheorie* 215-220.］

〔8〕 J. Bengoetxea，“Legal System as a Regulative Ideal” in H. -J. Koch and U. Neumann，*Legal System and Pratical Reason*，ARSP Beiheft 53，Franz Steiner Verlag，Stuttgart，1994，p. 65-80.

正如本书关于法律定义的第二章所讨论的,结构确实不是一种能在现实中简单“发现”的给定“事实”,而毋宁是用来理解现实的**模式**(*models*)。对法律来说,亦是如此。法律科学的整个历史和主要工作,一直都是将法律素材构建为一个融贯的整体。在 19 世纪的欧洲,法典使得法律的大部分领域都系统化了,也使得这一构建活动达到了顶峰。[9] 通过法律科学和法律实践之间的这种互动,被清晰建构的概念模式(conceptual models)变成了实在法。法律学说亦被转变为实在法。理论成为现实的一部分。

在法理学中,人们就系统化程度产生了相当对立的图景。在系统理论和自创性理论看来,“系统”是法律现象的核心。在纯粹法律理论看来,每个法律系统本身都可以通过无所不能(all-founding)的基本规范和结构良好的、位阶或高或低的规范和机构而识别出来。但是,法律现实主义者否认“存在”于某种“法律系统”中的“法律规则”。由于不存在“规则”,这些规则几乎不能构建到某个“法律系统”之中。这些理论都是过于强调某种情形下之理论或者另种情形下之实践的结果;这样,他们亦忽视了被抛弃要素的影响。

人们也许会接受**一种非常强烈的意义上的系统**概念,并将法律系统构想为一个闭合的系统——该系统是完整而又自恰的(consistent),它总能决定某事物是否属于该系统的一部分。在这种情形下,不难“证明”法律不是一种“法律系统”。[10] 就法律来

---

[9] 两个主要的法典是 1804 年的**《法国民法典》**和 1896 年的**《德国民法典》**(*German Burgerliches Gesetzbuch*)(自 1900 年 1 月 1 日起生效)。

[10] 关于这种强烈的(法律)系统的观念,参见 J. Bengoetxea,“Legal System as a Regulative Ideal”in H.-J. Koch and U. Neumann, *Legal System and Pratical Reason*, ARSP Beiheft 53, Franz Steiner Verlag, Stuttgart, 1994, p. 66-67; M. van de Kerchove and F. Ost, *Legal System Between Order and Disorder* (trans. lain Stewart) Oxford University Press, 1994, p. 35-55。

说,这些特征中的每一个都是有问题的。然而,一个开放、不完整和不完全一致的规范性整体,仍可被称为一个“系统”。**弱势意义**
110 **上的系统**,只要求属于该系统的要素之间具有某种**结构**和关系——这种结构和关系使得我们可能将其识别为一个以自己的方式而存在之物,亦使我们能够将其同大量的无序要素和其他系统区别开来。正如 van de Kerchove 和 Ost 所指出的,这使我们须回答四个问题:(1)系统的要素是什么?(2)它们是如何组织起来的?(3)系统与它的环境之间的关系是什么?(4)系统的标识性演化是什么?[11] 尽管根据系统(例如,数学系统、人体系统和社会系统)种类的不同,人们研究这些问题答案也相当不同,但是仍有一个标识“作为一个系统”的典型答案。

在此,我们将主要讨论问题(2)。问题(3)已在关于法律自治性的前文中(在第三章第六节)论及了。问题(1)和(4)将联系问题(2)“一个法律系统的诸要素是如何组织的”一起来讨论。

二、结构的内容和方式

(一)法律的机理

让我们从法律系统的典型演化问题开始讨论。从定义上看,法律是动态的,而不是静止的。它包含着大量调控着法律**改变**的规则。法律掌控着自身的改变。这不仅是按照法的自创生理论而获得的法律的主要特征之一,甚至凯尔森也认为:法律“调控着其自身的创制”。[12] 它通过哈特所谓的“第二性规则中的改变规则”完成上述任务。正是第二性规则中的改变规则,与第二性规则

---

〔11〕 M. van de Kerchove and Ost, *Legal System Between Order and disorder*(trans. Iain Stewart) University Press, Oxford, 1994, p. 10-12.

〔12〕 H. Kelsen, *Pure Theory of Law*, University of California Press, Berkeley and Los Angeles, 1967, p. 209.

中的审判规则一道，构成了法律的**机理**（*machinery of the law*）。准确地说，有关行为之第一性规则的内容包罗万象，但是它们却不能影响法律系统。如果我们谈及法律系统的典型结构，那么，我们应当聚焦于第一性规则和第二性规则之间，以及不同的第二性规则之间的**关系**。正如劳伦斯·弗里德曼（Lawrence Friedman）所言，我们应当将“一个法律秩序理解为一个运行的单位，而不是一套规则或规范”。[13]

在发达的（国家）法律系统中，我们面对有关行为（之第一性）规则的一种复杂等级：（有或无直接效果的）国际规则、宪法规则、制定法规则（statutory rule）和行政权力制颁的规则等——这些等级与地域的等级和分权（农村、城镇、省、大区等）结合在一起。当我 111
们比较大量的（国家）法律系统时，会发现一些显见的类似之处：顶端是有限数量的（非常）一般性的规则，在等级的最底层则是非常详细的规章。一般性规则倾向于在大的区域内有效，而地方性规章则属非常具体化的典型。历史和比较法在世界范围的国家法律系统中，也创造出非常相似且带有可比较甚或相同术语的法律运行模式。然而，所有这些并不意味着这种结构是一般法律的典型特征。一个原始的法律系统，在其有关行为的第一性规则之间根本没有任何等级可言，这些规则都可视为同一位阶的习惯规则。在这些法律系统中，**结构**会在第二性规则及其与第一性规则之间关系的层面上发现。因此，我们可以得出结论说：有关行为之第一性规则之间的等级，**不是**法律系统结构的典型特征，尽管它是发达法律系统的共同特征。

---

〔13〕 L. Friedman. “Law as system: Some Comments” in T. Eckhoff, Friedman and J. Uusitalo(eds), *Vernunft une Erfahrung im Rechtedenken der Gegenwart / Reason and Experience in Contemporary Legal Throught*, Rechtstheorie Beiheft 10, Duncker & Humbolt, Berlin, 1986, p. 311-315.

正是在这些发达的(国家)法律系统中,我们可以"揭示"或凭经验(a posteriori)解释多种结构:概念和规则的**逻辑**结构,[14]原则及其潜隐**价值**的等级,[15]决定着法律系统所包含的规范或决定之等级的法律**渊源**的形式等级,[16]以及在教学中进行的将法律系统主要划分为法律的子系统(subsystems)或**法律部门**(公法/私法、劳动法、行政法和环境法等)以及进一步的细分——包括像"离婚""担保""抵押"这样的"法律制度"(institutions)。在很大程度上,所有这些对法律系统结构的分析,都依赖于精心安排的法律秩序的具体内容。因此,在此我们将不会深入讨论。

在给出对法律系统(一个部门)的现行有效法律的概述时,人们须采取某种静止立场,即必须为该系统提供一个"简单印象"(snapshot)。然而,当观察法律的机理时,人们须从一种动态的观点出发。除了其他方面,理解法律意味着对法律概念、法

---

〔14〕 例如,J. Ray, *Structure logique du Code civil*, Félix Alcan, Paris, 1926, p. 296; A. -J. Arnaud, *Essaid' analyse structurale du Code civil francais*, L. G. D. J. , Paris, 1973, p. 182; GF Puchta, *Cursus der Institutionen*, 10th edn, Vol 1, Leipzig, 1893, (1st edn, 1841):"科学的使命正在于,将其整体关联中的法律语句作为既相互限定又相互推导的语句辨识出来,以便能够追寻从单个语句直到其原则的谱系,同时能够从原则走下来至其最遥远的衍生物。""*Es ist nun die Aufgabe der Wissenschaft, die Rechtssätze in ihrem systematischen Zusammenhang, als einander bedingende und voneinander abstammende, zu erkenen, um die Genealogie der einzelnen bis zu ihrem Prinzip hinaus verfolgen und ebenso von der Prinzipien bis zu ihren äussersten Sprossen herabsteigen zu können.*"以这种概念的谱系理论(theory of the Genealogy of Concepts)为标志,Puchta 成为德国**概念法学**(*Begriffsjurisprudenz*)派——该学派强调概念和规则的内在逻辑作为法律系统骨架(skelection)的存在——的主要代表。

〔15〕 例如,CW Canaris, *Systemdenken und Systembegriff in der Jurisprudenz entwickelt am Beispiel des deutschen Privatrechts*, Duncker &Humblot, Berlin, 1969, p. 46 以下,特别是第 51 页。

〔16〕 在任何关于法律的教科书中都可以发现这种观点,但是在法律理论中最突出的代表是由阿道夫 · 梅克尔(Adolf Merkl)阐发、被汉斯 · 凯尔森所采用的结构理论(*Stufenbau* Theory)。[AJ Merkl, "Prolegomena einer Theorie des rechtlichen Stufenbaues" in H Klecatsky, R Marcic and H Schambeck(eds), *Die Wiener Rechtstheretische Schule. Schriften von Hans Klesen, Adolf Merkl, Alfred Verdross*, Vol. 2. , Europa Verlag, Vienna, p. 1311 - 1362.]

律规则和法律制度(institutions)的出现、变更和废止采取一种历史视角。人们不仅需要一幅法律的图像,还需要有关法律发展的一部“电影”。

与何种要素是法律系统结构的一部分之问题有关的另一项区 112
别,是“形式”结构与“实质”结构之间的区别。大多数理论强调了其中一个方面。[17] 正如前文指出的,我们可以推断形式结构占了上风,因为我们应当聚焦于第二性规则,而不是有关行为的第一性规则。然而,这样的方式看问题会使人们错误地认为:第二性规则是纯形式的。比如,程序规则有许多形式的方面,但同时它也许包含着基础性的实质因素。比如,在《欧洲人权公约》中规定的大量规则保护了程序性的价值,如辩护权、合理时间内受独立的法官审判权和上诉权等。因此,第二性规则既是形式的,亦是实质的。再者,就像 van de Kerchove 和 Ost 指出的:“法律结构化的这两种模式不但是互相兼容的,抑且是互补且部分相互依赖的。”[18] 而且,我们面对的是一种循环性的特征。即使第二性规则中的改变规则决定着有关行为的第一性主要规则的内容,它们转而亦受制于这些规则。即使初看起来该权力机构保持在其权力限度内,并小心翼翼地遵循着必要的程序,但立法机构所享有的、制颁法律规则之权力从来不是专断的。立法机构须考虑高位阶的法律规则和原则,如宪法中的平等原则或国际条约中规定的奴隶制度之禁止等。[19]

---

〔17〕 对这些理论的一个概述,参见 M. van de Kerchove and F. Ost, *Legal System Between Order and Disorder*(trans. lain Stewart) Oxford University Press,1994,p. 35-65。

〔18〕 M. Van de Kerchove and F. Ost, *Legal System Between Order and Disorder* (trans. lain Stewart) Oxford University Press,1994,p. 37. 在第 57~60 页,他们进一步阐发了这一观点。

〔19〕 例如,《欧洲人权公约》第 4 条,《1948 年联合国人权宣言》(*the UN Declaration on Human Rights of* 1948)第 4 条也延续了这一点。

（二）等级、无序，抑或循环？

van de Kerchove 和 Ost 既批判了（纯粹）线性的、等级化的法律取径（如凯尔森的取径），亦批判了（纯粹）无序[20]的法律取径（如卢曼的取径）。他们认为，前者大体上仅描绘了 19 世纪公法的真实图景，后者则只适合于当代国际公法。[21] 像霍夫斯塔特（Hofstadter）和莫林（Morin）等这些著作家引入了“缠结等级”（tangled hierarchy）和“奇异循环”（strange loops）的概念，他们认为其有利于为法律提供一幅更好的图景。他们看到了不同层次之间的互动，“在这一互动中，高层次下行至低层次并影响着它，同时其自身也由低层次所决定”。[22] 这正是在前文有关法律自治性的讨
113 论语境下描述的现象，即立法者和司法者之间、欧盟及其成员国之间的当下关系，以及我称为“循环的”[23]现象。

是否存在甚至连 van de Kerchove 和 Ost 也这样认为的纯粹等级化或纯粹“无序”的法律系统，是令人怀疑的。如果我们也像这些作者一样同意任何法律权威的有效性最终都（至少是部分地）以那些服从它的人们的接受程度为基础，我们已经面对了循环要素。这应该能使我们得出这样的结论：没有任何法律系统是完全“等级化”，也没有任何法律系统是完全“无序的”，法律系统在某种程度上总是循环的。真实的情形是：严重中央集权国家里的公法将更

---

[20] Van de Kerchove 和 Ost 将卢曼的取径称为“循环的”。在此，我不使用这一概念，因为我是在不同的意义上使用它；正如我在本书关于法律自治性的第三章第六节中对该理论的批判性分析所显示的，我的取径不同于自创生取径应当是显见的。

[21] M. Van de Kerchove and F. Ost, *Legal System Between Order and Disorder* (trans. lain Stewart) Oxford University Press, 1994, p. 68.

[22] M. Van de Kerchove and F. Ost, *Legal System Between Order and Disorder* (trans. lain Stewart) Oxford University Press, 1994, p. 69.

[23] 我偏好使用这个词，而不是有点让人莫名其妙、也许是赘余的概念：“缠结等级”和“奇异循环”。

加"等级化",而自由经济体制国家的合同法则将趋于更无序一些。因而,法律系统或其部分更接近于循环或无序的程度,总体上依赖于法律的内容和语境。但是,一种最低限的循环,可以被视为任何法律系统的典型特征——这种循环是有关法律**生成**(*production*)与合法化之某法律系统内的人和机构之间互依和互动意义上的。

(三)循环:博弈,抑或沟通?

在进一步阐发循环(或他们称为的"缠结等级")的理念时,van de Kerchove 和 Ost 采用了"博弈"(game)的模式;"博弈"包括"游戏"(game)和"决策"(play)之意,就像原初法语里的单词"*jeu*"一样。部分引证克罗泽(Crozier)和弗里德伯格(Friedberg),他们写道:

> 作为组织化行动(organized action)的根本工具,博弈调和着自由与强制。决策主体(player)保持自由,但是如果他们想获胜,他们须采取一种与博弈的性质和规则相符合的合理策略。克罗泽和弗里德伯格认为,这一分析工具有可以取代局限于行动者主观观点之策略视角(strategic perspective)和受制于系统决定论(syetem's determinism)之系统视角的优点。在博弈中,规则决定着行动者的策略,但反过来它亦取决于行动者的策略。[24]

通过使用博弈的意向,van de Kerchove 和 Ost 正确地指出了法律系统与法律主体之间,以及系统的逻辑与解决具体问题的逻辑或个体策略行动的逻辑之间的互依和互动:

> 博弈既不是匿名规划的结果,亦不是主权者意志的产物。作为一个创造性场域,它基于对惯例的严格遵循,考量了很大程度上

---

〔24〕 M. Van de Kerchove and F. Ost, *Legal System Between Order and Disorder* (trans. lain Stewart) Oxford University Press, 1994, p. 109.

114 不可预知之主体意图的影响。作为一个被调控的领域，它表达了回应很大程度上不能控制的集体结构(collective structure)之(主权者)意志的重新取向(re-orientation)。[25]

博弈的模式也许有助于展现法理学文献中某些片面取径的缺陷，但它似乎仍太过局限，无法给出一幅完整图景。博弈指涉这样一种**闭合的**规范性体系：该体系只有数量有限的规则和决策主体，而规则和决策主体又是界定完好的。在博弈中，决策主体的行动和互动从来不会改变博弈规则。[26] 与法律不同的是，博弈[27]只是提供了**策略行动**的一个框架。但是，法律亦为沟通行动提供了一个重要场域；这里的**沟通行动**，既是"规范调节的行动"(normatively regulated action)——通过该行为，社会群体成员的行动具有**共同的价值取向**——意义上的，[28]亦是哈贝马斯所界定的"沟通行动"意义上的：

沟通行动概念，指涉的是至少两个有言说能力和行动能力的主

---

〔25〕 M. Van de Kerchove and F. Ost, *Legal System Between Order and Disorder* (trans. lain Stewart) Oxford University Press, 1994, p. 109.

〔26〕 当然，决策主体会同意改变博弈规则，但是，这样他们就创造了一个新的博弈。比如，为了尽可能快地消灭对手所有棋子(pieces)而下国际象棋；无论何时有可能，强迫吃掉对方的棋子；能强迫对手吃掉自己全部棋子的人获胜，否则采用所有国际象棋的标准规则。这是并不需要耗时太多的有趣博弈，但它不再是国际象棋，即使初看起来似乎每一点都一样，除了一个改变了的规则，即吃子的义务或者说是唯一的许可之外。

〔27〕 即使人们在法语单词"*jeu*"的较广泛意义上使用"博弈"一词，其在决策和游戏(game)**之外**，也没有共同的目标。正是决策本身是决策活动的目标，而法律不是法律的目标。如果有其他类型的行动涉入决策之中，它毋宁是拟剧行动(dramaturgical action)——在这种行动中，"通过大体上有目的地遮蔽其主体性(subjectivity)，行动者给了其公众一个特定的形象，即自身的印象……通过控制他们自身主体的相互接近，而掌控着彼此之间的互动"。[J. Habermas, *The Theory of Communicative Action* (*Volume* 1): *Reason and the Rationalization of Society* (trans. Thomas McCarthy) Polity Press, Cambridge, 1984, p. 86.]

〔28〕 J. Habermas, *The Theory of Communicative Action* (*Volume* 1): *Reason and the Rationalization of Society* (trans. Thomas McCarthy) Polity Press, Cambridge, 1984, p. 85.

体之间的互动,这些主体(使用语言或语言以外的手段)建立人际关系。为了以一致(agreement)的方式协调其行动,这些行动者寻求达致某种有关行动情势及其行动计划的理解(understanding)。[29]

当与同伴一起创办企业或积极参与政治和选举之时,会有大量的、代表着那项努力中的每个参与者之利益的策略行动卷入其中;但是,我们并不能将其**完全**化约至此。很显然,达致共同目标的理念,潜隐于私人领域中的契约与公共领域中的民主的理念背后,它超越了纯粹个人化的策略行动。它需要行动的沟通和协调;这不但适用于那些初看起来只想利用法律系统提供的手段而达致自己之目标的个人,抑且适用于那些有权创制和适用法律的机构。这些机构不能像趋向分散目标而自由地实施策略行动的竞争性机构那样行为。它们须通过相互之间的沟通行动,以及与包括公民、 115
媒体和法律学说在内的一般社会之间的沟通行动而"建构"和发展法律系统。使不同的人和机构得以在法律系统内互动起来的沟通行动,创造了"一个共同的、不间断的和全方位(multidirectional)的意义循环过程";[30]这样,它就超越了纯粹双向的沟通或任何形式

---

〔29〕 M. Van de Kerchove and F. Ost, *Legal System Between Order and Disorder* (trans. lain Stewart) Oxford University Press, 1994, p. 86。

〔30〕 颇为有趣的是,这就是 van de Kerchove 和 Ost 在讨论德沃金(Dworkin)系列小说的隐喻(metaphor of the chain novel)和界定意义的法律生产(the legal production of meaning)(**德沃金认为,追求法律整体性的法官们在进行创造性解释时,具有类似于分别执笔、连载待续的"系列小说"之特征。"在这项工作中,一批小说家接连写一部小说;在这系列中,每位小说家都对他所写的章节进行阐释,以便写出新的一章,这一章又给后面的小说家多加了一些材料,以此类推。每位小说家都写出他那一章的工作,使小说尽可能有最佳的构成。"参见[美]R. 德沃金:《法律帝国》,李常青译,中国大百科全书出版社 1996 年版,第 205 页以后。——译者注**)时写下的内容。[M. van de Kerchove and F. Ost, *Legal System Between Order and disorder* (trans. lain Stewart) Oxford University Press, 1994, p. 97.]因此,我们同意其对法律现象的分析,但我们也许不能同意用"*jeu*"(游戏+决策)作为分析法律现象模式的恰当性,主要是因为我们似乎不能将这一概念与同样的现实关联起来。

的游戏或决策。由于这一切与语言和解释问题密切相关,在本书关于法律方法论的第七章中我们将讨论这一问题。我只想补充说:正是在这一共同且不间断的意义循环过程中,“法律系统”作为一种重要的范导性理想而发挥作用;这样,它亦部分地创造了其系统的结构。

(四)法律系统的构件

在本章中,我们以法律系统的构件(building bocks)问题(它是法律系统典型结构的要素)开始,似乎是显然的。然而,这可能也是最难回答的问题。正如前文已经指出的:有关行为的第一性规则是最容易看见的,当然也是任何法律系统不可或缺的要素;但一般而言,它们并不能决定法律系统的结构。对于法律系统来说,第二性规则中的改变规则同第一性则一样不可或缺,但它们也部分地取决于那些第一性规则的内容。第一性规则与第二性规则之间、形式与实质之间、法律创制与法律适用之间的这种循环关系,使得我们难以识别完好确定的(well-determined)法律构件与它们之间的相互关系。

可以作为基本法律构件之候选的,是“法律规则”、“法律概念”、“法律原则”、“法律语句”[31]、“法律制度”(legal institution),或者它

---

〔31〕 C. Alchourron and E. Bulygin, *Normative Systems*, Vienna and New York, 1971, p. 50. 对这些作者而言,这些是**必要的**构件;没有它们,任何系统都不能存在。参见 E. Bulygin, “Legal Dogmatics and Sysrematization of Law” L. Friedman. “Law as system: Some Comments” in T. Eckhoff, Friedman and J Uusitalo (eds), *Vernunft une Erfahrung in Rechtedenken der Gegenwart / Reason and Experience in Contemporary Legal Throught*, Rechstheoric Beiheft 10, Duncker & Humbolt, Berlin, 1986, p. 193-210, at p. 199。M. Atienza 和 J. R. Manero 也认为,法律语句(legal sentences)是“法律最基本的单位”。M. Atienza and J. R. Manero, *A Theory of Legal Sentences*, Kluwer Academic, Dordrecht, 1998, p. xi.

们部分或所有的总和。[32] 但是,它们都会遭遇模糊性问题。就像下文将要讨论的,“法律规则”不同于立法文本——它们规定在立法文本中,因而部分是对该文本进行解释的结果;“法律概念”涉及法律规则,它们一般呈现于许许多多权利、义务、自由、权限(competence)等之中;“法律原则”被宽泛地表达为基本规则——当其适用于具体的案件时,人们解释着法律原则,并部分地填充其内容(甚或“不成文的一般法律原则”在很大程度上亦是如此);最后,“法律制度”只不过是原则、规则、概念的集合,它们是子系统,而不是法律的构件。 116

关于法律系统之线性、等级清晰和相对简单的潜隐假设,可能会重新引发这一问题。如果我们同意一个——带有“缠结等级”和“奇异循环”的——相互交缠的复杂循环整体更好地表征了法律,我们不得不用**网络**(*network*)的概念取代(纯粹的)等级概念。这一网络与大量的不同要素相联系,这些不同要素一起形成了一个复杂整体,而这一整体既不是无序的,亦不是等级化的。我们可以把它与“神经网络”的模式相比较——神经网络被用来分析人脑的运行,但也极富成效地应用于人工智能领域。特别是对法律领域的应用来说,该模式已被证明比(形式)逻辑使用的传统线性、等级演绎模式更适合(法律)推理。取代了“真”与“假”之间的二元选择,这种神经网络模式为我们提供了一个**可能性程度的范围**(*scale of degree of probability*)。因此,法律系统的结构,不应基于高级

---

〔32〕 例如,这一宽泛的取径(在这一取径中,法律规范、法律制度和法律活动都囊括其中)可以在下列著作中找到:W. Krawietz,“Recht und moderne Systemtheorie” in T Eckhoff, Friedman and J. Uusitalo (eds.), *Vernunft une Erfahrung in Rechtedenken der Gegenwart / Reason and Experience in Contemporary Legal Throught*, Rechstheoric Beiheft 10, Duncker & Humbolt, Berlin, 1986, p. 281-309, at p. 291. See J. W. Harris, *Law and Legal Science. An Inquiry into the Concepts Legal Rule and Legal System*, Clarendon Press, Oxford, 1979, esp. at p. 24-25.

要素决定着低级要素(之真实性)的等级化模式来考量,而应按照一个关系网络来理解——该网络以各种可能的“真实性”产生着意义。

在贡塔·托依布纳看来,“法律行为”(legal acts)是法律系统生成的要素,但同时,它们也是法律变迁的基础,而法律变迁转而又生成新的法律行为,如此,等等。[33]

然而,一般来说,对包括托依布纳在内的“自创生”理论而言,任何社会系统的基本要素都是**沟通**。在此,沟通与人(human being)相对——在传统理论中,人被视为是任何社会系统的基本要素;或者,就法律而言,沟通相对于法律规范、法律主体或法律行动者。[34] “自创生”理论并不否认那些人的重要性,它只是将视角从个体的集合,转移至建立在人际**沟通**基础之上的**社会系统**。也正是通过沟通,社会系统使自己得以再生产:“法律行为是那些改变法律结构的沟通性事件”。[35]

在这一取径中,“沟通”具有比普通语言更宽泛的含义,它意指
117 “信息、沟通和理解的一种综合,而不仅仅是沟通行动本身”。[36]
因此,在卢曼看来,“社会系统是由意义性沟通组成——仅限于沟通,而且是所有的沟通”,[37]而“法律系统也仅仅由引起法律后果

---

[33] G. Teubner, "Evolution of Autopoietic Law", in G. Teubner (ed.), *Autopoietic Law: A New Approach to Law and Society*, Walter de Gruyter, Berlin and New York, 1988, p. 221.

[34] G. Teubner, "Introduction to Autopoietic Law", in G. Teubner (ed.), *Autopoietic Law: A New Approach to Law and Society*, Walter de Gruyter, Berlin and New York, 1988, p. 3; N. Luhmann, "The Unity of the Legal System", in G. Teubner, *Autopoietic Law: A New Approach to Law and Society*, Walter de Gruyter, Berlin and New York, 1988, p. 16-17.

[35] G. Teubner, "Introduction to Autopoietic Law", in G. Teubner, *Autopoietic Law: A New Approach to Law and Society*, Walter de Gruyter, Berlin and New York, 1988, p. 4.

[36] N. Luhmann, "The Unity of the Legal System", in G. Teubner, *Autopoietic Law: A New Approach to Law and Society*, Walter de Gruyter, Berlin and New York, 1988, p. 17.

[37] N. Luhmann, "The Unity of the Legal System", in G. Teubner, *Autopoietic Law: A New Approach to Law and Society*, Walter de Gruyter, Berlin and New York, 1988, p. 18.

的沟通行动组成”。[38] 通过这一因素，赋予任何与法律相关的要素(规范、制度、事实、活动等)以**意义**，对法律的系统性(systematicity)问题来说就具有极端的重要性。根据自创生理论，这一意义如何产生仍不明朗。当然，自创生论者(autopoietists)告诉我们：正是法律系统本身在运行闭合、但认知开放的世界中生产着那些意义。但是，这意味着什么？诸如“指涉进一步可能性的一种富余形式”[39]此类“意义”的自创生定义亦是存疑的。我们将在有关法律方法论的章节中，对“意义”的含义进行更详尽的讨论。[40] 在此，我们得出这样的结论也许就足够了：自创生理论的取径表明，法律的“系统”不是给定的，而是在日常法律实践的基础上产生的。依卢曼之见，法律系统的**统一性**，是由“基于循环的即递归的规范性(circular, recursive normativity)而进行的从要素到要素(element by element)的自组织再生产(autopoietic reproduction)”[41]创造的，即法律系统的结构是由条件性安排(conditional programmes)构成的，这种条件性安排在具体条件与规范品质的赋

---

〔38〕 N. Luhmann, “The Unity of the Legal System”, in G. Teubner, *Autopoietic Law: A New Approach to Law and Society*, Walter de Gruyter, Berlin and New York, 1988, p. 19.

〔39〕 N. Luhmann, *Soziale Systeme. Grundriss einer allgemeinen Theorie*, Suhrkamp, Frankfurt am Main, 1984, p. 93.

〔40〕 显然，“意义”的观念是自创生理论最致命的弱点之一——至少对卢曼来说是如此(参见 K. – H. Ladeur, “Perspectives on a Post – modern Theory of Law”, in G. Teubner, *Autopoietic Law: A New Approach to Law and Society*, Walter de Gruyter, Berlin and New York, 1988, p. 266–269)。尽管他试图提供一个对“意义”的相当长的分析。[N. Luhmann, “Meaning as Sociology’s Basic Concept” in N Luhmann, *Essays on Self – Reference*, Columbia University Press, New York, 1990, p. 21 – 79.]如果可能把这一理论同任何种类的法律现实联系起来，把“意义”同任何概念形式的“主体”完全分离开来是很困难的。饶有兴味的是，对凯尔森(以及可能更多的法律理论家)来说，“意义”的概念亦有一个纰漏(参见本书第七章第二节第一部分，以及 R. Moore, *Legal Norms and Legal Science. A Critical Study of Kelsen’s Pure Theory of Law*, The University of Hawaii, Honolulu, 1978, p. 104–109)。

〔41〕 N. Luhmann, “The Unity of the Legal System”, in G. Teubner, *Autopoietic Law: A New Approach to Law and Society*, Walter de Gruyter, Berlin and New York, 1988, p. 23.

予(the conferment of norm quality)之间,形成了一种"若 a 则 b"关系。[42] 换言之,判定某物具有法律系统内的规范性价值的第二性规则,形成了法律系统的结构。在我看来,这并不能为这一辩论添加多少分量。事实上,人们也会如拉迪亚(Ladeur)般认为,在自创生理论中,"系统"不能说是由要素组成的:"系统是以一种吊诡的方式……由系统构成",因为存在"某种'计算之计算'的无限演替——那种研究自身讲演结果之项目的系统递归性,即以此为特征(an infinite succession of 'computation of computation' which characterizes the systemic recursivity of a program reading the result of its own lecture)"。[43]

无论如何,我们应当达致一个有关应被视为法律系统构件之
118 基本要素的临时结论。似乎是关于法律系统性的理论,而不是类似的其他方法,决定着这些基本要素。这表明:"法律系统"在多大程度上不是某一给定的事实,而是理论的产物。因此,由于其作者选择了错误的构件而攻击任何理论,没有太大的意义。如果我们要指明法律系统的实体结构,我们可以把有关行为的第一性规则强调为基本要素;如果我们想探究法律机理的动态结构,我们可以强调第二性规则的重要性;如果我们想分析独立于任何具体法律现实的、法律的纯粹系统性运作时,我们可以把(自创生意义上的)"沟通"强调为基本要素;如果我们想将法律主要展现为关于法律意义的论证(argumentation)结果,我们可以将"法律论据"(legal

---

〔42〕 G. Teubner, "Introduction to Autopoietic Law", in G. Teubner (ed.), *Autopoietic Law: A New Approach to Law and Society*, Walter de Gruyter, Berlin and New York, 1988, p. 24.

〔43〕 K.-H. Ladeur, "Perspectives on a Post-modern Theory of Law", in G. Teubner, *Autopoietic Law: A New Approach to Law and Society*, Walter de Gruyter, Berlin and New York, 1988, p. 262.

argument)强调为基本要素;等等。从这些视角看,所有这些取径都成功地论证了它们所主张的法律"基本要素"。然而,凭直觉来看,我们可以假定:这些取径中的每一个都是片面的,不能给出一幅完整的法律图景。我们至少需要将它们中的一些综合起来。但是,这种综合会产生何种系统?某些很复杂的结构在重叠之时会存在矛盾,有时甚至根本就各说各话。"系统"概念的引入,即从定义上看意味着减少复杂性的"结构"概念的引入,并不能完成那一目标。我们不能同时从所有可能的视角,来看待法律或其他任何事务。这必然意味着:被选择的视角将在很大程度上限定为"系统理论"(systems theory)本身,而被选择的系统理论将在很大程度上决定着——和**那种**类型的结构相关的——法律的"基本要素"。

(五)融贯性

对此,我们还能补充点对任何种类的法律系统都有效的什么内容吗?除了法律规则之间的很大程度上的**融贯性**之外,恐怕就不多了。正如亚历山大·佩岑尼克(Aleksander Peczenik)指出的:"甚至连著名的反融贯论者(anti-coherentist)约瑟夫·拉兹亦承认,'每一种独特价值的适用都应该始终一致,这导致了融贯性口袋(pockets of coherence)的产生'。"〔44〕

首先,融贯性意指一致性(consistency)或矛盾的不存在。不应存在不相兼容的规则;若有,它们应是很例外的情形;法律系统应当提供解决这种自相矛盾的方案,如通过解释。

其次,"融贯性"还涉及法律系统要素之间的某些结构联系,即某种内在**聚合性**(internal *cohesion*)。比如,如果不惩处盗窃,制定

〔44〕 A. Peczenik, A Coherence Theory of Juristic Knowledge in A. Aarnio, *et al.*, *On Coherence Theory of Law*, Juristfö rlaget, Lund, 1998, p. 9–15, at p. 14;所引拉兹之言,参见 J. Raz, *Ethics in the Public Domain. Essays in the Morality of Law and Politics*, Clarendon Press, Oxford, 1994, p. 315。

119 详细的私有财产规章就没有多大意义。这意味着法律规则须相互支撑,至少在一定程度上如此。这不但适用于有关行为的第一性规则之间的关系,抑且适用于第一性规则与第二性规则之间的关系。如果不至少赋予某些人和/或某些机构制定、修改和解除合同的权限,或不授予任何人——比如,法官——裁决合同纠纷的权力,仅制定一套关于合同法的规则没有多大意义。当然,第二性规则也应当互相一致。比如,程序性规则须大体上符合那些建立立法机关或司法机关并授予其权限的规则。

最后,还应当存在某种外在**聚合性**(external *cohesion*)。法律应当与社会相适应,符合其潜隐文化和共享价值。不必以一种完美的方式与社会相适应,但至少要在一定(甚至在相对大的)程度上如此,因为这是作为法律适用对象的人们接受该法律系统的最低限要求。[45]

一致性对任何(不矛盾的)法律系统来说,都是一个消极且全有全无(all or nothing)的条件;较广意义的"融贯性"概念,积极地关涉一种意欲使所有的要素彼此完美允合在一起的理想,但实践中这只能在一定程度上达致,却不可能完全实现。[46]

第三节　形式与实质:法律系统的结构与民主观念

在法律系统,特别是那些建构政治秩序的法律系统(最显著的

〔45〕 参见本书关于社会学上的制度化的第三章第三第二部分和关于法律与强制的第三章第五节。

〔46〕 L. Wintgens, "On Coherence and Consistency", in: W. Krawietz, R. S. Summers, O. Weinberger and G. H. von Wright (eds), *The Reasonable as Rational? On Legal Argumentation and Justification. Festschrift for Aulis Aarnio*, Duncker & Humblot, Berlin, 2000, p. 539-550, at p. 540-541.

例子是国家法律系统)中,法律系统的结构在很大程度上取决于其潜隐的民主观念或者任何他种有关政治决策的观点。

让我们来比较一下 20 世纪德国诸法律系统的**结构**:当下的**德意志联邦共和国**(*Bundesrepublik*)、民主德国(German Democratic Republic)、第三**帝国**(the Third *Reich*)、魏玛共和国(the Weimar republic)和德意志帝国(the *Kaiserreich*)。这些法律系统的区别,几乎无法用不同的传统和宗教背景来解释;当把它们同——如美国、苏联的法律系统相比较时,亦是同样的情形。20 世纪德国诸法律系统之间的区别,可以通过经济或法律文化的变迁来解释;但仅在有限范围内如此,因为在同一时期的诸如法国或英国等其他国家,根本性的变革要少得多。不容否认的是,主流意识形态和政治观念是对德国 20 世纪所发生的剧烈变革的主要解释。在术语学 120
(terminology)[如**帝国**/共和国,**帝国法院**/**联邦最高法院**(*Reichsgericht/undesgericbtsbof*)]的层面上,我们可以找到最显见、但也最肤浅的区别。初看起来,下列这些结构的确具有相当的可比性:起草一般性规则的议会,通过其行政管理实施这些规则的一项执行权和解决争端的法院。总体上看,甚至程序性规则也没有根本差异。然而,在 20 世纪的德国,其最不民主体制的典型特征,就是通过纳粹党高度集中的权力而达致的政治与法律决策之间的**并联契合**(*parallel circuit*),进而创造了一个"二元国家"(dual State)[47]。通过创制(或不创制)、修改(或不修改)和适用(或不适用)法律的无限权力。一方面,随着时间的流逝,"古典的"法律系统仍保持相对不变;另一方面,该法律系统的范围和适用性又受到纳粹党意识形态和利益的限制。在纳粹德国,所有种类的公民,尤其是犹太人被

〔47〕 关于纳粹德国时的二元国家,参见 E. Fraenkel, The Dual State. A Contribution to the Theory of Dictatorship, Oxford University Press, Oxford, 1941。

剥夺了几乎所有源于该法律系统的权利。而且,在实践中,非法律的法律渊源直接干预法律的适用;诸如纳粹德国的政治规划[48]和纳粹德国时希特勒(Hitler)的书**《我的奋斗》**(*Mein Kampf*)[49]就充当过**违背法律**(*contra legem*)的法律渊源。在这种情形下,法律系统的结构初看起来似乎都保持不变,但实际上它要服从于另一种等级体系——在这一等级体系中,希特勒的意志是最终的否决性法律渊源。在纳粹德国,甚至还不止这两种等级体系。在下列程度上它甚至是非常无序的,即低阶的官员和军人可以参照"**元首**的意志"(the will of the *Führer*)而采取任何专断的决定,但却没有针对这类滥用的任何有效规制或制裁。

然而,在当下的民主国家,包括现在的德国,政治和法律系统的结构在很大程度上取决于**实质的**民主原则。法治要求一种权力分立(separation of power),在一定程度上至少要求立法者和执法者之间,以及总体上这两个国家权力和法律创制渊源(sources of law-making)的分支与法院之间的权力分立。通常,一些决定法律系统结构的基本原则,写进了一部不能轻易改变的成文宪法之中。法
121 律创制主要由立法机构完成,而立法机构是基于定期举行的自由选举而选举产生的。法院将核查低阶机构所制颁的法律是否与那些由高阶机构所制颁的法律相一致;当不一致时,法院将废止或限制不一致之法的适用范围。与平等原则一道,最低限的多元主义为某些通过契约、遗嘱、协会章程及诸如此类的方式而获得的私人法律创制(private law-making)提供了一定的自由空间。颇有启发意义的是:人们对欧盟"民主赤字"的批评,直接与其法律系统相

---

[48] 例如,Hanseatisches Sondergericht 9 January 1940, Der Deutsche Rechtspfleger, 1940,876。

[49] 例如,Reichsgericht 7 January 1938, Entscheidungen des Reichsgerichts in Zivilsachen,1938,157。

关——在该系统中,执行机关(欧盟委员会和欧盟部长委员会)和司法机关(欧盟法院)拥有过多的立法权,而唯一通过直接选举产生的立法机关即欧盟议会,却只有很少的立法权。

因此,分析法律系统的结构时,我们须考虑形式和实质之间的关联。我们不能脱离其内容来研究法律系统的结构。

而且,研究现代(国家)法律系统之时,我们也须考虑潜隐的民主观念或者竞争性观念——它们是该法律系统所适用的社会中公共政治辩论的一部分。

一个例子,是有关欧盟未来民主形态的讨论,尽管潜隐理论并不总是清晰和融贯的——部分是因为许多不同的讨论纠缠在一起(文化认同、经济发展和民主的合法化等),部分是因为讨论几未发轫,理论立场亦未被清晰地阐述过。

对我们的分析来说,一个更好的例子,是(主要发生在)美国的关于"**自由主义者**"(*Liberals*)与"**共和主义者**"(*Republicans*)以及第三种选择即于尔根·哈贝马斯提出的"**商议政治**"(*deliberative politics*)之间的争论。

自由主义者与共和主义者之间的争论,也可以表述为"个人主义者"(individualists)与"社群主义者"(communitarians)、"基本权利"和"程序性权利"之间的对立,或"实质主义者"(substantivists)与"形式主义者"(formalists)之间的对立,或者用更传统的法理学术语说,是"自然法论者"与"实证主义论者"之间的对立。

过去两三个世纪的西方法律思想的一个重要特征,是对**人权**的强调,也是对这一理念的强调:对任何人来说,某些权利都是天赋的,而不是某一政治机构"授予"的(无论该机构具有怎样的民主合法性),更何况它们被某个民主的多数收回了。自由主义者确信:人们应当阻止包括民主的多数在内的政治机构滥用权力,侵犯个体或少数群体的这些基本权利。这一取径,深深地植根于自然法的理论传统之中——自然法理论自中世纪以来呈现为不同的形态,但18世纪末由于现代理性主义的自然法取径(rationalist natural law approach)的影响而在《人权宣言》(*Human Rights Declarations*)中臻至鼎盛。同时,在世界范围内,它已成为实在法的一部分,府记于宪法与国际条约中。

122 共和主义者对这种主张权利的自然法取径颇有微词。他们认为,权利最终"不过是主流政治意志的决定之物"。[50] 在共和主义者看来,对民主来说,重要的是创造一个"公共领域"——"在这一公共领域中,通过公共对话中的理性践习,人们能够获得自治(self-government)意义上的自由"。[51] 一旦这一条件成立,共和主义就成为一种典型的法律实证主义理论:

> 在共和主义者看来,某一共同体客观上的共同善(common good),实质上在于这种政治努力的成功:界定、建立、实施和保持最适合该共同体条件和习俗(mores)的一套权利(较公道地说,是法律)。[52]

按照这种观点,绝对权利是不存在的。权利会随着该共同体的"条件和习俗"而改变。如果保障了公共辩论和每个人的可能参与,那么结果就获得了民主合法性——而这可以通过保障这一公

---

〔50〕 F. Michelman, "Conceptions of Democracy in American Constitutional Argument: Voting Right", (1989) 41 *Florida Law Review* 446.

〔51〕 F. Michelman, "Political Truth and the Rule of Law", (1988) 8 *Tel Aviv University Studies in Law* 284.

〔52〕 F. Michelman, "Conceptions of Democracy in American Constitutional Argument: Voting Right", (1989) 41 *Florida Law Review* 446.

共对话的程序性规则来实现。

因此，对自由主义者而言，一个法律系统首先是**权利**的结构；而对于共和主义者而言，它毋宁是一种建立这些权利的**程序性**体系。自由主义者考虑的是法律的**内容**，而不是形式。对共和主义者而言，正是最具可能性的形式——建构公共对话和集体决策的程序——是法律最可能内容的最佳保障。在自由主义者看来，存在许多(大体上)不依赖于任何政治或法律系统的永恒基本权利；而共和主义者则认为法律和权利会因时而异、因地制宜。当然，共和主义者也不得不承认诸如人人**平等**这样的“绝对”“不可争辩”的权利和原则；因而，他们也不否认参与公共政治辩论的权利。在此，我们对此问题将不作进一步的讨论；但是，正如它们相互之间的批判所展示的，这两种理论都有其弱点。

正如全世界的日常政治实践似乎表明的：作为西方法律传统的一部分，我们确实很难否认基本权利的存在，很难将其留给政治上的多数决定其存在和范围。但是，通过强调公共辩论的重要性以及保障开放、自由和平等对话的必要性，共和主义也有一点可以通过程序性规则而获致。

基于这一结论，哈贝马斯提出了“商议政治”的理论，并将其作为克服这两种理论缺陷的一个出路。[53] 他试图建立一种形式与 123
实质综合，即权利与程序、个人主义与集体主义的综合。

与共和主义者一样，哈贝马斯拒绝将公民看作脱离共同体的原子化个体(atomised individual)，即拒绝看作如同经济市场中的货币一样可以自由使用的个人权利的持有者。他认为，公民应当被

---

〔53〕 关于这一主张，参见 J. Habermas, *The Inclusion of the Other. Studies in Political Theory*, Polity Press, Cambridge, 1999 (1st German edn., 1996), Pt V, “What is Meant by ‘Deliberative Politics’?”, p. 237-264。

看作共同体的一部分。然而,与共和主义者不同的是,哈贝马斯认为政治系统“既非顶端,也非核心,甚至不是社会的结构模式,而只是不同于其他行动的**一种**行动”。[54] 而且,他还对社会持有一种多元主义观点。他认为,在社会中,某些规则和权利可以在特定共同体层面上确定,而政治公共领域“分化成为探知、识别和解释影响整个社会之问题的一种论坛(arena)”。[55] “人民主权”不应被阐释为“特定人民”(the people)的某种必要的“单个意志”(single will),而是一种主体间性的沟通权力(intersubjective communicative power),其行使——正如自由义者也同意的——是“经由选举和投票,以及具体的立法机关、执法机关和司法机关”而实现的。[56] 在哈贝马斯看来,自由主义观点很难保证法律的合法化:

按照自由主义的观点,民主的意志形成的功能只是为了使政治权力的运行具有**合法性**。选举结果给予了政府行使权力的资格,但政府须向公众和议会证明其权力运用的合理性。按照共和主义的观点,民主的意志形成更显著的功能是将社会**组织**成为一个政治共同体,让人们在每一次新的选举到来时都能保持对这种组织行为的记忆。[57]

---

[54] J. Habermas, *The Inclusion of the Other. Studies in Political Theory* , Polity Press, Cambridge, 1999 (1st German edn. , 1996), Pt V, “What is Meant by ‘Deliberative Politics’?”, p. 251.

[55] J. Habermas, *The Inclusion of the Other. Studies in Political Theory* , Polity Press, Cambridge, 1999 (1st German edn. , 1996), Pt V, “What is Meant by ‘Deliberative Politics’?”, p. 251.

[56] J. Habermas, *The Inclusion of the Other. Studies in Political Theory* , Polity Press, Cambridge, 1999 (1st German edn. , 1996), Pt V, “What is Meant by ‘Deliberative Politics’?”, p. 250. 在此,哈贝马斯参照了德意志联邦共和国基本法(宪法)第 20 条第 2 节(s2)。

[57] J. Habermas, *The Inclusion of the Other. Studies in Political Theory* , Polity Press, Cambridge, 1999 (1st German edn. , 1996), Pt V, “What is Meant by ‘Deliberative Politics’?”, p. 249.

根据商议政治观,"权利"不能仅被当作用于经济市场模式中的策略行动的工具。它们部分通过公共政治辩论中的**沟通行动**而形成。正如自由主义—共和主义之争所显示的,个人权利和集体决策并不是对立的——它们是相互依赖的。在哈贝马斯看来,我们必须把私人自主与公共自主统合起来,把由共存的个人权利所保障的私人领域与由程序性规则组织起来的公共领域统合起来:

> 每种形式的自主即私法主体的个体自由与公民的公共自主,使得另一种形式的自主成为可能。这种交互关系可以表述为这样的观念:只有当其在公民权利的行使中将自己理解为要像承受者(addressees)一样服从的那些权利的创制者(authors)之时,法权人才是自主的。[58]

政治公共辩论是以自主的法权人为条件的,但是 124

> 一般而言,没有法权人的私人自主,就没有法律。因此,没有能够保证公民私人自主的基本权利,就没有媒介保证在法律上将那些作为某国公民之公民能够利用其公共自主的制度性条件制度化。[59]

然而,并非每件事都能通过法律组织起来。只能在一种开放

---

[58] J. Habermas, *The Inclusion of the Other. Studies in Political Theory* , Polity Press, Cambridge, 1999 (1st German edn., 1996), Pt V, "What is Meant by 'Deliberative Politics'?", p. 258.

[59] J. Habermas, *The Inclusion of the Other. Studies in Political Theory* , Polity Press, Cambridge, 1999 (1st German edn., 1996), Pt V, "What is Meant by 'Deliberative Politics'?", p. 260-261.

的政治文化中，商议政治始能适当地发挥作用。法律能够为这种文化的发展提供最好的可能条件，但它并不能**创造**这种文化。法律有其限度。

也许，在法律系统的结构这一章节内讨论这些问题，似乎不大合适。但我旨在表明：首先，法律系统的结构在何种程度上依赖于其潜隐的法律和民主观念；其次，我们需要一种理论来为法律实践提供一幅最佳的可能图景。从这种观点看，把法律系统限定为一套纯粹的“权利”或一套“程序性规则”，甚或一套“规范”，似乎是不可欲的。因而，哈贝马斯的商议政治及其所包含的沟通取径，为我们提供了一种更丰富的理论：(1)因为它把权利和程序、第一性规则和第二性规则相互关联起来，并使之成为法律系统的基本要素；(2)它把法律嵌入部分决定着法律结构的社会情境和政治情境之中。

第七章 法律方法论

第一节 法律思维的性质

法律的特定性质不仅影响着与其他学科相比较时法律学说的科学性，它亦影响着法律实践的方法论。 125

一般而言，我们可以说，每一个法律论据都包含三个要素：演绎推理（deductive reasoning）、归纳推理（inductive reasoning）和价值思维（value thinking）。[1] 运用**演绎**推理，从法律前提出发，通过逻辑推演，人们可以获得某个法律上的解决方案。运用**归纳**推理，人们可以从具体的事实和期待的结果出发，而达致一般性规则和原则的一个等级体系等。最后，**价值思维**在法律推理中亦不可避免。甚至（在演绎推理中的）前提的

---

[1] J. Laakso, "Über die Dreidimensionalität des juristischen Denkens" in A Peczenik and J. Uusitalo (eds.), *Reasoning on Legal Reasoning*, Vammala, 1979, p. 75-85.

选择本身，(在归纳推理中)事实和与价值相关的选择本身，都是"具有价值负载的"(value-laden)选择。

法律推理的这三个方面结合在一起，在把"法律滥用"或"权利滥用"等法律概念应用于如下典型问题(该问题在诸多欧洲国家似乎都产生过)时是显而易见的。

一个土地所有者在建造房屋时，错误地超过了与邻居土地分界线几分米。根据西欧大陆大多数国家的法律系统，土地所有者的权利十分广泛，其包括使用权、建造和拆除权。这暗含了——至少初看起来——拆毁邻居错误地建立在自家土地上的那部分建筑物的权利。最值得注意的是，《拿破仑法典》(它本身在法国和比利时仍然有效)第 544 条界定了这一非常"绝对"的权力：

所有权即只要人们以制定法和其他规章不禁止的方式使用之，以最绝对的方式使用和处置某物的权利。[2]

从这一明确的前提出发，一个逻辑推演似乎将不可避免地达
126 致这样的结论：受损的土地所有者有权拆除或强使其邻居拆除该建筑物的非法建造部分。

但是，在许多国家，如果受损的土地所有者主张拆除权，法院则会作出另一种裁决；他们通过归纳与具有价值负载价值的论证否决了演绎推理的表面结果。

正是在这些情形下，法院详细阐述了"权利滥用"的法律观念：考虑到案件的具体要素，那些初看起来完全合法的某事物，会被法官认为是不正义的。如果该房屋完全建造在邻居的土地上，就不

---

[2] "La propriété est le droit de jouir et disposer des choses de la manière la plus absolue, pourvu qu'on n'en fasse pas un usage prohibé par les lois ou par les règlements."

会出现任何问题;受损土地所有者的诉求就能得到满足。但在这一具体的案件中,善意的(bona fide)邻居会因拆除行为而受到巨大损失,而受损土地所有者因此得到的好处亦是有限的。对所有法官来说,保留该建筑而使受损土地所有者接受经济赔偿似乎更为合理。

从该案件的具体情况出发进行归纳,通过将权利侵犯者之所失与权利所有者之所得加以考量,法官引入了对受损权利进行合理赔偿的价值。另外,"考量一切",论证即一个新的演绎推理建构起来——在这里,制定法文本[**《拿破仑法典》**第544条(现在,它是主要的前提)]不再限定所有者的权利,而是一个新引入的(道德)价值起着这样的作用。在具体案件中,这一价值否定了对制定法文本的字面适用。

除了这三项基本内容(演绎、归纳和价值思维)外,法律推理还有其他一些特征。

法律论证具有**目的性**,即具有目标取向。法律旨在对社会进行特定的组织化;在创造、阐述、实施或适用法律时,法律人就从这一社会规制(societal ordering)视角出发进行思考,而这一社会规制视角掌控着(或至少应当掌控着)其推理。

法律思维是**历史取向**(*historically* oriented)的。即使在革命时期,要更改法律,人们也要从根本上否弃既有法律,否弃基本规则和原则,否弃传统概念、观念和法律技术。在解决法律问题时,法律人总是设法寻找先例(precedents),并将其作为论证的权衡理由——即使这些先例根本没有法律上的约束力。

法律推理是**实践性**的和**具体化的**。一般性规则、原则,以及系统和理论的详细阐述,都要以解决具体法律问题为依归。具体的个案是法律推理的核心。人们会强调案件的特性(特别是——但不仅仅是——英国法通常脱离有约束力的先例)。法律推理因此不同于任何形式的科学推理——对科学推理而言,为了找寻恒常性(regularities),即类型(typologies)、模型(partterns)、"法则"(laws),它从具体、个性中抽象出一般。

127 法律论证当然具有**规范性**。法律人不会尝试着对一个具体行为做出因果解释,他们会将该行为同在法律中找到的一种规范性模式相比较。他们从案件的特性来分析法律规则,并从规则中推演出人们应当遵循的行为模式,进而用这一行为模式来检验某人的具体行为。

法律思维是**决策性的**;特别是在法院裁决中的证据判断的情形下,证人要做真实性声明(truth statements)——似乎该声明本身比寻找出全部事实还要重要。事实得到证明,因而被视为已经发生或未发生;不存在可能性的空间。如果有必要,法律虚构或其他技术(比如,改变举证责任的技术)可用来简化现实,将某一事实视为已经发生过——即使它也许并未发生[比如,"*pater est quem nuptiae demonstrant*"(**"婚姻示父"**)的法谚]。

法律思维具有**沟通性**:它建基于并落实于法律领域中不同行动者(辩护人、法官、立法者、行政人员、法律学说等)之间持续的沟通。

由于法律思维的复杂性,法律方法论必然也是复杂的。法律方法论的理论倾向于侧重法律推理的某些方面,而忽视其他方面。瓦伦丁·彼德(Valentin Petev)正确地认为,法律方法论:

> 既不具有一种纯粹的逻辑性质,也不是阐释性(hermeneutical)和论题性的(topical);它提供了众多反思(reflexions)和旨在达致对法律(问题)之理解和处理的行动;而该法律又是与某个

认同和合法化不断遭到质疑的多元主义社会中法律的调控功能相符合的。这一方法论,对该社会中影响当代法律观念和实践的迥异政治立场和伦理立场是开放的。[3]

当下,主流的取径聚焦于**论证**。它为合理的法律**推理**提供了一种方法论,但它一般并不关切**法律人找寻什么及如何找寻**的问题。强势的相对主义似乎将法律方法论化约为法律论证理论。[4]消除虚假的论证或错误的推演本身是很有助益的,但它并不能为法律人提供一种**积极**且完整的方法论。本章也无法提供这样一种完整的方法论,但至少试图为其提供某些构件。

第二节 法律与语言

一、作为一种沟通方式的语言 128

在根本上,语言是将某人的思想传递给另一人的一种方式。[5] 研究语言表达时,只有将其作为表达者(发出者)和承受者(接收者)之间沟通过程中的一部分才有意义。[6]

除了"发出者—表达—接收者"这一三角关系(也可参见本书第一章第一节第二部分)外,还存在一个"意义的三角":符号—指

---

〔3〕 V. Petev. ,"Quelle méthode? La Méthodologie au seuil du XXIème siècle"(1990) *Revue de la recherche juridique. Droit prospectif* 757-767, at p. 759-760.

〔4〕 我们可以在 K. Greenawalt《法律与客观性》一书中,找到一种新奇而又均衡的取径,它脱离了强势相对主义和虚假的确定性。K. Greenawalt, *Law and Objectivity* , Oxford University Press, New York and Oxford, 1992, p. 288。

〔5〕 T. Slama-Cazacu, *Langage et contexte*, Mouton, The Hague, 1961, p. 20-21.

〔6〕 C. K. Ogden and LA Richards, *The Meaning of Meaning*, Routledge & Kegan Paul, London, 1960 (1st edn. ,1923), p. 205-206.

陈的现实(denotated reality)—意义。“符号”即语言表达,“指陈的现实”就是符号所指涉的现实,“意义”是两者之间联系(的结果)。这一“意义的三角”涉及沟通过程中的另一维度:不是沟通者之间的关系,而是指语言表达和现实之间的关系。

该图解如图 7.1 所示:

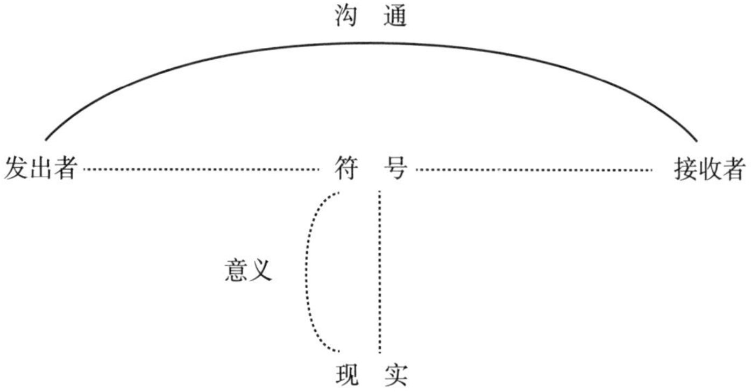

图 7.1　意义的三角

然而,意义实际上都不是语言表达和现实之间的关系。意义只是发出者为了提供关于现实的某一信息而赋予语言表达的内容。相反地,意义也有可能是**接收者**对该表达进行解释的结果。

在第一种情形中,我们面对的是一个目的性的意义,即一个**发出者意义**(*sender-meaning*)。在应用于制定法时,它被称作“立法
129 者的意志”。在第二种情形中,我们看到的是一种被解释的意义(interpreted meaning),即一个**接收者意义**(*receiver-meaning*);比如,法官在具体案件的适用中赋予制定法的意义。而且,在这一接收者意义中,可以区分出“表面上的意义”(prima facie meaning)和“方法论决定的意义”(methodological determined meaning)。

表面上的意义是由于一种无意识的解释性推理(interpretative reasoning),接收者自发地赋予语言表达的意义。当法律人认为某

一法律文本是“清晰和明确的”，这意味着：基于无意识的解释，该文本表面上对其读者而言似乎是清晰的。

方法论决定的意义是接收者基于有意识的解释性研究而赋予语言表达的意义——凭借这种解释性研究，接收者将表达置于一个比即时感知的或至少即时理解的语境更大的语境中。比如，在解释一项制定法时，除了其他之外，这一更大的语境包括：一个更大的立法整体（系统解释）、立法材料[**准备性文件**（*travaux prépratoires*）* 和**英国国会议事录**（*Hansard*）**]、制定法的含混不清（the mischief of the statute）***（目的解释）或历史发展（历史解释）。

关于意义概念的详尽理论和/或一种颇有疑问理论的默示假设之缺乏，构成了许多法律（解释）理论的一个弱点。汉斯·凯尔森便是一个例子。他把规范看作一项意志行为（an act of will）的意义——据此，规范被认为是：

---

* 是指“在准备一项决议、立法或国际条约的最终文本的过程中所适用的并且对其产生形成性影响的材料”。参见[英]戴维·M. 沃克：《牛津法律大辞典》，李双元等译，法律出版社2003年版，第1115页。——译者注

** 是指“关于联合王国的议会辩论的详尽的官方报告。这一名称源于汉萨德家族。1811年，T. C. 汉萨德购买了科贝特的《政治记事录》中关于议会讨论报告的有关权利，这些报告最初都是从每月一期的报纸上收集编辑得来的。1890年，汉萨德家族又将所拥有的这些报告的权利售出。至1908年，英国政府将编辑这些报告的权利收回。自1909年开始出现官方的报告，该官方报告是关于议会讨论的完整、准确而且详尽的记录。1943年，汉萨德的名字继自1892年消失以来，又被重新刊印于报告的首页”。参见[英]戴维·M. 沃克：《牛津法律大辞典》，李双元等译，法律出版社2003年版，第501页。——译者注

*** 《元照英美法词典》为“mischief”标出三项含义，其中第三项是（制定法中的）不明确；含义模糊，并将“mischief rule”解释为，“在制定法的解释中，对于制定法中的不明确之处，应从有利有利实现制定法的立法目的出发加以解释，以弥补制定法的不足”。（薛波主编：《元照英美法词典》，法律出版社2003年版，第919页。）《牛津法律大辞典》将“mischief”译为“不明确文字”，并将该词的解释为：“有时用以指制定法意欲弥补的不足之处，据说司法职能在于解释制定法以阻止不明确文字的出现，并提出补救方法。”（[英]戴维·M. 沃克：《牛津法律大辞典》，李双元等译，法律出版社2003年版，第766页。）——译者注

> 某人发出一个**意欲**做某事的命令。他希望对方**理解**其目的。通过这一命令,他意欲使**对方**按照特定的方式行为。这即他意志行为的**意义**。[7]

因此,依凯尔森之见,"'一个规范**是**一个意义'的说法,要比'一个规范**具有**一个意义'的说法更为准确"。[8] 在这种观点中,"意义"局限为心理学上的发出者意义;这样,它也就排除了任何其他类型或观念的"意义"。[9]

赋予某种符号的意义可能是一种主观即个人化解释的结果,但它总是以社会和文化所决定的意义体系为基础。理解符号(的发出者意义),需要对合适的**意义体系**有所了解。在沟通理论中,对不同文化情境中意义体系的了解和协调那些意义体系的能力被称作"文化素养"(cultural literacy)。[10] 这种意义体系是沟通的产物——通过沟通,包括特有的法律语言在内的语言得以发展
130 起来。同时,了解合适的意义体系,亦是任何沟通充分开展的一个前提。

就像法律一样,语言也只有被视为一种互动发展起来的社会构造(social construct)时始能获得准确的理解。语言在社会话语中习得和发展起来的。语言结构、语法和词汇不断地改变着,以适应

---

〔7〕 H. Kesen, General Theory of Norms, Clarendon Press, Oxford, 1991, p. 32.

〔8〕 H. Kesen, General Theory of Norms, Clarendon Press, Oxford, 1991, p. 26.

〔9〕 在卢曼的著作中,可以发现另一个例子——在该例子中,"意义"摆脱了发出者和接受者,似乎是自我生存的。对此的一个批评,参见 K. -H. Ladeur, "Perspectives on a Post-Modern Theory of Law" in G. Teubner (ed.), *Autopoietic Law: A New Approach to Law and Society*, Walter de Gruyter, Berlin and New York, 1988, p. 242-282, at p. 266-269, 特别是 p. 268"注 5"。

〔10〕 T. Schirato and S. Yell, *Communication and Culture*, SAGE Publications, London, 2000, p. xi and 1.

语言使用者的日常沟通实践。在过往由社会所决定的语言规则与当下对这些语言规则的个人使用之间，即在社会决定性（social determinism）与个体自由之间，存在着某种持续的紧张状态。要实现沟通，即使语言的最自由使用也须遵循规则，并按照标准意义使用语词。只有在一种结构化的沟通情境中，始能理解语言——无论是语言的产生、学习、使用，还是发展。[11]

二、作为沟通的立法

迄今为止，语言是人际沟通的最重要工具。沟通的情形会以不同的形式呈现：面对面的或公开的；口头的或文字的；隶属关系的或平权关系的；亲密关系中的或非人格化关系中的；等等。立法是一种特殊的沟通形式——通过立法，立法者设立规范，并传达给许许多多当下和/或未来被期待会尊重和遵循这些规范的（法权）人。这不仅是关于新制颁规则之内容的一种信息传递，它还是一种典型的**言语行为**（*speech act*），[12]或曰一种使法律变更据以发生的施为话语（performative utterance）。新制颁的法律不仅仅告知了法律变更，而且正是这一制颁行为**创造**了这种变更。因此，制颁这一言语行为，既非真实，亦非虚假；它们不能为外部现实提供一幅正确或错误的图景，因为“现实”是言语行为本身所创造的。从这种观点出发，它们理所当然是“真实的”。当然，立法也可能从其他角度看是错误的：它可能是无效的，可能建基于其旨在调控的经验

---

〔11〕 C. Taylor, “Language and Society” in A. Honneth and H. Joas, *Conmmunicative Action. Essays on Jürgen Habermas' s The Theory of Conmmunicative Action*, Polity Press, Cambridge, 1991, p. 23–35, at p. 23–29.

〔12〕 关于“言语行为”参见 J. L. Austin, *How to Do Things with Words*, Cambridge University Press, Cambridge, 1961; J. Searle, *Speech Acts*, Cambridge University Press, New York, 1969。

现实的错误信息之上，可能与其他立法相抵牾，可能起草得很糟糕，可能很难适用或控制违法行为，等等；但所制颁的规则不会是“虚假的”。

作为一种沟通形式，立法具有以下特征：

法律的制定(enactment)是一种单向的沟通过程。法律供给者单方面地将规则强施予法律主体——无论怎样，法律主体本身可能没有回应。通过选举权来影响立法内容的机会，至多可被视为一种间接的反应。

131 立法的颁布(promulgation)是**权力关系**的一部分——在这一关系中，立法者得以将其意志强施予法律主体。

通过立法的沟通，旨在影响公民的行为。对行为的这种影响发生在一个**规范性**沟通过程的框架内。公民被迫遵从这些规则。在其他权力关系中，没有(纯粹的)强力(force)，行为亦会受到影响；比如，通过心理上的压力[如在恋爱关系中或卡里斯马型领导(Charismatic Leadership)中]。然而，指向立法的关系，总是一种纯粹的强力：公民最终往往是被迫地、直接地或间接地由于心理强力而遵从法律规则。

作为一种沟通形式，立法的这些特点部分地决定着立法文本应当被表达和被解释的方式。因而，沟通过程的这种单向性，要求立法文本的表达要最大限度的清晰化。在一个标准谈话中，含混的话语会基于这样的方式被阐明或矫正；比如，通过谈话伙伴的提问。就立法而言，这种矫正只能采取间接的方式(通过法院裁决或政治家)。事实上，这种反馈很少发生，且一般费时良多。

如果立法者想从沟通过程中获得最佳结果，即最大化地影响人们的行为，立法者这样做就是明智的：不把自己局限为单纯地制颁规则，而是以正当理由、说明和例证为之添加有见识的评论，把

制定法放在一个更大的情境中,进而更好地告知、激励公民遵从其所制颁的规则。〔13〕

最后,法律的规范性特征要求对立法的解释,不应限于表面上的接收者意义——例如,接收者认为制定法的意义是“清晰的”,因而无须进一步的解释性研究。在解释这一规范性文本时,人们至少应当试图找出立法者自己尝试赋予立法文本的意义。即使这种发出者意义对具体案件中的判决可能并不总是具有决定性,人们至少应以强有力的理由来说明为什么不(完全)遵循制定法的发出者意义。

第三节 立法方法论

一、立法中的定义

在所有的立法中,人们会发现界定语词含义的条款。比如,在《比利时民事程序法》(*Belgian Code on Civil Procedure*)第8条中,我们可以发现这样的定义:“**管辖权**(*competence*)即法官对置于他面 132
前的一项请求做出裁判的权力。”该定义表明:在其他语境下有更宽泛或不同的含义的一个语词,在(程序)法律中有着特定的含义。

因而,制定法中的定义同法律语言和日常语言之间的关系相

---

〔13〕 比较:“我们应该只使用浅显易懂的口语表达,简洁性和明晰性是它的所有优点……立法者为人民而工作;他尤其应该对着人民讲话:只有在人民听懂了他的话时他才算完成了他的任务。”(“Nous ne devons employer qu' une élocution facile, dont la précision et la clarté fassent tout le mérite ... Le législateur travaille pour le peuple; il doit surtout parler au peuple:il a rempli sa tâche lorsqu' il en est entendu.”)[Cambacérès, rapport du Comité de législation, prédenté devant la Convention francaise le 9 Août 1793, in Fenet, Recueil complet des travaux préparatoires du code civil(1827–1830), Vol 1, p. 2–3.]

关联。如众所知,法律语言是日常用语与专业语言的一个结合体。“纯粹”的法律语词,如“抵押”“信托”“地役权”(servitude)[“通行权”(easement)],当然须在法律中加以界定。有时,它是由一个明确的定义来界定的(比如,本书第七章第一节引证的对“所有权”的定义)。有时,概念的意义只是从与之相关的立法规定的整体中导出,而没有通常意义上的某种明确和相对简短的“定义”。正如我们都知道某个语词具有**某种**特定的法律意义一样,该意义会从相关法律渊源的法律规定中自动衍生出来;在法律语言与日常语言(中的不同意义)之间,不会发生任何混淆。

这就意味着:当源自日常用语的某一语词在法律中以不同意义使用时,尤其需要明确的定义。立法中的定义是**规定性的定义**(*stipulatory definitions*),或施为话语。它们创造了不同于其词汇意义(lexical meaning)的某一新意义——其词汇意义只描述了在某一语言共同体内实际使用的意义。词典中只包含了词汇意义,以**告知**在该语言共同体内的一种标准意义。在立法中,这种标准意义只对规定性定义的形成有意义,因为规定性定义是**创造**了一种不同于其标准意义的新的特定法律意义的施为话语。

通常,在立法起草实践和司法实践中,立法中的语词确实被假定具有日常语言意义,除非它们以一种不同方式被明确界定。

然而,这种假定并非毫无破绽。在每一种语言中,语词都部分地从其语境中获得意义。即使存在某种标准意义(词典给出的意义),当在某种特定语境中使用时,语言实践亦常常会提炼该词的意义,使其(稍稍)偏离其标准意义。在法律中亦是如此。

实际上,规定性定义限制了某一语词的确切内容和范围。比如,在《比利时劳动法》(*Belgium labour law*)中,“夜间工作”被界定为“在20:00到次日6:00的工作”。[14] 这确定了诸如“夜晚”这一模糊概念的范围——在日常语言中，“夜晚”趋向于与“黑暗”相关联，以致冬天的夜晚会比夏天的长许多。

但是，定义也可以以一种不同的方式来表达，诸如：

（1）“当Y、Z存在时，X问题就会发生”。比如：“二人互负债务时，依后列各条的规定，各得以其债务互相抵销之。”[**《民法典》**(*Burgerlijk Wetboek/Code civil*)第1289条]。 133

（2）“X包含……”比如（1961年3月1日生效的比利时支票法案第1条）：“一个支票包括：①支票名称……②对确定金额进行支付的明确指示；③必须进行支付者的姓名；④支付履行的地点；⑤支票签发的时间和地点；⑥签发支票者的签名。”这样，就给出了“支票”的一个明确法律定义。这与该法案的第2条是一致的——第2条规定：如果不满足上述一个或多个条件，该票据即不能被视为“支票”。

（3）“概念X应用的条件是……”：某一法律术语只不过是其**适用条件**和其**法律后果**。

然而，通过定义形式在一个（即使很长的）句子中列举出所有这些条件和后果几乎是不可能的。这就意味着：立法中某一法律术语的定义，常常只是一种“操作性的定义”(working definition)。比如，在比利时法律中，庭外和解[**“交易”**(“*transaction*”/“*dading*”)]被定义为“当事人终止已有纠纷或防止将来纠纷的一种契约”[**《民法典》**(*Burgerlijk Wetboek/Code civil*)第2044条]。但在该法典中，它又补充说该契约**应以书面形式签订**。在更完整、因而也更准确的定义中，应当增加这一条件。

---

〔14〕《比利时劳工法》第35条(Art 35*Arbeidswet/ Loi sur le travail*)。

此外,一个术语的法律意义,往往获致于法案中不同规定或立法中不同部分所表达的适用条件和法律后果。正是这些法律规则创造了某一术语的**法律意义**——不只是(甚至不首先是)正式的明确定义。正如所有的法律规则那样,这些规则要服从于解释,而解释又依据法律适用的语境而不同。

所有这些表明,一个法律定义并未真正确定了某一术语的意义,它只是提供了一个起点。如果权衡理由支持了另一意义,解释会毫不迟疑地偏离立法中的定义。比如说在有关前引“支票”定义的问题上,比利时最高法院(*Cour de Cassation/Hof van Cassatie**)已经这样做了。某人被指控开出了一张无备兑支票(uncovered cheque)。他辩称该签发票据并非一张“支票”,因为它不符合支票法第1条定义中列举的所有条件:在它的“支票”上根本没有提到日期。最高法院则认为:刑罚裁判不受第1条定义的约束,即使当适用该法案中的刑罚规定时。最高法院认为:

> 刑罚裁判并不严格地受到1961年3月1日法案第1条和第2条所列的支票有效条件之约束。值得注意的是,支票发出日期和
> 134 地点的遗漏并不必然能使签发无备兑支票逃避惩罚,因为该规定是基于保护公民、便利交易和保障商业安全之理由而形成的。因此,为了使非难(condamnation)合法地证成,将已签发票据**视为一张通常所理解的支票**就足够了。[15]

考虑法律的目的,在该案中,“支票”在普通语言中的含义被认为优于其立法中的定义。

---

* 法语,意为“最高法院”。——译者注

〔15〕 Case. 19 January 1976, *Pasicrisie* 1976, I, p. 565.

二、立法中法律规范的表达

尽管法律具有规范性特征,但立法中的大多数法律规则的表达采取的却是描述性的方式:“教育是免费的”(《比利时宪法》第17条)代替了“教育**应当**免费”;“夫妻随意**起草**婚姻授产协议(marriage settlement)”(**《比利时民法典》**第1387条)而非“夫妻可以随意签定婚姻授产协议”。

初看起来,人们会得出结论说:这些条款是描述性的而非规定性的。但显然并非如此。直到最近,《比利时刑法典》(*Belgian Criminal Code*)第8条还这样规定:“任何被处以死刑(capital punishment)的人都会被斩首(decapitated)。”但这一表述并没有描述任何特定现实;自19世纪以来没有任何被处以死刑的罪犯已被斩首。[16] 尽管这是明显的描述性表达,但这一条款只能被理解为一种规范性话语;它规定了什么应当发生,而没有描述什么将要在现实中发生。因此,我们不得不得出结论:在立法中规范性条款是隐藏在描述性表述背后的。为了正确理解制定法条款的意义,这意味着:人们应当清楚地区分一个法案的文本与该文本背后的规范。

第四节 制定法的解释

对某一制定法文本的解释,总是评价性选择与相对“客观”的大体以方法论为基础的陈述之间的一种综合。在分析制定法的释

〔16〕 两次世界大战过程中及世界大战刚结束时,处以死刑的罪犯曾被斩首。除了战争时期外,死刑总是转化为终身监禁(life imprisonment)。

义(construction)时,人们须区分法律推理的上述两个方面——尽管在法律推理实践中将它们分开是非常困难的。

这就解释了为什么人们往往从解释**论据**(interpretation *argument*)[17]的观点,而非**解释方法**(*interpretation methods*)来处理制定
135 法解释的问题。然而,恰恰是为了把评价性要素与经验要素区分开来,我们有必要区分"客观的"科学方法与"主观"的**评价性解释选择**(*evaluative interpretive choices*)。在大多数论证理论取径中,我们都发现了这两者的混合。我们也可以用"内在的"和"外在的"观点这种术语来表达它。论证性分析采取内在观点:分析辩护人怎样设法使法庭确信其立场的正当性,法官怎样使(败诉的)当事人、高级法院和/或一般公众确信其裁决的正确性。在此,我们毋宁应采取一种外在立场——这种外在立场是从如下问题出发的:什么要素在制定法解释中可以依据经验"真实"来表达,何种要素必然导致某种评价性选择,并且不能以"真实"或"虚假"、而只能以一个"更好"或"更坏"的解释来处理。显而易见,当用来证明第一种解释性陈述的真实性时,论证理论只扮演着一种更为有限的角色;但当评价性选择须被证成时,它则具有极端的重要性。在本书中,我们将不讨论论证理论本身(虽然在第 9 章中我们将强调其重要

---

〔17〕 比如,"解释性证成(interpretational justification)的合理性重构,需要将其表述为**其由结构化论据类型构成,而这种论据均属于一个协调的证成性推理**(*jusitificatory reasoning*)模式";该书通篇都在强调解释性论证:D. N. MacCormick and R. S. Summers (eds.), *Interpreting Statutes. A Comparative Study*, Dartmouth, Aldershot, 1991.(引证是在第 19 页。)当然,这种评论并不意味着我不同意他们关于实践推理和法律论证的观点(例如,参见他们对论证之强调的证成,p. 21),亦不意味着我否认"这种活动在多大程度上是(或能是)'价值中立'或价值无涉"的问题。[p. 22. 在此,他们补充道:"在此,我们将不涉足这一危险区域(minefield)。"]尽管后两个引证取自关于学术性法律论著的评论,但一般来说,它们同样适用于的司法解释或法律解释。

性,且简要地讨论之)。[18] 分析法官和法律学说的作用时,我们会简要地提及论证理论。研究法律论证时,我们主要强调**沟通取径**的重要性,这种取径与修辞取径(rhetoric approach)相对——在修辞取径中,个体设法使某一特定受众信服其观点;这里的受众是包括佩雷尔曼(Perelman)的“普遍性受众”[universal audience (*auditoire universel*)]*的一个概念。

在本节中,首先,我将会给出一个关于各种方法的综述——这些方法允许进行解释的法官在建议特定制定法文本的某种特定意义时,将其裁决建立在普遍接受且“客观”合理的理由基础之上。同时,这种方法论框架设定了限度——在这一限度内,法院在制定法解释中享有自由裁量权。换言之,方法论的限度勘定了那些很

---

[18] 事实上,论证理论是一种在字面上包括所有法律理论问题的法学取径,但是它是从下列特定视角,即主要在司法辩论的架构内论证和使人确信的视角来看待这些问题的。在诸多关于法律论证的饶有兴味的论著中,我们也许要特别注意下列著作:R. Alexy, *A Theory of Legal Argumentation. The Theory of Rational Discourse as Theory of Legal Justification* (trans. R. Adler and N. MacCormick) Clarendon Press, Oxford, 1989, p. 323; C. Perelman and L. Olbrechts - Tyteca, *The New Rhetoric: A Treatise on Argumentation* (trans. J. Wilkinson and P. Weaver) University of Notre Dame Press, Notre Dame and London, 1969.

* C. Perelman and L. Olbrechts-Tyteca, *The New Rhetoric: A Treatise on Argumentation* (trans. J. Wilkinson and P. Weaver) University of Notre Dame Press, Notre Dame and London, 1969, p. 31. 在此,该概念被界定为“言语者所设想的一种普遍性和一致性,即应当具有普遍性的受众的一致同意”。“auditoire universel”系法语,与“universal audience”同义。这是比利时法学家、前国际法律哲学和社会哲学协会主席佩雷尔曼新修辞学法学中的一个重要概念。佩雷尔曼宣称,新修辞学(New Rhetoric)是一门实用学科,它的目的并不是想创作一幅艺术珍品,而只是想通过语言(或文字)对听众(或读者)进行说服的一种活动。新修辞学可解释为辩论学。它的研究对象是商讨技术,旨在促进人们在思想上接受向他们提出并争取他们同意的命题;新修辞学也研究得以使辩论开始和发展的条件以及这种发展的效果。新修辞学反对传统的近代修辞学,后者将修辞学降为对文体、文采的研究,新修辞学并不追求美学或装饰,它仅仅是一种说服人的手段或提出问题的技术(参见沈宗灵:《佩雷尔曼的“新修辞学”法律思想》,载《法学研究》1983 年第 5 期)。在佩雷尔曼的另一部著作中,“普遍性受众”被理解为泛指全人类,所有的正常、有理智及人性的自然人。[C. Perelman, *The Realm of Rhetoric* (trans. William Kluback) University of Notre Dame Press, Notre Dame and London, 1982, p. 17-18.]——译者注

不相同的方法的范围——用这些方法,法院就有可能基于经验事
136 实,在普遍接受的语言学规则和逻辑规则框架内,在掌控该法律系统解释共同体(the interpretive community)的法律学说通行范式的框架内,解释某一制定法文本。

其次,我将试图给出一个更详细的关于解释选择的综述,这种解释选择是法官可能(但通常是不得不)作出的选择。我将通过列举法官须从中作出选择的许多对立面来讨论这一问题——法官的这种选择有时是显而易见的,有时只是隐而不显的,但通常甚至是无意而为的。

一、解释、意义与语境

当我们开始分析时,必须考虑的事实,就是一部制定法本身并没有任何范围可言,它只是从读者对其进行解释的方式中获得了范围。解释仅仅意味着"确定意义"。正如我们已经看到的,意义是个人、符号与现实之间联系的结果。然而,"意义"概念本身并不完全明确。比如,奥格登(Ogden)与理查兹(Richards)在其权威著作**《意义之意义》**(*Meaning of Meaning*)中给出了十六种"意义"一词的不同定义。[19] 但这些定义中的许多作为一个概念而用于制定法解释时,完全不可行。其他特定的定义由于强调了制定法意义的某一特定方面,则具有可行性。然而,这些定义无一可以作为一个有关法律之"意义"的正确且完整定义而为我们所接受。

正如前文所述,在任何时候,文本都须被视作言说者(speaker)或作者(发出者)指向听者或读者(接收者)的一种**沟通**,即它是发出者、符号与接收者之间的意义三角关系。这种意义三角关系存

〔19〕 C. K. Ogden and A. Richards, *The Meaning of Meaning*, Routledge, London, 1960 (1st edition, 1923).

在的重要性,体现在以下两个方面:

其一,可能会出现大量的干扰沟通的因素(communication interferences),因为沟通行为或符号不仅形成了发出者观念的一种转化,也被接收者进行转化;相应地,发出者附在沟通上的意义与接收者解释的方式之间不必吻合。

其二,发出者和接收者之间关于意义的可能和一定程度上不可避免之差异的存在,会使我们得出这样的结论:制定法的**“发出者意义”**与**“接收者意义”**之间,必定存在一个基本差别。依据所解释的制定法之不同,这种差别在客观和主观的解释方法上有其对应物。

除了发出者意义与接收者意义之间的这一差别外,我们还引
入了**“表面上的意义”**的概念,即读者初看起来所赋予语词、语句或 137
文本的意义。无论何时,我们提到一部清晰明确的法律时,它仅仅意味着读者为该法律归结了一种清晰明确的表面意义;换言之,一种无意识归结的意义。这种表面意义是清晰明确的这一事实(该事实自动地蕴含了接收者所接受的表面意义之存在),绝不能保证发出者意义与接收者意义是相同的。而正是为了确保这两种意义的实际吻合,制定法的解释须首先有意识地采用一定的方法论进行。

在分析了意义的概念之后,我们须考察在制定法的意义归结中起作用的要素。在寻求某一特定的意义时,语境起着关键作用——这一语境可以是明示的或默示的,语言上的或非语言的,书面的或口头的,法律的或非法律的。语言科学和沟通科学(communication science)认为,语境对语词、语句和文本的意义具有基础性的影响。

关于语境对制定法意义的影响,会引发下列问题:

(1)在何种程度上,考虑了不同语境的解释会导致我们采用不同方式来解释一部制定法?

(2)在解释制定法涉及多种语境时,法院所面临的选择有哪些?

事实上,制定法解释的各种传统方法,都不断地将有关制定法置于不同的语境来解释;在每一种情形下,将特定的意义赋予特定法条(statute)时,特定的语境注定要作为唯一或至少最相关的语境而适用。

(1)若一部清晰明确的制定法看起来不能被解释,这似乎需要我们无意识地将其置于接收者所体验的法律和社会意识(legal and social awareness)与信仰的语境中来理解——这种信仰使得看起来适切的意义"清晰明确"起来。正是这种无意识过程,促使他或她赋予法律以一种"清晰明确的"表面意义。在此,没有有意使用任何语境,亦不牵涉任何"方法"。

(2)语法方法是一种解释方法——它将某一语词置于语句的语境之中,或者将某一语句置于其紧接着的上下文之中进行解释。这种方法亦被称为语言学[20]方法。

138 (3)逻辑或系统方法,将被解释的制定法置于现存的一套成文

〔20〕 D. N. MacCormick and R. S. Summers(eds), *Interpreting Statutes. A Comparative Study*, Dartmouth, Aldershot, 1991, p. 26; J. Wroblewski, *The Judical Application of Law*, Kluwer Academic Publishers, Dordrecht, 1992, p. 97. 相对的术语学混乱出现在下列引文中:"符号学解释(semiotic interpretation)——在德国通常称作'语句''哲学''语法'解释('*Wortlaut*', '*philologische*' or '*grammatische*' *Auslegung*)——需要探究规范的语义内容和造句结构。传统的德国方法论将'逻辑解释'视为与符号相分离的一个准则(canon),其功能是确定规范的概念结构;现代方法论则将其部分地置于符号学解释和系统解释的范围内,以及部分地置于教义学论证(dogmatic argumentation)的范围内。"[R. Alexy and R. Dreier, "Statutory Interpretation in the Federal Republic of Germany" in D. N. MacCormick and R. S. Summers (eds.), *Interpreting Statutes. A Comparative Study*, Dartmouth, Aldershot, 1991, p. 82-83.]

法(statute law)的整个或部分语境之中进行解释。

(4)从立法材料来考量立法者的意图(legislator's intention),将有关的制定法置于这些文献资料的语境之中。

(5)如果采用历史取径,制定法就被置于立法历史发展的语境中,或者制定法制颁前后的一般性法律语境之中。

(6)最后,如果运用目的性方法或目的方法(the teleological or purposive method),法律解释将被置于制定法的潜隐目的或潜隐价值的语境之中,或者置于更一般的立法有机体(body of legislation)或整个法律系统的语境之中。

应当注意的是:在方法(3)和方法(4)中,最显著的是将制定法文本(仅仅)置于其他**文本**的语境之中;(探究制定法起源的)方法(5)也部分地存在这种情形。方法(2)将法律文本置于语言规则(更具体地说,是语法规则)的语境之中;方法(5)部分地着眼于有记载的历史事件(因此,它也是间接地利用文本),而方法(6)则关涉到潜隐的目的和价值,甚或当下的社会变迁。

由于这些语境(种类)的不同,我们区分出与之相关的不同方法似乎是恰当的——正像欧洲大陆的法律实践实际上常常做的那样。[21]

---

〔21〕 前两种方法似乎有一致之处,可以减少术语学上的分类,但另外三种却不尽然。在比勒菲尔德计划(the Bielefelder project)中,它们被化约为两种方法("目的性评价方法"和"意图考量方法")[D. N. MacCormick and R. S. Summers (eds.), *Interpreting Statutes. A Comparative Study*, Dartmouth, Aldershot, 1991, p. 26];而弗罗布莱夫斯基(Wroblewski)则将其化约为一种方法,即"功能主义的方法"(J. Wroblewski, *The Judicial Application of Law*, Kluwer Academic Publisher, Dordrecht, 1992, p. 103-107)。应该注意的是,麦考密克和萨默斯认为,比勒菲尔德一派(the Bielefelder group)所采用的分类,在很大程度上以 Wroblewski 的分析为基础;而麦考密克和 Bankowski——他亦参与了比勒菲尔德计划——曾引用了 Wroblewski 的书,他们稍稍调整了其术语。(例如,我们可以在比勒菲尔德的书第 26 页中读到"语言学方法"这一术语,而弗罗布莱夫斯基自己"偏好的术语是'符号学'方法"。)

二、平义规则

依据欧洲的一些重要、但日渐式微的法律学说和法院惯例(court practices),〔22〕所谓的“平义规则”(the plain meaning rule),禁止法院对一部清晰明确的制定法文本进行解释。然而,无论从语言学视角,还是从理论视角看,这一规则都是无效的。

139 语言学层面上的批评已然出现。法律理论上的批评可以归结为以下几点:

首先,接收者对法律具有清晰明确的表面意义这一属性的归纳,没有顾及发出者的语境和发出者意义所指,因而基本上无视立法机关的意图。自然地,这种批评在实践中只有在发出者意义与接收者意义相互区别时始是有效的。然而,正是通过以方法论方式预先解释制定法,发出者意义与接收者意义的区别始能够获得证实。

其次,并不是因为法官赋予制定法以导源于立法者所归结意义之特定意义,才使前面的释义取径是错误的。比如,很有可能发生的是,特定的历史发展迫使法院为制定法归于一种不同于该法律通过时之立法初衷的意义,以便使其能够恰当适用于手边的具体案件。因此,依据接收者意义而适用制定法是完全正确的。

平义规则实际上忽视了当时的立法机关意图;不能确定的是

---

〔22〕 欧盟法院(the European Court of Justice)只是在早期的司法中间或涉及“平义”。[比如,C1/54 *France v. ECSC*,21 December 1954(ECJ)*Jurispr.* 1945-1955,1;*C40/64 Marcello Scarlatta v. Commission Jurispr.* 1965,215,esp. at 227。]在大多数情形下,法院会考虑文本的“平义”是否与其他要素——最突出的是与立法安排的目的——相兼容[C6/60 *Humblet v. Belgium*,16 December 1960(ECJ)Jurispr. 1960,559,esp. at 575];这也是在韦泽(Weiser)诉全国法国人事务办公室(Caisse nationale des barreaux francais)案中总辩护官(Advocate-Gerneral)达蒙(Darmon)的观点。[C 37/89 *Weiser v. Caisse nationale des barreaux francais*,14 June 1990(ECJ)*Jurispr.* 1990,2395,特别是第2409~2415页。]

它是否会促成这样的观点，即为了使其更符合当下的社会要求或思维方式而以这种方式来解释制定法。由于制定法的意义（它被认定为是清晰明确的）不过是一种表面上的意义，因此，在任何语境（无论是发出者语境，还是接收者语境）中定位制定法意义的意图都是不存在的。

最后，一个不可否认的事实是：制定法中每一个语词和每一个语句的意义，都依赖于规范性的语境——这种语境一方面由立法机关的意图构成，另一方面还包括适当的社会秩序。

正是由于这个原因，在法律学说和判例法中经常可以发现的另外一个规则并不成立，即一部制定法所包含的语词在适用时须始终与其“标准”意义（“normal” meaning）保持一致。[23] 实际上，“标准”意义的概念包含着意义的所有范围，而这些意义在许多情况下相互之间又有很大区别。区别不仅存在于专业性的法律行话（legal jargon）与日常用语之间，还存在于制定法通过时使用的术语与当下的语言之间。最后，甚至语言的当下使用，亦揭示了源自日常言语之意义上的许多可能差异——它们随着社会或地理环境的不同而不同。正如（本书第七章第三节第一部分）关于立法中定 140
义的讨论所显示的，一个语词的法律意义决定于它所在的语句，以及产生于它的规范或者由联合其他制定法语句而产生的规范。解

[23] 在德国，对普通语言的强调似乎以这一理念为基础，即法律在诸如刑法或人权等领域对于一般公民具有易接近性的理念。但如果基于专业性法律语言中的意义可以更好地达致宪法保障（constitutional protection），那么这种意义就更可取。[参见 R. Alexy and R. Dreier, “Statutory Interpretation in the Federal Republic of Germany” in D. N. MacCormick and R. S. Summers (eds.), *Interpreting Statutes. A Comparative Study*, Dartmouth, Aldershot, 1991, p. 83–84。]关于其他国家司法解释（judicial interpretation）中语词“标准”意义的作用，参见 R. Alexy and R. Dreier, “Statutory Interpretation in the Federal Republic of Germany” in D. N. MacCormick and R. S. Summers (eds), *Interpreting Statutes. A Comparative Study*, Dartmouth, Aldershot, 1991, p. 45–46（阿根廷），p. 133（芬兰），p. 182（法国），p. 220（意大利），p. 273–274（波兰），p. 314（瑞典），p. 365–366（英国），p. 412–413（美国）。

释者从法律文本中读到的“普通意义”(ordinary meaning),不过是表面意义;只要没有相反意指(counter-indications)存在,就可以使用之。在一个语词的专业意义或普通意义处于疑似之间的情形下,专业(或普通)意义可以求助于**非语言的理据**(*non-linguistic grounds*),比如,在诸如刑法或人权等领域法律对于公民的易接近性(accessibility)——它源自个人利益的优先性,即在可保护、可不保护的情形下,当其与社会利益或国家利益相冲突时,赋予个人利益以优先性。[24]

三、解释的方法

(一)语法方法

对解释制定法的某一语词或某个语句来说,该语句或临近语句的语境当然是很有限的。语法分析至多能阐明句法结构(syntactical structure),澄清制定法在这种句法层面上的意义。作为一种真正的方法,这种取径在法律实践中难觅踪影,在理论上几乎从未有详尽论述。[25] 这种方法应当同文本表达的字面解释(literal interpretation)相区别——字面解释不是采用任何方法的结果,而仅仅是文本在其表面意义上的运用。而采用语法方法得出的结论,是依据对该语句和/或临近语句表达的较细致阅读而获致的。

(二)系统方法

系统方法要求我们将被解释的语词、语句和文本,置于整个制定法、相关主题或问题的整个立法、该法所属的法律部门或整个法律系统的更大语境中,进行解释。在这一较广泛的语境中,为了得

---

〔24〕 显而易见,这是德国的情形。

〔25〕 初始的推动,是由阿尔夫·罗斯(Alf Ross)在其论著《论法律与正义》中作出的。[Alf Ross, *On Law and Justice*, Stevens, London, 1958.]

出与被解释文本的确切含义相关的结论,我们需运用逻辑推理或逻辑倒错性推理[(para-)logical]。

然而,立法系统在很大程度上是一个法官释义的(judge-constructed)系统——为了给某一制定法赋予某一特定意义,法院在该系统下运用逻辑原则。

当我们把某一制定法文本同在法律渊源层级中居于较高层次的另一制定法进行比较,并由后者来决定着该文本的解释(比如,根据欧盟关于此主题的指令,来解释某一成员国内法律系统的制定法)时,情况就不一样了。

但是,在大多数情况下,系统解释的目的是在同一等级层次下 141
的其他制定法文本的语境中进行解释。在这里,某一制定法文本在多大程度上应比另一文本更有分量?更具有实质上的影响力?为什么反之不然?这些问题远非彻底澄清。当解释者遇到有关制定法之间有(重要的)时间差时,上述情形就显得尤为突出。这些文本之间的等级,将由法官来确定。例如,他/她将确定“后法优于前法”(“*lex posterior derogat lex priori*”)的规则,在多大程度上将被采用或不采用。

在系统解释的语境中,要运用另一个以某种限定方式来解释例外情形的规则。然而,正是法院本身预先决定着何种法律将被视为规则,何种法律有资格作为例外,同时亦决定哪一套法律被看作是完备的(self-contained)法律(比如,财产法、民法、私法或作为整体的立法?)。比如,确定民(私)法是“规则”,劳动法是“例外”,因此,雇主立法应以**限定的方式进行解释**。[26]

在系统解释中运用的其他逻辑推理或逻辑倒错性推理有:**确证推理**(*fortiori reasoning*)、**反面推理**(*contrario reasoning*)、类比推理

---

〔26〕 Vredegerecht(Justice of the Peace) Antwerp, 18 February 1959, *Tijdschrift van de Vrederechters Journal des Juges de Paix*, 1960, p. 98.

(reasoning per analogiam),以及对其表面含义过宽的制定法文本予以限定。

当使用系统化的释义方法时,法院运用的所有这些“逻辑规则”并非强制性规则,但它们却都包含着重要的选择时刻;这就意味着:即使人们将同样的制定法置于相同的立法语境中,仍有可能得出与这一制定法相关的、相异甚至相反的意义。这可以经由不同逻辑规则,甚或仅仅一种逻辑规则的运用而达致;但是,这些逻辑规则依据可供选择的范围而以不同的方式运用。

比如,如果某一具体的规章调控着某种情势,而法官面对的则是规章本身不能适用的另一种情势,他可能运用反面推理:通过将那些规章的范围限定于那些特定情形,立法者隐而不显地将其他所有情形全都排除在外。但是,如果法官运用类比推理,他将达致一个正好相反的结果。

在评估系统化释义的取径时,人们会得出这样的结论:这种方法虽然不能形成我们据以熟知制定法之发出者意义的某种充分方式,但它更多的是解释者据以在一套抽象立法规则内寻求实现一定程度的内在融贯性的一种手段。

这在**类比解释**(*the interpretation in pari materia*)中,尤为明显——欧盟法院在促成三个欧洲条约(European Treaties)中可比较
142 条款间的相互兼容时,[27]或者当其为解释欧盟法而进行欧盟成员国法律的比较研究时[28],通过类比释义使用过这种解释。通过这

---

〔27〕 例如,参见 C21/88 ECSC v. *Acciaierie e Ferriere Busseni*, 22 February 1990 (ECJ) *Jurispr.* 1990, 495,特别是第 523~524 页。

〔28〕 虽然这在欧盟法院的判决中不常见,这种比较研究仍扮演着相对重要的角色:“欧盟法院对参照比较法作为判决依据的节制不应当遮蔽这一事实:尽管在欧盟法院,相当多的时间和精力都耗费在比较法上,但这并没有具体反映在裁决中。当事人,特别是那些委员会的答辩(pleadings)常常包含着从比较法观点对相关问题的讨论,法院时常通过其研究部门将它作为补充。”(H. Kutscher, *Methods of Interpretation as Seen by a Judge at the Court of Justice*, Court of Justice of the European Communities, Luxemburg, 1976, Ⅰ 28.)

种比较研究，人们试图将欧洲法律与大体上共同的欧洲法律文化协调起来。

在依据欧盟法解释国内法时，我们同样可以发现类似的对融贯性的追求——根据欧盟法院的法理学说（the jurisprudence of the ECJ），这是国内法院的职责，至少就欧盟指令（European directives）来说是如此[29]。这既暗含着欧盟所有国家适用欧盟法律时的融贯性（内在融贯性），亦意味着即使对预先存在的国内法再解释（re-interpretation），也要能促进欧洲法律文化更加融洽无间（同超国家法和其他国家法律系统的外在融贯性）。

（三）立法材料之利用

在利用立法材料［准备性文件（travaux prépratoires）和**英国国会议事录**（Hansard）］时，也即在采用将制定法置于立法材料语境中的方法时，人们尤为关切对立法者意图（legislator's intention）的发现。

公众并不是总能获得立法材料——在这种情形下，法院当然不能利用它。[30]

人们有时主张无论制定法文本清晰与否，立法材料文本一概不能超越制定法文本，因为只有制定法文本才具有立法效力。然而，所发生的并不是它们之间的选择，而是要用某一文本去解释另一个。在每种情形下，立法材料只是构成了解释的一个语境，提供与法律被赋予之意义相关的信息。

---

〔29〕 C106/89 Marleasing, 13 November 1990（ECJ）*Jurispr.* 1990, 4135. 总辩护官（Advocate-General）Walter van Gerven 的观点。关于这种职责对国内法之影响的一个有趣论文是：W Danzer Vanotti, "Richtlintenkonforme Auslegung und Rechtsfortbildung"（1991）Steuerliche Vierteljahresschrift 1-15.

〔30〕 例如，欧盟法立法材料的大部分——特别是与欧洲共同体条约（EC Treaties）相关的那些材料——就是这种情形。

根据其必须提供的信息之性质,我们可以对立法材料进行分类。信息的第一个来源是在议会立法程序中草案文本(draft texts)的演化,换言之,即制定法的起源。第二个来源由与各种文本内容相伴而生的解释性备忘录(memorandum)组成,亦包括文本在议会立法程序内外所招致的批评,即对议会讨论中所提出的问题(parliamentary questions)之回应等。

143 作为一个"客观"规则,使用立法材料的条件可以明确地表述为:将这些分散的评论和解释置于完整的立法材料语境之中,特别是更多地置于制定法起源的语境中。

初看起来,这个区别是重要的,因为人们只能在法律的起源中找寻法律起草者的任何明示意图,而人们至多只能从立法材料孤立的解释性陈述中获致一个默示的意图陈述。

然而,这一区别毋宁是一种理论上的区别。法律实践向我们展现了下面两个事实:一是关于制定法起源的事实——法律制定者有时修改制定法,却没有任何与被修改文本有关的有意识意图;二是关涉孤立的评论和解释性备忘录的事实——如果置于适当的语境中,立法机关某些默示意图的陈述同样可以作为明示陈述的意图,因为它以近乎完美的确定性揭示了法律制定者的意图。

与作为解释语境的立法材料相关的一个必须满足的根本需求,是在释义过程中使用的这些文献材料须作为整体而使用。如果根据作为解释语境而使用的立法材料中的单个条目(item)而碎片化地利用这些立法材料,在实践中会就出现相互矛盾的解释。

相应地,我们可以得出这样的结论:一方面,为了确定制定法的发出者意义,即立法机关意图,立法材料构成了最合适的解释语境。另一方面,与一般的立法历史和法律历史一道,它们仅仅是发出者语境的一部分;而且,它们仅仅是用来服务于发现法律被通过之时制定法的发出者意义(立法者意图),以至于法律制定者取径中的任何重要的变动性条件或修改都被不予考虑。

(四)历史方法

当我们将一部制定法文本置于历史语境中时,我们要区分不同种类的"历史"。我用**立法历史**(*legislative history*)这一术语来指称前后相继的不同制定法(successive statutes)中的历史趋向,而用**制定法的起源**(*genesis of the statue*)这一术语来指涉在某一特定制定法通过之前前后相继之法律草案的演化。

而且,立法的历史语境所含括的,不仅是在正被解释的制定法(statue)通过之前的成文法(statue law)* 的发展,也有伴随该制定

---

* 此句中同时出现了"statue"与"statue law",显然这里是有区别的,但怎么中译确是难题。《元照英美法辞典》录有"statue"(制定法),但无"statue law";《布莱克维尔政治学百科全书》中则相反,并将"statue law"译为"制定法"。《牛津法律大辞典》则同时收有"statue"与"statue law",中译本分别译为"制定法"和"成文法"。我在这里遵从《牛津法律大辞典》中译本的译法。该辞典对 statue law(成文法)的解释是:"指由制定法或法定文件所规定的原则和规则之整体,它与普通法不同,后者是由法官在裁决特定争端或请求时法官所发表的意见中所发展和阐述的法律原则和规则,或者是法官在审查各种相关案件不同意见中所归纳出来的法律规则和原则。在理论上,成文法是法律的高级形式,因为它以权威性的语言系统阐述一般原则;而普通法原则只能从法官们的意见中提炼,且表述方式也不是权威性的。但是实践中的很多制定法是用极其难懂的语言来表述的,因而在适用于特定案件的事实时。需要先解释法律条文,以确定其含义。在权威性上,成文法当然要强一些,因为成文法可以修改、否定和废除普通法、权威著作和教科书和惯例中所表述的与其不一致的法律原则和规则。"(参见[英]戴维·M. 沃克:《牛津法律大辞典》,李双元等译,法律出版社 2003 年版,第 1072 页。)《布莱克维尔政治学百科全书》中对 statue law(制定法)的解释是:"由正式组成的立法机关根据预先规定的程序所颁布的法律。起草法规可用以下两种方法:一是草拟出极为详细的规定,设想该法规只适用于那些属于属于其实际字面意义范围内的条件(这是普通法的方法);二是一般的和抽象的方法,让法院根据推定的立法意向去填补细节(这是欧洲大陆理论)。英格兰有三种被认为是'规则'的公约规范着法律的解释工作:一是意识防止损害的规则,意在确立法规的宗旨(它始于 16 世纪);二是字面规则,他随着议会主权的、分权说的明确表达,以及 19 世纪倡导应按字面涵义使用法规措辞的法学理论而出现;三是黄金规则,它几乎与字面规则同时出现,意指在拘泥于字面意义会陷于荒谬境况时允许有某些灵活性。"[参见[英]戴维·米勒、[英]韦农·波格丹诺主编:《布莱克维尔政治学大辞典》(修订版),邓正来主译,中国政法出版社 2002 年版,第 797 页。]——译者注

法的制颁而在其他相关领域的发展和那些要么能够引起立法机关取径上的改变、要么能够产生某种进一步重要信息的发展。这就是 Pierre-André Côté 所说的“附随的立法史”(subsequent legislative history)[32]。

144 在制定法通过之前的时期,法律的历史语境涉及被解释规则的前身(antecedents)(比如,罗马法、早期习惯法、先前的普通法规则等),也涉及该法律出现之前社会法律和社会经济的发展;而这些都影响着将被解释之文本的引入(例如,在判例法和法律学说中的发展)。

就伴随法律制定的时期来说,法律的历史语境包含了该法律的实体发展(material development)或社会的发展——这些发展出现于该法律通过之后,且与其语境有关。

在这里,我们不能细致入微地分析这些可能存在的不同历史释义,[33]而是将自己限定于从历史语境的分析中得出的下列结论:

(1)法律被引入**之前**的历史语境,时常会产生与法律发出者意义高度相关,但不具强制性的信息;

(2)如果环境改变了,如果立法者调整或改变了从相关制定法文本表现出来的取径,或者如果社会的思维方式有所发展,那么,在特定情形下,为了能恰当地适用法律,制定法被引入**之后**的历史语境使我们有必要在解释法律时使用一种目的取径(purposive approach)。

(五)目的性方法或目的方法

目的性方法或目的方法把**制定法的目的**当作解释的语境。在

---

〔32〕 P. -A. Côté, *The Interpretaton of Lagislation in Canada*, 2nd edn., Les Editions Yvon Blais, Cowansville, 1991, p. 436-446.

〔33〕 关于这种分析,参见 M Van Hoecke, *Norm, Kontext und Entscheidung*, Acco, Leuven, 1988, p. 165-193。

特定情形下,根据制定法的目的或整个法律系统的目的进行法律解释是必要的;为了充分理解制定法本身,或者为了阻止荒谬或不合理的法律适用,也常常要依据变动了的环境。注意这一点是饶有兴味的:尽管在欧洲国家法律系统的判例法中较少看见,但目的解释仍是欧盟法院最常用的方法。[34]

有时,目的性释义的必要性,可以在法律制定者展现的大量反应中间接得到证明——在以其表面意义解释法律时,法律制定者有时会依凭某项说明性的制定法(an explanatory statute)来对抗那些与立法机关意图相抵触的判例法的效力。

反过来,这亦时常发生在下列情形中:依凭目的性释义,法律制定者将文本的表面意义撇之不顾而使其裁决合乎法律。

正是在运用目的性方法时,法官在法律发展中将起到更为积 145
极的作用。在这里,立法者与法官之间的一种组合游戏(combined play)出现了:基于立法者设定的目的,法官将"改变"从制定法文本之字面适用的规范推演中获得的结论,以"适应"手边的案件,并"重新形成"规则。这不仅是一个"组合游戏",也是法官与立法者之间基于他们之间的充分沟通的通力合作——在这里,沟通使得制定法案时的理由和为该法案设定预想目时的理由清晰化,或者使这些理由至少在很大程度上对法官来说是可以获取的;在这里,通过"矫正"制定法文本中的不充分表达或在一个"新环境"中落实立法者提出的观念,法官沿着立法者划定的路向思考问题。关于法官与立法者之间的这种沟通与合作,我们稍后再谈(本书第七章第六节)。然而,基于上述理由,在此我们将更详细地讨论目的性解释方法。

---

[34] See C118/89 *Firma Otto Lingenfelser v. Germany*, 25 June 1990(ECJ) Jurispr. 1990, 2637, esp. cons. 13 and 14 at p. 2657.

1. 解释的指示

在一些法律系统中,甚至存在这样的规则:当确定被解释制定法的应有意义时,它或多或少地给法官强施了一种使用目的性释义的义务。早在罗马法时期,人们就能找到这样的表述:"*Scire leges non hoc est verba earum tenere, sed vim ac potestatem*"(**通晓法律不在于了解它的文字表述,而在于掌握它的意图和目的**),[35]或"*Benignius leges interpretandae sunt, quo voluntas earum conservetur*"(**为了保留其意图,法律解释因不拘泥于字面意义**[36])。意大利和奥地利民法典规定,人们须考虑到法律供给者的意图。[37] 在进行狭义解释时,解释者将聚焦于法律供给者的某种心理学上的历史意志;在进行广义解释时,该规则可视为对目的性释义的一种支持。[38] 间或,也有明确的陈述,要求人们应考虑法律的目的。[39]

如众所知,在英格兰,"除弊规则"(mischief rule)是由财政部的巴伦斯(Barons)在1584年的赫登案件(Herdon's case)中形成的:

他们解决的问题是:一般而言,对所有制定法(有关刑罚的或获益的,以及普通法的限制或扩大)的确定和真实解释来说,以下四项应当予以认识和考虑:

---

〔35〕 Digestae 1. Ⅲ. 17.

〔36〕 Digestae 1. Ⅲ. 18.

〔37〕《奥地利民法典》第6条;意大利民法典预备规定(the Preliminary Provisions)第12条——若非如此,该条款也提供了两个语言上的指示("该语词的适当意义",且"根据该词的关联性")。

〔38〕 最狭义和最广义取径的所有种类,似乎可以在意大利司法实践中发现。[M. La Torre, E. Pattaro and M. Taruffo, "Statutory Interpretation in Italy" in MacCormick and Summers (eds.), *Interpreting Statutes. A Comparative Study*, Dartmouth, Aldershot, 1991, p. 213-256, at p. 221-223.]

〔39〕《1969年维也纳条约》(*Treaty of Vienna*)第31条第1款、《保加利亚规范性行为法案》(*Bulgarian Act on Normative Acts*)第46条和《路易斯安州那民法典》(*Louisiana Civil Code*)第18条。

第一，法案之前的普通法是什么； 146

第二，普通法存在的含糊不清(mischief)和缺陷是什么；

第三，议会已经决定采取何种补救来弥合英联邦(the Commonwealth)的弊端(disease)；

第四，**补救的真正理由**是什么。

因而，所有法官的职责(office)总是在进行这种释义以抑制含糊、进行补救，总是要因私人利益(pro privato commodo)而抑制促使该含糊存在的微妙编造和托辞；总是要**依据法案制定者的真正意图**，即为了公共福利(pro bono publico)，为这种弥合和补救增添力量和活力。

然而，在实践中，当制定法的表面意义看似"清晰明白"、并不荒谬或不是不合理时，[40]英国法院一般不使用这种目的性释义——当使用时，它要受到相当严格的条件限制。[41] 而且，英国法院更倾向通过目的性释义扩大、而非限制制定法文本的范围。[42]

类似的规则，可在新西兰1924年的《法律解释法案》(New Zealand Acts Interpretation Act)中找到：

---

〔40〕 P. Langan, *Maxwell on the Interpretation of Statues*, Sweet & Maxwell, London, 1969, p. 228.

〔41〕 迪普洛克勋爵(Lord Diplock)在 *Jones v. Wrotham Park Estates Ltd.* [1980] AC 74, [1979] 1 All ER 286 中的判词。也可参见 J. Bell and G. Engle, *Cross on Statutory Interpratation*, 2nd edn., Butterworths, London, 1987, p. 18-19, 83-96。

〔42〕 *R. v. Broadcasting Complaints Commission, ex p Owen* [1985] QB 1153 at 1174, per May L. J.："当遵循现代释义原则时，采用一种目的性取径显然具有合法性；同样，坚信当其被人们清楚地期望如此(即使其可能没有按其严格的字面解释而如此)时，一个制定法条款只适用于某一给定情势也具有显见的合法性；但我并不认为其反面是正确的，也不认为采取目的性释义以排除一项制定法适用于某一情势(以其纯粹的字面上的释义，该法律适用之)具有合法性。"事实上，这将目的性释义局限为一种类比解释(analogical interpretation)，而不是以其本身的能力接受一种目的性释义。

> 每部法案、每个条款或其制颁，都被认为是补救性的——无论其即时的目的是否是对其认为与公共善相冲突的任何事的指示；相应地，它们将获得公正、宽大和自由的释义和解释，以最佳地确保根据其真实意图、意义和精神获取该法案、该条款或其制颁的目的。[43]

几乎同样的表达，可在1985年的《加拿大解释法案》(*the Canadian Interpretation Act*)中看到(第12条和第10条的部分)[44]。比英格兰的规则有过之而无不及的是，新西兰和加拿大的这些规则与其他解释教条(cannons)相对，更明确地赋予了目的性释义以优先性。

147 2. 目的性解释的理由

除了制定法的表面意义模糊之外，按照其表面意义适用制定法会带来相当荒谬或不正义的结果，常常也是我们关注制定法目的的理由。

《比利时民法典》原第228条规定：女性在离婚后应当在300天后始能再婚。该规则表面上是为了避免在此期间出生的孩子对其父亲身份的怀疑。一位女士争辩说，医学证明证实她不能再怀孕而诉请法院允许其可以提早结婚。尽管制定法的表面意义明

---

〔43〕 参见(该法)第1节第j项[s 1(j)]。

〔44〕 第12条规定："每次制颁都被认为是补救性的，将给出公正、宽大和自由的释义和解释以最佳地保证获得其目的。"第10条规定："法律应被视为总是发言的(speaking)，在一个问题或事物用现在时(the present tense)表达的地方，它也将被适用于当问题或事物出现时的境况，因此，应当根据法律的精神、意图和意义将效果(effect)赋予到法律的制颁中。"1964年的魁北克解释法案(Québec Interpretation Act)第41条甚至更接近于新西兰解释法案。

确,但根特上诉法院(the Court of Appeal of Ghent)仍准许了她的请求。[45]

关注制定法目的的另一个理由,源自对该法律制定以来的历史变化的考虑。这时,目的性释义的直接理由,有时亦是字面解释带来的荒谬结果。

调整新生婴儿命名权归属的 1803 年法兰西法案(the France Act),直到 1987 年在比利时还有效。该法案仅仅允许采用"历史著名人物的"名字或"历书上提到的圣人"之名字。根据该法律,一个文职官员曾拒绝接受名为"Dana"(达纳)的名字。但是,法院接受了这个名字,并认为:立法者的目的只是避免荒谬或不合适的名字。今天认为是荒谬或不合适的名字,不必与 19 世纪的相同。适用 1803 年法案准许的名字不再能实现此目的,也不应当是一个限制,因为自 1803 年以来,命名行为的惯例已发生了巨大变化。[46]

3. 目的性解释的类型

(1)适用于某一情形的制定法不符合文本的表面意义,但是完全符合立法者的目的。

当我们将法律适用于该法律制颁时不存在的新技术或新情势时,这种目的性解释尤为必要。

《比利时民法典》第 653 条到第 665 条规定了(城镇)邻里之间用以界分花园范围之筑墙的权利与义务。在判例法中,当确定混泥土板在多大程度上可被视为"墙",或等同于用石头建筑的一面墙时,问题就产生了。在 1804 年,没人知道混泥土厚石板,因此,解

〔45〕 Hof van Beroep Gent 2 April 1976, *Rechtskundig Weekblad* 1976-1977, p. 435.

〔46〕 Rechtbank Brugge 7 Jannary 1975, *Rechtskundig Weekblad* 1974-1975, p. 2144. 指出这一点是饶有兴味的:当其用 1987 年 5 月 15 日法案第 1 条改变这一法律时,立法者现在将该规则限定于是对"混乱"或会"有损儿童"之名字的一项禁止。它将确定每种具体情形中是否可以接受的权力,留给了文官或法院。

148 决这个问题的唯一出路,就是考量立法者的目的。如果立法者的目的保证的是某一邻居建造的墙足够结实,并允许其他邻居在其上继续建筑,那么混泥土板显然就不足以被称为一堵墙。但事实上,法院认为立法者的目的仅仅是保障邻居的隐私,比如,当他站在其花园里时的隐私保障。基于此,法院认为混泥土厚石板属于“墙”的概念之列,因而亦属于该制定法的考虑之列。

(2)尽管某种情形明显符合该法律的表面意义,但其仍不适用于该情形,因为它不符合立法者的目的。〔47〕

《比利时民法典》第675条规定:

未经其他邻居允许,其中的某一邻居不能在公共墙面上安装窗户或通风口(opening),无论采取何种方式,即使是一扇固定的窗户也不例外。〔48〕

比利时法院已面临这样的问题:适用该法律时,玻璃砖(glass blocks)在何种程度上应被视为一扇(固定的)窗户。文本的表面意义很清楚:禁止任何种类的窗户,甚至是固定的窗户。但法院却认为玻璃砖不应被视为第675条意义上的窗户。在这里,对邻居隐私的保护也是立法者的目的。只要人们不能真正透过玻璃砖看到

---

〔47〕 Rechtbank Kortrijk 5 March 1953, *Rechtskundig Weekblad* 1953-1954, p. 1817. 在英国判例法中的事例,参见 J Bell, *Policy Arguments in judicial Decisions*, Oxford University Press, Oxford, 1983, p. 88-90。德国法的事例,参见 R. Alexy and R. Dreier, “Statutory Interpretation in the Federal Repubic of Germany” in D. N. MacCormick and R. S. Summers (eds.), *Interpreting Statutes. A Compartive Study*, Dartmouth, Alderahot, 1991, p. 73-121, at p. 79。

〔48〕 “L’un des voisins ne peut, sans le consentement de l’autre, pratiquer dans le mur mitoyen aucune fenêre ou ouverture, en quelque manière que ce soit, même à verre dormant”. (法语原文。——译者注)

东西,也不能通过其扔东西,隐私就得到了保护——从这个视角看,玻璃砖因而须被视为等同于石头,而非一扇窗户。[49]

正如前文已经提到的,当其阻止某一制定法文本适用于根据该文本字面表达应当适用的某种情形时,英国法院更趋向于摒弃适用目的性释义。[50] 在欧洲大陆没有这样的区分。事实上,从我们对"意义"和"解释"的分析中,可以看到这样的区分没有任何意义。这只能由某种心理障碍(psychological block)来解释——这种心理障碍是在虚假假设的基础上形成的,即制定法文本字面上表达的表面意义自身有某种独立于任何法案目的或立法者的任何意图甚或任何合理的社会规制(ordering of society)之强制力。

4."目的"的类型 149

在目的性释义中,可以区分出较狭义的"主观"目的性方法和较广义的"客观"目的性方法。

"主观"目的性方法,反对将法律置于被解释法律制颁时立法者具体意图的背景,或有关法律作为其组成部分的制定法的整体(the set of statutes)之中。在此,大多数情形下的关键在于历史性的目的,而不是论题性的目的(topical objectives)。

就**"客观"目的性方法**或系统化的目的性方法(systemic teleological method)来说,其反对将制定法置于潜隐于整个法律系统背后的目的之上。除了其他方面,这必然会使法院将其解释以论题性的目的,而非历史性的目的为基础。

我们可以引证比利时社会保障法(social security law)的一个案

---

〔49〕 Rechtbank Antwerp, 18 Novermber 1969, *Rechtskundig Weekblad* 1969 - 1970, p. 1176. 在德国,联邦最高法院(Bundesgerichtshof)以相对的方式决定了同样的解释难题。

〔50〕 参见 C. K. Ogden and LA Richards, The Meaning of Meaning, Routledge & Kegan Paul, London, 1960 (1st edn, 1923), p. 205-206。

例作为例子。一位“居家丈夫”基于只适用于“家庭主妇”的法条,[51]诉求社会保障津贴。安特卫普劳动法院(Antwerp labour court)满足了其要求,并认为:在其他法律部门中,立法者最近制颁了许多制定法条款,其旨在追求男女的平等对待。[52]

这并不必然是此处掌握着解释的立法者之有意识的目的,而毋宁是假定了诸如此类的内容:立法机关的推定合理性和法律的功能性适用。用卡尔·卢埃林(Karl Llewellyn)的话来说:“保持我们法律的完整性,即一种运作的完整性(working whole),是最高法院职责的一部分。”[53]

这种宽泛的目的性取径的一个事例,是布鲁塞尔法院在司法裁决中须解释1925年3月10日的福利法案第76条——它是有关集体性公共福利服务(the communal Public Welfare Service)监护下的儿童问题的。法院在裁决中给出的理由,清楚地展现了这样一种取径——它要比文本得以比较的系统解释,或局限于被解释制定法特定目的的立法目的取径(legislative teleological approach)更为宽泛。法院推理的起点,是更一般化的“儿童利益”、家庭结构和我们社会中公共机构建立的监护组织。某些一般性的法律原则,从与这些领域——它们面对着社会现实(至少法官们认为如此)——有关的立法一般精神中推演出来,进而这些法律原则作为特定的制定法释义的主要语境而使用。[54]

---

〔51〕 1963年11月4日皇室法令第165条第1款第1项至第2项。

〔52〕 Arbeidsrechtbank Antwerpen, 26 June 1979, *Rechtskundig Weekblad* 1979－1980,1058.

〔53〕 K. Llewellyn, *Jurisprudence: Realism in Theory and Practice*, University of Chicago Press, Chicago, 1962, p. 229.

〔54〕 Trib. Bruxelles 20 January 1956, Journal des Tribunaux 1956, p. 673. 这种释义已被其他法院所仿效,例如 Rechtbank Hasselt, 9 December 1960, *Rechtskundig Weekblad* 1960－1961, p. 1106。

由于确定制定法背后的确切目的和当然的作为整体的法律系统的目的之时困难重重，以及由于该“目的”的性质不甚适用，法院在采用目的性方法进行解释时似乎享有较多的自由。依 150
赖于地方性的（大多数情形下是国家性的）法律文化，法官倾向于平义地（plainly）或者以非常谨慎的方式使用这种自由；但是，综观不同法律系统中的判例法，相关法官的个人观点也会起到决定性作用。[55] 然而，显而易见的是：这些观点中的一些完全是错误的，因为它们以对制定法文本（可能）“意义”的错误假设为基础。但是，就关切“确定性”的法官的心理需要来说，这些观点也是很有启发意义的——在这个意义上，它也阻碍了对那些显见“确定性”的可能虚幻特性（诸如文本的“显见字面意义”）的任何批判。

四、不同解释方法的权衡与使用

每个只使用单一解释方法的释义取径，都仅仅考虑了全部和相关文本语境中有限的一部分。法律所置于其间的语境不同，制定法的意义也会不同，甚至相反。在某一特定语境的同样部分中，其所坚持的解释方法不同，法律被赋予的意义也不同。

如果考虑选择的可能范围，在实践中，法院可以说享有极大的释义自由。

一般而言，可以认为：法律的历史性和目的性维度，强烈地影

---

[55] 例如，对英格兰而言，参见 J. Bell and G. Engle, *Cross on Statutory Interpretation*, 2nd edn, Butterworths, London, 1987, p. 68－111；关于加拿大：P. A. Côté, *The Interpretation of Legislation in Canada*, 2nd edn, Les Edition Yvon Blais, Cowansville, 1991, p. 315－344；关于包括美国、法国和德国在内的其他国家：D. N. MacCormick and R. S. Summers (eds.), *Interpreting Statutes. A Comparative Study*, Dartmouth, Aldershot, 1991。

响着制定法解释的范围。

的确,法律须拥有潜藏其后的立法目的。〔56〕 每一项立法,要么补充或修正现存的法律,要么是社会历史发展的结果。而且,如果社会趋势以合适方式加以调整,立法不断地调整以适应于该趋势就是必要的。

法律的历史性和目的性维度,也必然会使制定法的读者从语言学视角享有的解释自由在法律语境中变得更为广泛。

我们能够期待的、对法院在解释制定法时的形式要求,似乎只有三种能够表达出来:

151 (1)解释者须将制定法置于尽可能广泛的语境中;特别是,他须不仅考虑发出者的语境,亦要考虑接收者的语境;

(2)当接收者语境在任何方面似乎都具有相关性之时,制定法的意义须根据发出者意义与接收者意义之间的辩证互动来界定;

(3)解释者总须考虑制定法背后的社会目的。

而且,为了克服由某一制定法的发出者意义和接收者意义之间的矛盾而引起的冲突和困难,法院与立法机关之间应当通力合作。

制定法释义的所有难题,应依据法律系统中法院的作用来审视。

法官是法律系统中的一名决策者,即决定者。作为一名法官,他须与执行者合作以维护法律制定者所设定的社会秩序。通过解释自由,他享有相对于制定法的、作为法官的职能(capacity),即他确定着多少有点抽象的法律系统的确切范围;这使他以及立法

---

〔56〕 有启发价值的是:有时,记住这一点是恰当的,最显著的是在魁北克解释法案第41条规定:"每一个制定法条款,不管它是命令性的,还是禁止性的或惩罚性的,都将被视为有其矫正某种恶或促成某种善的目的。"

机关和执行机关能够从事政策工作——尽管是在不同的层面上。

在法律系统的组织机构内,在与立法者的关系中,法官被视为一名规则的**评判性承受者**(a *critical addressee of rules*)。作为制定法的接收者,他在其职能范围内是**一个规则承受者**,甚至在那些法律中所包含的规则本身并不适用于他自身的情形下亦是如此。而且,他是一名规则的**评判性**承受者,因为作为相对于立法者和主体(subject)之间关系,以及相对于诸主体之间关系的公道的局外人(outsider),为了能最好地实现立法机关所构想的法律秩序,他将根据真实情势来评估法律。在这一点上,应该指出的是:在履行其评判性任务时,法院同立法机关和其他法院持续地进行沟通;在实践中,还与法律学说,以及卷入争端的当事人及其律师(lawyer)进行沟通。

恰恰正是这种深入彻底的沟通,须构成反对对法律进行专断解释和适用的保护墙。

例如,为了促进这种沟通,对法院特别是最高法院来说,以下做法是明智的:不是将其理由陈述局限于一种形式上的陈述,而是通过使用深入彻底的论证,把它当作使卷入该案件的当事人和该审判的其他读者,确信其判决正确的一种努力。

关于法官的这种作用,以及法院与法律系统中其它行动者之间的沟通,我们稍后将讨论(本书第七章第六节)。

五、解释的选择即解释的对立 152

在有关法律解释的学术论著中,论者常常强调说:从统计学的意义上说,司法裁决在大多数情况下并不产生制定法解释的任何难题。[57] 在大多数情形下,制定法文本的意义是清晰明白的;这种意义不只是指普通(trivial)意义上的指向法官的那种平白(plain)的表面意义,还是较广范围的所有有关人等(当事人及其辩护律师,法官、学理性的法律著作等)都**同意**的、作为该文本"最终"或"真实"意义的那种表面意义。正如对医院的一次考察并不能提供该地区普通公民健康状况的正确图景一样,对疑难案件的一次学术讨论,也并不代表着该国日常司法实践中的法律适用状况。然而,万事都依赖于其呈现的方式。初看起来,解释似乎是法律实践中的例外活动,但语言学上潜在的意义分歧则是无处不在的。这种吊诡使我们假定:歧义丛生的解释之数量有限,并非首先源于有关制定法文本"真实意义"的经验证据不可辩驳,而毋宁是源于一种依据某种**共同背景**(*common background*)(语言学上的、文化上的、历史上的、意识形态上的)而形成的、有关某种理性甚或"显见"意义的**主体间性共识**(*intersubjective consensus*)。

的确,一种以方法论为基础的解释,似乎仅仅只能导致相当消极的结果:作为方法论研究的结果,表面意义是无效的,但这种研究也许永远都无法"证明"某一制定法文本的某种被主张意义的合理性。

通常,法官须作出解释的选择——有意识地或无意识地,情愿意地或不情愿地。

这些选择中的一些,是对立价值或原则之间的选择,一些则是指向——明示地或默示地——**每种**制定法解释基础的基本选择。

接下来,我将列出许多这种解释的对立。它们可以被区分为

---

[57] 例如,E. Bulygin,"Legal Dogmatics and the Systematization of Law" in T. Eckhoff et al. (eds.),*Vernunft und Erfahrung im Rechtsdenken der Gegenwart/Reason and Experience in Comtemporary Legal Thought*, Rechtstheorie Beiheft 10, Duncker & Humblot, Berlin, 1986, p. 197-198。

“一般性的解释对立”和更“具体的”解释对立。前者是法官每次进行法律解释时,在一定程度上都须作出的选择;后者则只是偶尔会发生,比如使用某种特定的解释方法时。

（一）一般性的解释对立

1. 法官的消极作用,抑或积极作用?

法律学说和法律实践的范式〔58〕,包含着某种有关法官与立法者之间劳动分工的理论。很粗略地说,至少在欧洲民法法系 153
(European civil law system)中,这意味着经民主选举产生的立法者确立并阐明一般性规则,而不具有“民主合法性”(democratically legitimated)的法官则受制于这些规则。对法官的较好定位,是在特定情形下适用这些一般性规则,并因此享有某种解释自由,但只是在非常有限的限度内享有这种自由。

与对制定法解释权力持很保守观点的另一名法官相比,如果某法官相当宽泛地理解这种解释自由甚或决策自由,这会使特定情形下的制定法产生一种完全不同的释义。

因而,法官自身对其作用的明示或默示认识,将影响且部分地决定他对法律的释义。〔59〕

2. 立法者的意志,抑或案件的充分解决?

基于法官得以产生的明示或默示的国家理论,以及法官对其作用的认知观念,法官常常须作出选择:要么遵循立法者的意志——即使这会导致特定情形下不充分(甚或不合理或不正义)的

---

〔58〕 关于范式的概念,参见本书第七章第七节第三部分。

〔59〕 对在当下通行范式下进行推理的大多数法官来说,已经是这种情形。对那些没有接受这部分通行范式的法官来说,更是这种情形,因为——例如,在20世纪最后几十年内,意大利的“权利的替代使用”(uso alternativo del diritto)、法国的**“左翼的法官工会”**(Syndicat de la Magistrature)成员,或其他国家法院中“评判性的法律人”(critical lawyer)的存在已经是这种情形。

结果;要么为了获得他须作出决定的案件的充分、公平的裁决,他(至少部分地)将立法者的意志弃之不顾。

3. 法律的确定性,抑或法律的公平性(equity)?

前文提到的立法者意志与案件的充分解决之间的解释对立,亦可用“法律的确定性”与“法律的公平性”之间的选择来表述。事实上,这种论据(argument)主要被用来保证制定法以其表面意义、而不是立法者的真正意志而适用。有观点认为:公民是基于该立法文本的显见内容而决定以何种方式行为;当法官没有以其“显见的”(表面)意义适用该立法时,他动摇了公民对该法律系统的信任。

这种论调(the argumentation)以及“法律确定性”与“法律公平性”之间的对立是虚假的。很少有人在做某事之前会首先阅读法律,甚或向律师咨询。人们的行为大多是依据其对有效法律的(有限)知识和其道德信念、公平感(feeling of equity)、理性(reasonableness)等。他们通常并不期待法官按字面意义适用法律,因为他们甚至不知道这些文本的存在。他们至少模糊期待的,是一个合
154 理(公平)的司法裁决;如果有任何理由,他们都会不得不在法院审判之前进行自己的审判。因而,从这个视角看,“公平性”与“法律确定性”就不是对立的。它们毋宁是同一事物(一个好的运行有效的法律系统)的不同方面。

4. 一般正义,抑或个体正义?

“立法者意志”和“特定案件的充分解决”之间的选择,亦是与两种类型的正义——一般正义(规范衡平)[general justice(Normgerechtigkeit)]和个体正义(个案正义)[individual justice(Einzelfallgerechtigkeit)]——之间的选择相联系的。

同等情形同等对待(treating equal cases alike),是正义的一个

基本原则。这一平等原则或非歧视原则,已被写入大多数宪法和有关人权的几个国际条约中。在某种特定案件中,为了作出他种决定而背离该平等原则,似乎会危及正义的原则,即人们理解的“一般正义”。

但是,公平似乎在法律上也具有重要价值。比起正义,公平旨在达致一个特定情形下的合理解决,而不真正考虑其他情形。因此,这种个体正义会与一般正义相冲突。

然而,有人也会怀疑两者之间是否存在一种真正的对立。如果特定情形下的司法裁决,对审判中的一方当事人是不公平(不合理)的,在所有其他类似情形下也同样如此。这意味着法院采用的是一种形式正义(formal justice)的理论,而没有顾及实质正义(substantive justice)。说它是一个较好的取径,至少不是显见的。

但是,如果司法裁决在特定情形下似乎是不合理的,而对其他类似情形的案件则是合理的,这仅仅意味着案件的情形不同而已。它们极可能相似,但是某些方面则不同。这意味着案件似乎是很具体的,在某一案件中所作出的裁决不应当与在其他类似、但稍稍不同的案件中作出的其他不同裁决相冲突。在此,不存在平等问题。但是,该裁决在今后真正可比较的案件中会作为一个先例(precedent)而使用。因此,至少对将来而言,一般正义的问题不会被排除。

但即使我们不得不将一般正义与个体正义之间的这种对立相对化,它在日常司法实践中也起着重要作用。比如,它意味着法官不应当过于从人的角度,而非法律的观点考虑要素的重要性。例如,如果法官允许某个女子可以不偿还债务,原因是其丈夫抛弃了她使其经济状况急剧恶化,从该女子的角度看似乎是公平的;然而,它会与债务人同等对待的原则相冲突,在一定程度上,亦与该债权人的个体正义相冲突。

155 (二)具体性的解释对立

1. 立法者的客观意志,抑或主观意志?

制定法的具体目的,取决于该法制颁时立法者的意志。然而,当该法案过于古老时,"历史上的"立法者的意志一般只会与司法实践有较少的关联性。特别是在情势变化的场合,法官受到历史上的立法者绝对意志的约束较少。作为历史和目的性解释的结果之一,人们阐释了某种新的立法者的"客观意志"。有时,这只是一种假定意志——它建基于立法者的假定合理性之上,而不是(比如)基于当下立法者的意志之上(正如在相关主题的晚近制定法中所表达的一样)。

无论立法者的"客观意志"是如何被发现或解释,在遵循历史性和/或目的性方法时,法官常常要在立法者的这两种类型的"意志"之间作出选择。

如果力主历史性的意志,人们常常会争辩说:立法者没有改变立法的事实,"证明"历史性的意志仍是有效的,而且改变法律不是法官的任务。然而,在实践中,显然没有立法者能不断地调整每一种法律调控。立法变更常常没有发生,仅仅是因为:在法律实践中,法院依据立法者的某种"客观意志"、而不是基于绝对的"主观意志"来解释制定法,因此,对法律变更而言,似乎并不存在任何迫切的需要。

2. 保守性的解释,抑或进取性的解释?

在系统解释的框架内,人们常常将其置于在另一时刻制颁的制定法文本的语境中,对立法文本进行解释。只要系统解释局限于同时制颁的某一制定法或某一法典,人们就会合理地认为可以获得潜隐于所有这些文本的目的的一致性。当不同制定法之间存在着重要的时间差(time-lag)时,这种情形较不明显,甚至显然不是这种情形。如果潜隐于不同制定法的诸目的之间存在某种显见或可能不同,法官将须在"保守性的"(静态的)解释和"进取性的"(动态的)解释之间作出选择:是较晚近的文本依据较古老的文本解释,抑或相反?

因此,我在前文中引证的一个司法裁决,是以严格方式进行解释——在该裁决中,劳动法被视为"普通"民法的"一个例外"(这是保守性法律解释的一个显见事例:19 世纪初期的民法打败了 20 世纪的劳动法)。

但是,比利时法院已经对 1804 年民法典有关家庭法的某些未变条款进行了解释,其依据是家庭法主体的许多重要的晚近立法 156
变革。因而,正如从同一领域的晚近制定法中看到的那样,他们根据立法者的当下意志解释了旧的制定法,在一定程度上对其进行了"变通"。同潜隐于 1804 年《拿破仑法典》的观点相比,从这些新的制定法中,人们可以推演出有关家庭,即有关男女之间的角色分工(division of roles)、关于"相关"家庭的范围(大家庭 *vs.* 父母加孩子的家庭)的完全不同观点。

3. 立法的公平合理性,抑或技术合理性?

在所有国家的判例法中使用的一个很普遍的(明示或默示的)假设,是对"合乎理性的立法者"的某种假定。在一定程度上,这种合理性的假定对各种沟通来说都是必要的:比如,如果人们不能假定语词以其普通意义使用,除非相反情形以某种或另一种方式出现,否则,沟通一般将会变得非常困难。然而,在解释法律时,立法者的这种假定合理性,往往会倾向于使法律系统比实际上更为融贯。由于法律系统的统一性被视为一项重要价值,法官有时尽可能通过制定法释义来实现。

然而,在实践中,两种相当不同的合理性概念会导致对同一文本的不同甚至相反的解释。

首先是“技术合理性”(technical rationality)的概念。该概念在使用的假定中出现,例如:

(1)“无论其在该立法的任何部分中使用,在某一制定法中界定的一个语词都具有该意义,除非在该法律中又给出了另外一种定义”;或

(2)“一个语词具有在普通语言中的意义,除非立法者用其他方式界定之”[60];或

(3)“如果立法者运用了两个不同的词,即使它们大体上同义,但仍然有不同的意思”;或

(4)“如果立法者废止了界定某一语词的制定法的一部分,该语词不再具有先前所界定的意义,且此后应以其普通意义阅读之。”[61]

平义规则也预设了一种技术合理性,甚至预设了一个总是能在清晰明白的文本中完美地表达其意志的完美立法者。

技术合理性立法者的假设,也会在法律系统被假定的逻辑融
157 贯性层面上出现。它是大多数“逻辑”推理——如“例外情形的限制性释义”、**反面**推理和**确证**推理——的基础。

显而易见,这技术合理性假设只有当不存在对案件正确性(correctness)的怀疑时始能派上用场。这些怀疑有时来自这一制定法释义的不公平结果。当解释者感到这种解释的结果不恰当之时,他总是要通过使用立法者的公平合理性(equity rationality)假设

---

[60] 在比利时的判例法中,该规则被普遍接受与应用。

[61] 比如,在查浦曼诉科尔克的案例(*Chapman v. Kircke*,[1948]All ER,556)中,该规则被英国所采用。

而达致相反的结果。

对立法者**公平合理性**的假设，源于这样的理念：立法者是“正义的”，即“理性的”“公平的”，因此立法者想得到对法律问题的不正义即不合理解决，是不可想象的。基于对立法者技术合理性的假设，我们可以得出这样的结论：制定法的释义会导致一个不公平即不合理的结果——从这种视角看，也“证明”这种解释是不正确的，因为它与立法者的真实意图不相符合。

4. 法律多元主义，抑或法律系统的统一？

在立法的（完美）融贯性概念中，整个法律系统逻辑上的统一和价值论上的统一，似乎必然会从立法者的技术合理性概念中产生。然而，情形并非必然如此。即使从这种技术合理性的假设出发，我们也可能接受法律系统内的某种多元主义观念。比如，在欧洲大陆（西欧）的大多数法律系统中，潜隐于民法下的（自由主义）意识形态与潜隐于劳动法下的（社会主义）意识形态之间，有着重要而明显的差别。事实上，在法律的这两部分之间，常常只有很少的融贯性：无论是在价值论层面（潜隐的意识形态化的基本原则），还是在术语使用层面，都是如此。这种融贯性是否曾经达致，是很令人怀疑的。

如果我们将技术合理性的假设限定于法律系统的一部分，这会有一个更多元化的基础；而且，我们也可以避免得出诸如前文谈到的“民法是规则，劳动法是例外”此类相当荒谬的结论。

5. 技术性漏洞，抑或评价性漏洞？

法律中的“真正”漏洞（gaps）很少出现。从某种意义来说，一个案件的法律解决方法总是可以找到的。

正如我们在前文中看到的，大多数法律系统闭合于第三个层面；无论何时发现法律中的漏洞，法官一般享有完整的权力来作出决定。当然,这种解决方法已经预设了“漏洞”的存在。这是解决漏洞问题的方式,而非避免它的方式。

然而,立法中的表面漏洞常常由法官来“弥合”,弥合的方式是
158 使用诸如“一般法律原则”等其他法律渊源,或解释立法——比如,通过使用类比或目的性取径;通过这种方式的使用,“漏洞”得以消除。在这种情形下,(技术性的)漏洞存在于在法条(statutes)中,而非法律(law)中。

漏洞的消除,也可以通过在第二个层面上闭合法律系统之规则的使用而实现。因而,如果在刑法中存在漏洞,比如,有关计算机犯罪的漏洞,这仅仅意味着立法者尚未以适当方式对现代技术的道德上和社会上的不合理使用加以调控,这亦意味着立法者应当尽早为之是明智之举。然而,从当下有效的实在法的观点看,根本不存在任何漏洞。由于“**法无明文规定不受罚**”(*nulla poena sine lege*)规则的存在,法官将不得不得出结论说:没有实施犯罪,因而被告须被宣告无罪。

立法中的技术性漏洞,不通过其他法律渊源或法律解释而加以解决是十分罕见的。立法中“纯粹”漏洞的一个事例,是某一法条为所有公民强施了一种携带其身份证的义务,而又将身份证派发形式的决定权留给了政府部门;但直到现在都不能依据这一法条进行裁决。[62]

正如漏洞可以通过运用一般性法律原则,或者基于制定法或作为一个整体的立法(的一部分)之目的某种释义而“规范性地”得到弥合一样,漏洞亦可由解释者用类似方法以“规范的”方式创造出来。在法律实践中,这种“评价性漏洞”(evaluative gaps)比纯粹

---

〔62〕 安杰伊·格拉博斯基(Andrzej Grabowski)提出的事例。

的技术性漏洞更为重要。

正如(上文)刑法中的“漏洞”所显示的,“存在一个漏洞”的结论常常意味解释者对严格以其表面意义而适用感到不合适。比如,如果某人被指控“每天早晨都吃早餐”,没人会认为法律有漏洞,因为没有任何调整“吃早餐”的刑事规范。但如果有人借助其个人电脑和公共电话线闯入国防部的电脑,破坏或改变至关重要的军事数据,具体规范的缺乏就会被认为是一个“漏洞”,虽然严格说来不存在任何漏洞。而且,在实践中,人们常常会经由解释和类比的努力来“弥合”这种自生的(self-created)漏洞——即使这种释义在刑法上是被禁止的。[63]

一般来说,解释者每次得出结论或只是猜想说立法者制颁法律时没有考虑到特定的情形,他会得出法律中存在“漏洞”的结论。解释者会认为,制定法文本表述得太狭窄或太宽泛,如果立法者当时能意识到现在出现的问题,他会为这些情形制定出一个具体的
规章或例外规定。这种推理非常接近于这种情形,即始于立法者 159
公平合理性假设的情形。

如果一名法官只把纯粹技术性漏洞当作(真正的)“漏洞”,其解释的选择将比他明示或默示地、有意或无意地认为在法律中“创造”评价性漏洞是可以接受的时更受局限。

6. 例外的限制解释,抑或“特别法优于普通法”?

当讨论系统解释方法时,人们提到了这样一个规则:“例外”应当以限制的方式来解释。

这一“规则”必然会产生几个问题:什么是“规则”?什么将被

---

〔63〕 比如说,Kerchove 对比利时判例法的分析中就表明了这一点。(F. Ost and M. van Kerchove, *Entre la letter et l' esprit. Les directives d' interprétation en driot*, Bruylant, Brussels, 1989, p. 149-223.)

视为“例外”？或毋宁是一个新的规则？如果存在例外的例外而需要使用更一般化的规则时，作为一种例外，它将以限制的方式解释？或毋宁是在其广义上，作为更一般化的规则而适用？

而且，它与系统解释中的另外一个规则相冲突：“**特别法优于普通法**”（*Lex specialis derogate generali*），即具体规章比一般规则更具优先性。该规则建基于这样的假设，即具体规章比一般规则更能适应眼下的具体案件。

不可避免地会导致相反解释结果的这两种取径之间的选择，在一定程度上与“一般正义”和“个体正义”之间的选择相似。从尽可能保持主要规则（the main rules）的一般性的视角看，力主法律系统的统一性和简易性（simplicity）有减少法律系统复杂性的优点。从个案（individual cases）的最充分（“合理”“公平”）解决的视角看，力主规章对每个具体案件的良好适应（well-adapted）则具有优势。

7. 类比的，抑或反面的？

严格说来，**反面**推理只有在推理所赖以为基的制定法文本明确排除对不可预知情形（unforeseen cases）的类推适用时才是有效的。比如，如果某一法律规定**只有**物的所有者始有权做某事，人们从**反面**就会得出结论说承租人无权为之。

然而，**反面**推理常常适用于下列情形，比如，当法律只是表述说“所有者有权……”而没有明确排除其他人时。有时，可以合理地假设其他人或情形被隐而不显地排除在外了；在这种情形下，反面推理将被证明是正确的，因为我们可能、甚或应当这样阅读该法
160 律，似乎那里写着“**只有 X** 才有权……”然而，在其他情形下，立法者是否真的想排除所有其他人或情形根本就是模糊的，甚或毋宁是很令人怀疑的。在这些情况下，**反面**推理的基础就很薄弱，采用

类比推理可能是好的方法,甚至是更好的。有人会认为,立法者所想到的只是规则所适用的最常见的人或情形,以及/或他没有真正意识到现在所考虑的类型(毫无疑问,它们是法律制颁时并不存在的情形)。在此,解释者创造了一个评价性漏洞,而该漏洞将会被类比解释消除。

使用类比推理时,解释者的选择常常是要得出这样的结论:从这一特别的、对法律适用而言不可或缺的观点看这些情形是相同的。比如,如果某一制定法规定"所有年满 18 岁的年轻人都有服兵役的义务",人们就会问该法律是否适用于女青年。使用**反面**推理,显然不适用。但是,人们会争辩说:男女平等是现代欧洲法律系统的基本原则,因此,依据该原则,通过类比方法解释该法律进而认为它对男女平等适用就是合适的。

第五节　法律原则与解释

一、法律原则与法律规则

法律原则与规则的区别,是当今法律理论中的核心论题。潜隐于成文法中的不成文原则特别受关注。在其对法律实证主义、特别是弱式的哈特版法律实证主义的批判中,罗纳德·德沃金(Ronald Dworkin)认为:如果人们将自己限定于对规则的研究,就不能充分地理解法律系统——因为当其与一般法律原则相冲突时,规则有时会被撇在一旁。[64]

在本节中,我们将研究不成文的一般性原则在司法裁判中的作用,以及它们与制定法解释的关系。我们花些注意力来区分"规

〔64〕 R. Dworkin, *Taking Rights Seriously*, Duckworth, London, 1978, p. 22.

则”与“原则”。

在法律实践和法律著作中,原则的概念歧义丛生。[65] 在我们讨论的语境中,法律原则可以被界定为用一般性术语表达的规范,即其有宽泛的范围,并将那种对整个法律系统或其部分而言较为基本的价值转化为法律规则。法律规则有很多,但是法律原则的数量则是相当有限的。原则常常用模糊的术语表达,诸如“善意”“法律安全”“公正审判”——这些术语转而指涉通行的道德价
161 值观和世界观。在实践中,在究竟具体到何种程度始能被视为“规则”与概括到何种程度始能被视为“原则”之间,并没有明确的界限。它是一个渐变的问题。

一些原则被明确地规定在成文法之中,特别是在那些调整宽泛法律领域的法典中。

一些原则有悠久的学理传统(doctrinal tradition),常常表现为拉丁文的法言法语。它们的法律地位常常并不明确。有时,它们可以在制定法中找到,或至少为一个或多个制定法条款所支持——比如,大多法律系统中的“**疑罪从无**”[*in dubio pro reo*(假定被告无罪)]原则。有时,它们会被制定法条款或法典明确拒绝而不能被视为该法律系统中的有效原则。有时,有些原则是指导法律解释与适用的基本原则(rules of thumb),比如“**母亲永远是确定的**”(*mater semper certa est*)或“**解释止于明白**”(*interpretatio cessat in claris*);但正如这两个例子所显示的,它们并非必然是真实的陈述——它们常常不是关于法律的陈述,而毋宁是关于(法律)科学的陈述,因此也不是严格意义上的“法律原则”。

自20世纪后半叶以来,欧洲大陆法院也采用了“不成文的法

---

〔65〕 例如,参见 M. Atienza and J. Ruiz Manero, *A Theory of Legal Sentences*, Kluwer Academic, Dordrecht, 1998, p. 3-4。

律原则”,它们不属于任何前述的范畴。它们可以在制定法中找到某种有限的支撑,却并非根植于法律格言所具有的法律传统,或者它们根本没有任何这种支撑,而直接指涉当下的非法律价值。

下文中,我们将讨论这些默示的“不成文”法律原则,它们在过去几十年逐渐为法院所接受。

二、司法裁判中的不成文法律原则

不成文的一般法律原则的使用与制定法解释密切相关,这些原则被法院接受为一种法律渊源,但其本身在制定法或任何正式的法律渊源中并没有得到确认。

在过去几十年中,一些欧洲大陆国家的法院开始明确表述并使用“一般法律原则”来填补法律中的漏洞[66],甚至“矫正”成文法。我的以下论述,正是始于这一迹象。

在大多数法律系统中,即使在现行的法律中没有可资适用的法律规则,法官也有对案件作出裁决的某种正式义务。[67]

有时,立法者会提供某些关于面临法律系统的漏洞时,法官如 162

---

〔66〕 在比利时,始于 1950 年 1 月 10 日最高法院的判决;在法国,始于 1945 年 10 月 26 日最高行政法院(Conseil d' Etat)的 *Aramu* 判决;在荷兰,始于 1963 年 1 月 20 日的法案,该法案授权最高法院(Hoge Raad)不仅可以适用制定法,而且可以适用更一般性的“法律”。

〔67〕 比如,《法国民法典》第 4 条规定:“法官借口法律无规定、不明确或者不完备而拒绝审判者,得以拒绝审判罪追诉之。”(Le juge qui refusera de juger, sous prétexte du silence; de l' obscurité ou de l' insuffisance de la loi, pourra être poursuivi comme coupable de déni de justice.)《瑞士民法典》第 1 条规定:“凡依本法文字或释义有相应规定的任何法律问题,一律适用本法。无法从本法得出相应规定时,法官应依据习惯法裁判;无习惯法时,依据自己如作为立法者应制定的规则裁判。在前一款的情况下,法官应依据公认的学理和惯例。”(La loi régit toutes les matières auxquelles se rapportent la lettre ou I' esprit de I' une de ses dispositions. A défaut d' une disposition légale applicable, le juge prononce selon le droit coutumier et, à défaut d' une coutume, selon les règles qu' il établirait s' il avait à faire acte de législateur. Il s' inspire des solutions consacrées par la doctrine et la jurisprudence.)

何决定的指导或指示。间或,这些规则也会明示或默示地涉及不成文一般法律原则的使用。

比如,《葡萄牙民法典》第 10 条第 3 款就规定了法官"根据法律系统的精神"(espirito do sistema)像立法者一样进行立法的指示。这隐而不显地涉及了一些一般法律原则。

在意大利,法律的一般规定(the Provisions of the law in General)表述得更清晰明了:

在解释制定法时,除了基于语词间的关系而获得的语词之真实意指和立法机关的意图可以赋予其意义外,不能赋予其他任何意义。如果某一争议不能由某一确切的条文解决,考虑调整相似情形或类似事物的条文;如果仍存疑问,根据维护国家法律秩序的一般原则作出裁判。

在国际法规则中,人们可以发现一个该原则的有趣变体(variant);它并没为法官授予一种形成一般原则,并将其适用于具体案件的普遍权力,但是却涉及国家法律系统的共同原则。

比如,为了确定欧共体对其雇员的非契约责任,《1957 年欧洲经济共同体条约》(EEC Treaty)第 215 条就明确提到了"成员国法律所遵循的共同的一般原则"。

《国际法院规约》(*the Statute of the International Court of Justice*)第 38 条,更一般性地将"由文明国家所承认的法律的一般原则"作为国际公法的一个渊源。

以成文法来看,一般法律原则乍一看似乎在欧洲法律中比在国际公法中的范围更狭窄。然而,在实践中,情形恰恰相反;由于世界法律系统和法律原则的多样性,人们几乎无法期望国际法院在许多共同原则上达成共识——当然不是在其认识到整个国际政治背景和国际法院所起的有限作用时。但是,一般法律原则在欧盟法院的裁判中所起的作用,已经变得比基于欧洲共同体条约第215条的有限范围而产生的期待更为重要。正如在欧洲国家法律系统中一样,欧盟法院形成并运用一般法律原则来弥补欧盟法的漏洞。由于这些原则部分地从那些国家法律系统,而非从欧盟成文法的要素中推演出来,法律原则得到广泛的运用。〔68〕

然而,在大多数(国家)法律系统中,诸如法国、德国、荷兰或比利时,没有制定法规则来引导法官弥补法律漏洞。正是在这些法律系统中,法院对不成文法律原则适用的日益增长最精彩纷呈,也最发人深省。 163

在实践中,为弥补法律系统漏洞而产生的对不成文法律规则的司法适用,已经演化为对一整套这种不成文法律原则的接受——它们不仅被用来弥补法律中的漏洞,而且被用来限制和缩小制定法中明确表述的法律规则的适用范围。这种司法实践主要产生了两个问题:

第一个问题是,当其本身不能从任何正式的法律渊源中找到时,法官从何处找寻这些法律原则?

第二个问题是,当由于成文法与相当模糊的一般原则(其本身从未被立法者所明确表述)相冲突而限制其适用时,这些法官如何证明其实践的合理性?传统法律解释与不成文法律原则适用之间的关系是什么?

另外需要考虑,是如何解释法院适用不成文法律原则范围的扩大趋势。

最后,应该考量的是,适用不成文法律原则的司法实践,在多

〔68〕 H. Kötz, "Allgemeine Rechtsgrundsätze als Ersatzrecht", (1970) *Rabels Zeitschrieft für ausländisches und internationales Privatrecht* 671.

大程度上符合法院法律适用的融贯性理论。

三、不成文法律原则的类型

一般来说,人们可以区分出法院适用的两种不同类型的不成文法律原则。一种是从成文法中推演(或至少被宣称溯源于此)出来的可称为“默示”的或“结构性的原则”(structural principle)[69];另一种是不能从现实法律系统中推演出来的“(纯粹)意识形态性的原则”,它们涉及当下社会中关于道德、政治或其他非法律意识形态的主流信仰。

(一)结构性的法律原则

在一定意义上,结构性的法律原则是法律系统或其某一部门法之逻辑结构的隐形公理(hidden axioms)。对该法律系统的(最佳)融贯性来说,对它们的接受是必要的,或者至少是可欲的。这些原则隐而不显地存在于法律系统中,即使立法者从未清楚地意识到它们的存在。

下面是一些例子:

164 (1)在诸多欧洲国家中,“善意”这一一般原则已从一个或多个具体规则中推演出来,如善意履行合同的义务。[70]

(2)合同或国际条约的约束力,可以从这些合意的性质中推演

---

〔69〕 该术语已被欧盟法院所使用;当其指涉欧盟法的一般原则时,它被考虑用来弥补欧盟法的漏洞(1981 年 5 月 5 日的法院判决)。

〔70〕 在意大利,已经是这种情形——在那里,善意的一般原则已经从民法典第 1337 条明确表述的规则与民法典第 128 条和第 1192 条中推导出来。[E. Pattaro, La completitud de los ordenamientos juridicos y los“principios generales del ordenamiento juridico del Estado”, *Anuario de Filosofia Juridica y Social*(Buenos Aires), 1986, p. 204-305.]在比利时,同样的规则规定在民法典第 1134 条,也已被法院一般化。在芬兰法中,善意的一般原则也已从合同法中的善意原则中推导出来。[A. Aarnio, “Taking Rules Seriously”, in W. Maihofer and G. Sprenger (eds.), *Law and the States in Modern Times*, Steiner, Stuttgart, 1990, p. 183.]同样的情形也发生在德国——在那里,该原则建基于《德国民法典》(BGB)第 242 条之上。

出来。在民法中,这种约束力是合同在我们的社会中或者更具体地说是在我们的经济系统中发挥作用的必然结果。在国际法中,“**协约应当遵守**”(*pecta sunt servanda*)原则可被视为逻辑上必然的先验之物(a logically necessary a priori),它内在于“条约”这一概念之中。在一定意义上,它是国际法的**基本规范**(*Grundnorm*)。

(3)法官的公道性或不偏不倚(impartiality),可以从司法功能的本质中得出。

(4)禁止玩弄法律于股掌之间(take law into one's own hands),可以从法治的概念中推演出来,进而亦暗含于对法律实施之权威性的垄断中。

(5)禁止经济歧视和经济自由的原则,可以从欧盟法律秩序的基础中得出。

(二)(纯粹)意识形态性的法律原则

在前文提到的结构性原则的例子中,其中的一些有显见的意识形态化性质(如善意原则)。然而,它们是结构性的原则,因为它们能在法典或制定法中找到“制度性支持”(institution support)〔71〕。人们可以认为:一般性的原则至少要由于立法者已在一个或多个具体规则中使用而被他默示地接受。

纯粹的意识形态性原则,没有获得那种制度性的支持,它们是法院对非法律价值或规范的适用。

比利时法中的一些例子是:

(1)禁止权利滥用的原则;

(2)权力当局自由裁量权的合理使用原则;

---

〔71〕 关于“制度性支持”的概念,参见 A. Aarnio,“Taking Rules Seriously”, in W. Maihofer and G. Sprenger (eds.), *Law and the States in Modern Times*, Steiner, Stuttgart, 1990,对 Hannu Tolonen 的引证。

(3)法律安全原则。

在欧洲层面上,人们可以提及欧盟法中的平等原则。[72]

165 在实践中,意识形态性原则一般仅被用来限制一些法律规则的适用。它们"矫正"这样一类规则的适用:在某些具体的情境下,当其与某种共同接受的意识形态观点相比较时,它们被认为是明显不公正的,即不合理的、不能接受的。唯有当其**明显**与**普遍**接受的某一道德或政治原则相冲突时,法律规则始被撇在一旁,并始能以某种新形成的一般性法律原则的形式适用非法律的原则。

但是,结构性的法律原则常常有着更广的适用范围。这使之成为一种**导引性原则**(*guiding principles*),而意识形态性法律原则常常作为**矫正性原则**(*correcting principles*)发挥作用。

在试图解释法院使用不成文的一般性法律原则的兴起及其当下作用之前,我们需要将这一惯例同更传统的法律解释惯例进行比较。

四、法律原则与制定法解释

(一)类比解释

人们可以认为:类比解释不过是未言明的(unuttered)一般性法律原则的一种掩饰适用。当使用类比推理时,解释者将某一法律规则适用于某种情形——该情形本身并不属于该规则的适用范围,但在要点上与该规则明显能适用的情形相类似。换言之,从一个明显能适用该规则的情形中,人们得出一个更具有一般性的法律原则,并通过下一步骤将该原则适用于该规则原本不适用、但被

〔72〕 对大多数欧洲国家而言,该原则都是在正式法律渊源中规定下来,特别是在《欧洲人权公约》第14条。只有在欧盟法律系统内,它才是意识形态化的原则——只要欧盟没有正式地受制于该公约。

认为与第一种情形相类似的情形。[73]

比如,在 12 世纪,注释法学家(glossators)就从类比推理中获致了一般性的法律原则(*regulae iuris**)。帕特罗(Pattaro)从博洛尼亚(Bologna)杰出的注释法学家之一布尔加鲁斯(Bulgarus)那里引用的一个例子是:鱼属于捕鱼人,自由生活的动物和鸟类被猎人捕捉后就属于他。从这些类似的情形中,注释法学家得出一般原则:无主物(*res nullius*)是首先取得它的人的财产。[74]

一般来说,我们可以得出这样的结论:类比解释是传统上使用最广泛的弥补法律漏洞的技术。[75]

在德国法理学中,论者区分了"法条类推"[statuary analogy (*Gesetzesanalogie***)]与更具有一般性的"法律类推"[legal analogy (*Rechtsanalogie****)]。 166

"法条类推"意指从某一单个的制定法文本出发进行的类比推理,而"法律推理"则意指通过从数个法律文本中获致一个更具有一般性的原则所进行的类比推理。[76] 特别是后一种取径(在使用结构性的原则时)与"法律原则推理"(legal principles reasoning)极

---

[73] W. van Gerven, *Beginselen van Belgisch Privaatrecht Algemeen Deel* (Antwerp, 1969), p. 58; P. Foriers, "L' interprétation par analogie en droit belge", in *La pensée juridique de Paul Foriers*, Brussels, 1982, Vol. Ⅱ, p. 817 and 818; R. Zippelius, *Einführung in die juristische Methodenlehre*, München, 1971, p. 74; P. Gérard, *Droit, égalité et idéologie. Cotribution à l' étude critique des principes généraux du droit* (Brussels, 1981), p. 184.

* 拉丁文,"法律原则"之意。——译者注

[74] E. Pattaro, "Les principes généraux du droit entre raison et autorité", in P. Vassart (ed), *Arguments d' autorité et arguments de raison*, Brussels, 1988, p. 282. 也可参见 P. Stein, Regulae iuris: *From Juristic Rules to Legal Maxims*, Edinburgh, 1966, p. 49-130。

[75] P. Foriers, Brussels, 1982, Vol. Ⅱ, p. 817。也可对比前引意大利法律的一般规定第 12 条。

** 德语,可译为"法条类推"。——译者注

*** 德语,可译为"法律类推"。——译者注

[76] J. Esser, *Vorverständnis und Methodenwahl in der Rechtsfindung*, Frankfurt, 1972, p. 185.

为相似[77]——尽管(结构性)原则有时也来自某一单个的制定法规则。人们事实上可以质疑:至少在那些关切结构性原则的法院那里,通过使用更传统的类比解释,而不是引入一种新的法律渊源,它们是否本不能够达致相同的结果?如果答案是肯定的,人们不得不接着质疑:与传统的解释方法论相比,这种新取径有何优点?这个问题将在下文讨论(第七章第五节第八部分)。

(二)目的解释

在类比推理和目的性解释情形下,人们都要寻找更抽象的目的。在这个意义在上,两者十分接近——类似之处可在(共同)目的的这一更抽象层面上找到。

尽管规则的目的不同于潜隐于规则之后的原则的目的,但它们都位于规则之上或背后的元层面(meta-level)。在这两种情形下,这种元层面的信息都被用来形成一个具体规则。

正如我们前文已经看到的,在目的解释方法中,人们可以区分出"主观的"或"法条的"目的(*Gesetzesteleologie*)与更广泛的"客观

---

〔77〕 指出这一点是饶有兴味的:在《德国民法典》(BGB)导言部分(Allgemeiner Teil)第一稿草案第一节(s1)中写道:对于法律没有包含任何规则的情形,那些适用于法律上类似之情形的规则可以以类推的方式适用(Gesetzesanalogie);在缺少这样的规则时,应当根据反映了作为整体的法律体系之精神的诸原则进行裁决。[对于法律没有包含任何规定的情形,为类似法律的情形所作的规定得以相应的适用;在缺少这样的规定时,由法律秩序的精神所产生的原则就是具有权威性的。(*Auf Verhältnisse, für welche das Gesetz keine Vorschrift enthält, finden die für rechtsähnliche Verhältnisse gegebenen Vorschriften entsprechende Anwendung. In Ermangelung solcher Vorschriften sind die aus dem Geiste der Rechtsordnung sich ergebenden Grundsätze massgebend.*)]在解释性备忘录中,又补充规定:"因此,判决应当是从总体的法、同时作为一个整体理解的法的精神中推导出来的(法律类推)。"[*so ist die Entscheidung aus dem Geiste des gesammten, als ein Ganzes aufgefassten Rechtes abzuleiten*(*Rechtsanalogie*).]在第二稿草案中,两个有关"法律规范"的一般性规定被略去了,因为它们被认为是显然的,因而是多余的。(Mugdan, B., *Die Gesamten Materialien* zum Bürgerlichen Gesetzbuch für das Decutsche Reich, Vol. 1, *Einführungsgesez und Allgemeiner Teil*), Berlin: Decker's Verlag, 1899, reprint Aalen: Scientia Verlag, 1979, p. LII, 365 and 568。

的”或“法律的”目的(*Rechtsteleologie*)。[78]

使用主观的目的性方法时,制定法文本背离了立法者制颁该文本时的具体目的,即背离了法案的一般性目的和/或与被解释条款有关的目的。

使用客观的目的性方法时,解释者不是关注立法者的具体意图(它是制颁时的产物),而是关注更抽象的、源于整个法律系统或其某一部分的目的和原则;解释者把这些目的和原则与当下社会中的主流意识形态联系起来。 167

尽管主观目的性解释的运用可以与一般性法律原则没有任何直接关联,但客观目的性解释却不存在这种情形。

客观目的性方法,几乎无法与法院对一般性原则的现时表述和使用区别开来。

借用德沃金关于“政策”与“原则”[79]的区分,可以得出这样的结论:主观目的性解释是把法律文本置于“政策”或立法者的具体目的的语境中,而客观目的性解释则倾向求助于原则,较少考虑具体的政策或特定历史时期的立法者的目的。

五、法律文本、规则、原则与政治理论

就像在前文所强调的,法律规则和法律文本不能等同。文本提供了关于规则的信息,但并不是规则本身。这恰恰是为什么解

---

〔78〕 M. Van Hoecke, *Norm*, *Kontext und Entscheidung*, Acco, Leuven, 1988, p. 204－211.

〔79〕 德沃金将一项法律原则界定为“某个应当被遵守的标准,不是因为它将促进或保证了某种被认为具有可欲性的经济、政治或社会情势,而是因为它是正义、公平的要求,或者某种其他维度的合道德性的要求”。他给出的原则的例子,是“任何人都不应从自己的错误中获利”。但是,一项政策是“设定了将要达到的某个目标的某种标准,即共同体在某种经济、政治或社会状况方面的某种改善”。例子是减少交通事故数量的举措。R. Dworkin, *Taking Rights Seriously*, Duckworth, London, 1978, p. 22.

释制定法文本时会产生一个偏离该文本的结果甚或与其表面意义相反之结果的原因。

当然，对某一法律系统来说，在立法者意欲制定的规则与当下法律人读出的表面意义之间，获致某种最大限度的融贯性是可欲的。然而，部分是因为社会的发展和立法数量的庞多，我们从未达致这种完美状态。

就像我们需要在法律规则和法律文本之间具有良好的融贯性一样，法律规则也要与更基本的法律原则融洽无间——这些法律原则是法律概念、部门法或整个法律系统的基础。

法律原则也不能是专断的。这些原则之间也应该融为一体，即它们应该符合一种无矛盾的（non-contradictory）政治理论的融贯意识形态。这种理论不仅应包括许多相互兼容的原则，也应包括一些指示两个原则在具体情形中相互冲突时如何选择的元原则（meta-principles）。

一个例子，就是尊重国家主权原则和尊重人权原则之间的平
168 衡。比如，当其适用于对民族国家由于压迫少数民族所进行的国际干预时，这两个原则就是冲突的。在国家法律系统内，言论自由原则与隐私权有时亦会发生冲突。

这些原则在一个共同体中被广泛接受是不够的；在发生冲突的情形下，人们需要一个新的、能决定何种原则在具体案件下具有优先性的元原则。但是，这些常常是棘手情形（hard cases），人们难以为之找到某个共同接受的元原则。然而，这个难题是不可避免的。如果对元原则问题没有明确的答案，人们至少应当从共同接受的“程序性原则”（procedural principle）出发——比如，这意味着要使用被认可作为实践中的决策基础的法律原则，或者采用最融

贯的理论。[80]

六、作为“一般法”(*Ius commune*)的一般原则

作为一种新的法律渊源,一般性法律原则的兴起有时被解释为某种自然法复兴的表征。在保罗·奥利安(Paul Orianne)看来,这是自然法失败后的一个替代品,但这是在实在法体系内的替代。[81] 沙伊姆·佩雷尔曼(Chaïm Perelman)认为,这可以解释为“二战”后法院一种反实证主义的反应。[82]

这是否应被视为诸多欧洲国家司法实践中法律原则兴起的主要理由,是令人怀疑的。在我看来,它更多的是解释人权在当下政治和法律实践中之重要性的一种方式。自19世纪的法典化以降,自然法在法院裁决中从没有起过直接作用。但是,作为法律系统之合道德性的试金石,一般性法律原则现在并没有发挥出关键作用。至多,意识形态性法律原则仅仅是使某些法律规则的(表面)适用范围变窄。结构性的法律原则事实上并不可能与法律系统发生冲突,因为它源于该系统的部分要素。但是,**人权**正日益起着那种关键作用。即使人权已成为实在法的一部分[比如,《欧洲人权公约》(the ECHR)的情形],它们事实上正作为一种自然法体系而发挥作用。**人权**事实上被认为是与生俱来的,即它是先验存在的,独立于某种立法者的意志或善行。它们是当下人们批判政治、法律制度(legal system)和政治、法律实践的自然法基础。与一般性法律原则的实在法地位相比,人权被规定在国际条约中的事实,具有更多的象征价值和政治价值,及相当微弱

[80] 比较 A. Aarnio, “Taking Rules Seriously”, in W. Maihoffer and G. Sprenger (eds), *Law and the States in Modern Times*, Steiner, Stuttgart, 1990, p. 13。

[81] P. Orianne, *Introduction au système juridique*, Brussels, 1982, p. 75.

[82] C. Perelman, *Logique juridique. Nouvelle rhétorique*, Dalloz, Paris, 1976, p. 137.

的实在法地位。

169 即便如此,人权与一般性法律原则还是并行不悖。晚近几十年,法院为了使成文法变得完善、老到(sophisticate)并对之予以矫正而日益表述并适用这些原则的事实,意味着这种惯例填补了一定的需要。究竟是何种确切要素影响着这种惯例仍不明朗,但它的确在某种程度上迎合了某种人们对法律之伦理框架(ethical framework)的复兴需要。当然,毋容置疑,人权重要性的增长就表明了这种情况;但意识形态性的法律原则以及具有伦理负载的(ethically laden)结构性法律原则(如善意原则)在一定程度上亦是如此。

然而,结构性法律原则的发展,并不能用这种伦理上的复兴来解释。一个较受欢迎的假设,是把法律的碎片化(fragmentation)看作(结构性)法律原则兴起的主要理由,因为规则数量的增加不可避免地导致规范冲突数量的增加,进而产生了对解决这些法律冲突之评判标准的需要。经由这种**一般性**法律原则,一种新的一般法在国家层面发展起来,使很大程度上碎片化的法律重归统一。

在19世纪的法典化时代以前,在大多数欧洲国家,正是罗马法在分裂的(fragmented)地方性习惯法中扮演着某种统合角色。罗马法包含广泛且统一的概念和原则。在地方性习惯减损了这些统一的概念和原则的情况下,它们在严格意义上得到解释。[83]

法典化,特别是1804年的《法国民法典》是对习惯法、罗马法和资产阶级革命后产生的新原则的某种综合。自此以降,主要的法律原则在历史上第一次在立法(更确切地说在法国民法典)中规定了下来。

---

〔83〕 W. J. Zwalve, Interpretatieproblemen vóór de codificatie, in *Liber Memorialis François Laurent*, Brussele, 1989, p. 447-464.

立法与法典并行增长,诸如劳动法等带有自身特点和某种不同意识形态的新法律部门的分离,已经使得将民法典作为协调所有法律的**一般法**愈加困难。

因此,在20世纪(下半叶),一种新的**一般法**以一套——仍在成长和变得精巧的——一般性法律原则的形态发展起来。这些法律原则现在作为“闭合规则”发挥作用,即作为保证法律系统的融贯性和完整性的规则而发挥作用。胡博兰特(Huberlant)写道:

> 因此,在某一法律系统的诸多规则之间,不但存在某种消除矛盾的融贯性,抑且存在某种源自一般精神的和谐——这种一般精神掌控着法律系统,并通过各种被选择解决方案的一致性(concordlance)而显现着自身……因此,正是法律系统的和谐,证明了法官取径的合理性——即使这些原则并未表达在任何文本中,法官仍认为自己处于一个从组成该法律系统之具体规则攀升(ascend)至该法律系统之潜隐原则的位置;并且,正是为了维持法 170
> 律系统的和谐,并为了助益于法律系统的详细阐释,法官在文本阙如的情形下,可以直接援用这些一般性原则。[84]

---

[84] “il y a donc entre les règles d' un même système de droit non seulement une cohérence excluant la contradiction, mais aussi une harmonie qui découle de l' esprit général qui anime le système et se manifeste par la concordance des solutions choisies... C' est donc l' harmonie d' un système juridique qui justifie la démarche du juge qui s' estime en mesure de remonter des règles particulières constituant ce système jusqu' aux principes généraux qui l' animent, même si ceux-ci ne sont exprimés par aucun texte; et c' est pour assurer le maintien et favoriser le développement de l' harmonie du système juridique que le juge, en l' absence de texte, invoque directement ces principes généraux.” [C. Huberlant, “Antinomies et recours aux principes généraux”, in C. Perelman (ed.), *Les antinomies en droit*, Brussels, 1965, p. 212.]

七、法律原则的结构化(structuring legal principle)*

结构性法律原则和意识形态性法律原则各自满足不同的需要,在法律实践中亦扮演着不同的角色。

结构性原则大多用来**超越法律**(*praeter legem*),意识形态性原则则用来**抗拒法律**(*contra legem*)。结构性法律原则大多是有着广泛适用范围的导引性原则,而意识形态性原则仅仅作为矫正性原则而使用。

结构性法律原则首先满足人们的对新的**"一般法"**的需要,以获致法律系统的融贯性和完整性;而意识形态性法律原则(正像人权原则),则满足了人们对法律之伦理框架的某种复兴的需要。

结构性法律原则的范围往往局限于某一部门法,比如行政法或程序法——提到这两个法律部门,是因为它们最广泛地使用了法律原则;而意识形态性法律原则则对整个法律系统来说均有效。

最后一个能够区分的不同,是"目的原则"(aim principles)与"手段原则"(means principles)的区别。手段原则是实现更一般目的原则的手段,比如当案件已被法院裁决后当事人的二审权(the right to a second instance)原则是实现更一般的辩护权原则的手段。法官被动性原则是实现法官中立性原则的手段。**"法律应遵守自身创制的东西"**(*patere legem quam ipse fecisti*),只是实现广泛的平等原则的一种手段。范·奥斯温(Van Orshoven)甚至认为,所有的原则都为一项基本原则即法治原则所暗含。[85]

---

* 这里,直译应是"结构化法律原则"。但考虑到与文中"结构性法律原则"(stuructural legal principle)的区分,以及中文表达习惯,转译为"法律原则的结构化"。事实上,这似乎也更合作者原意。——译者注

〔85〕 P. Van Orshoven,"Non scripta,sed nata lex",in M. Van Hoecke(ed.),*Algemene Rechtsbeginselen*,Kluwer Rechtswetenschappen,Antwerp,1991,p. 75.

值得注意的是,在这些例子中的一些,更一般性的意识形态性目的原则通过一种新表述的手段原则在具体的法律部门中得到实施。

目的原则与手段原则之间的区别,以及部门法的原则与适用于整个法律系统的原则之间的区别,对于法律原则等级结构的发展来说是有助益的。

就我个人来说,认为这样的一种理论应当为不同法律部门的 171
某种意识形态性自主(ideological autonomy)留下空间;如果人们接受这一点,这意味着:我们只能在部门法层面,而不是在整个法律系统层面获致完全的融贯性。

最后,我们不得不回答一般原则使用的合法化问题。

八、不成文法律原则之司法使用的合法化

结构性法律原则从法律系统自身发展而来的,因而具有相当强的制度性支持。尽管使用更传统的类比解释和/或目的性解释,几乎总能获得相同的结果,但使用一般性法律原则的一个很大的优长是:这些原则有广泛的适用范围。具体的解释,只能通过考虑具体案件的要素为其提供一个裁决。解释是个别化的司法决策,而一般性法律原则的使用则意味着使司法裁决的一般化。比某个具体法条(statues)的个别化解释更有优势的是:原则可以在法律人之间,甚至在更广泛的公众之间进行广泛的讨论。因此,原则更有可能依赖于广泛的共识——这种共识也因此提供了另一种类型的制度性支持。

就意识形态性法律原则来说,它们并非源自法律系统本身。它们是由法官将其转变为法律原则的非法律原则,即意识形态性的原则。法官的这一惯例可以通过下列途径合法化:首先,得出结

论说法官对法的变通(adaptation)和曲解(sophistication)是不可避免的——从法律平稳运行的角度看也是必要的。其次,承认以下两项条件应同时得到满足:

(1)意识形态性原则只应为了矫正(表面上的)制定法规则而在一个有限的司法审查(judicial review)框架内使用;

(2)它们应当依赖于社会中和/或(至少)法律人之间的一种广泛共识——这是不成文的意识形态性原则获得制度性支持的唯一方法。

因此,与传统的解释相比,这两种类型的法律原则明显具有某种沟通性的优点。这些原则的表达及其在具体案件的实施,都经过了法官和法律学者的广泛讨论,并因此获得了更坚实的合法化基础。

第六节 法官的作用

172 按照有关法官作用的传统观念,法院须适用预先存在(pre-existing)的规则——大多是制定法规则。[86] 按照这种观点,法官具有某些法律创造的空间只不过是一种例外,这种空间无论如何都要保持在狭小的限度内。据说,制颁一般性规则的权力属于一个民选的立法者,而法官的任务被局限于将这些规则适用于具体的案件。法院和立法者之间的这种关系至少贯穿于20世纪,典型地见于**民主合法化**(*democratic legitimation*)的语境中。人们认为:立法者是民选的,而法官则不然。因而,经典理论认为,确定法律

[86] 甚至在普通法中,法官也并不承担创造新法的任务,而只适用"自远古以来法律的通常样式"(what has always been the law since times immemorial)。

内容的权力属于立法者而不属于法官;法官只应适用那些民主建立的规则,而不能改变它们,更况论废止它们了。

然而,这只是一种形式取径的民主观念。今天,最显著的是,人们把人权保护当作是更实质的民主观念的根本组成部分。这必然会造成**实质性**的民主司法裁决与制定法规则之间的一种可能冲突——前者保障了公民的基本权利,但不是从一种**形式的**观点获得民主的合法性;后者具有**形式上**的合法性,但却不符合有关人权的**实质**民主标准。

事实上,为了根据宪法规定的公民权利审查立法的内容,大多数国家已经引入并设置了宪法法院。这只是完全实现**法治**的下一步骤。如果每个个体和机构都至少要受制于某些法律规则,某一官方机构就应当负责掌控并核查这些人和机构是否遵循了那些规则。如果他们没有遵循,为了强制实施法律而强施某种制裁,就应当具有可能性。在宪法法院进行司法审查的情形下,制裁的措施是废除被认为不合宪的(unconstitutional)法案。

在这种司法审查的民主合法化的讨论中,应当提出一些论据以支持其合法化过程。

首先,可以认为:如果宪法法官(constitutional judges)不是由公民直接选举产生,他们至少应该由像议会这样的直选机构来任命。

其次,在任何情形下,宪法法院或其他法院中法官的权力,都要比立法者或政府的权力更受限制。如果**普通法官**“变通”或“改变”了立法规则,新形成的、**抗拒法律**(*contra legem*)规则的适用范围仅限于手边的案件。这一新规则不能成为一般性规则,除非其 173
在法律实践中基于自由的基础而被遵循和/或被其他法院所遵循,并且直到其为被立法者所默认,即立法者没有制颁一个新的、明确的制定法规则以反对“司法越权”(judicial usurpation)。

当**宪法法官**审查不合宪的立法时,他们并不创制任何规则。他们只是消极地废除某项制定法。这样,先前的法律将焕发出生命,以至于似乎法官间接地创制了"新"规则。但是,一般来说,这些旧规则是由民选的议会确定并制颁的,而从来不是法官自己。即便这没有排除形式上的民主合法化问题,与立法者的形式上的民主合法性问题比起来,它至少从实质上削弱了该问题的重要性。

最后,当我们权衡和平衡直接选举的积极方面和消极方面时,可以认为,直接选举并不能很好地保证最好的法官当选。事实上,人们所需要的好法官的品质,迥异于受到欢迎并因而被人们选中的法官的品质。在美国等一些国家,法官直接选举为在实践中的运作方式提供了很好的例证。如果法官一概不采用直接选举制度来选择而由政府或议会任命,必须有好的理由支持它。这些理由须在与任命制度相比较时,对选举制度优缺点的权衡和平衡中找到;对司法裁决来说,任命制度有较弱的"民主血统"(democratic pedigree),但却更能保证法官的质量,选举制度则有更好的形式上的民主合法化,但却较少能保证法官的实质品质。

所有这些表明:形式上的民主合法化不过是讨论中的一个要素而已。它不是唯一的要素,甚至也不是主要的要素。将立法的司法审查合法化问题限定于这种形式要素,是错误的。

然而,这还不是问题的全部。民主合法化问题也不能局限于对形式和实质合法化的权衡和平衡。应当追问的是:当我们如此表述这一问题的时候,是不是以一种不完全的方式处理的。就像从某种(些)基本规范推演的凯尔森式的取径一样,它也是从一种线性的即垂直的取径出发的:如果"民主血统"把我们带回到公民的某项共识,人们就认为司法裁决具有形式上的民主合法性;如果它把我们带回到宪法制定者(constitutional legislator)事先制颁的基本权利,人们则认为司法裁决具有基于其内容的民主合法性。

在这两种情形下,人们预设了某种预先存在的“人民”的“意志”或者“宪法制定者”的“意志”,而这种意志应当使今天的司法裁决合法化。但我想指出的是:司法裁决的合法化问题,应当以一种**循环的**而非线性的视角来考量。因此,人们应当承认,关于司法裁决合法化的一般讨论,不同于关于单个判决可接受性的讨论。将分析限定于这种原子化的取径(atomistic approach),几乎不可避 174
免地导致凯尔森意义上的线性取径。当我们采用一种系统化、全局性的视角来看待这一问题时,有关法院裁决合法化的其他相关事物(functions)和要素就显现出来了。也正是在这一系统化的取径中,我们始能看到这种循环视角。

这种线性即**垂直的取径**,建基于反对国王和法官的历史性反应(historical reaction)之上——从一种民主的视角看,国王和法官既没有获得形式上的合法性,也没有获得基于其内容的合法性。即使在19世纪只有非常有限比例的人口被赋予投票权,[87]这与先前的君主颁布立法相比,至少从形式上看,显然更具有合法性。

在20世纪下半叶,人们日益认识到这种纯粹形式的民主取径的局限性。事实上,这种取径导致了对各种少数人(minorities)的压制、歧视,甚至生理上的消除。因此,人们已经比以前更为重视基本权利。比如,在欧洲,通过起草和签署有关人权的条约,建立了一个国家间的法院(international court),即欧洲人权法院。在历史上,第一次允许某个国家间法院基于侵犯其自己公民的人权的理由而谴责一个国家及其立法。沿着相同的思路,在国内层面,宪法法院建立起来;当根据合宪性判断(constitutional judges)违反宪

[87] 例如,在比利时,1850年前后是2%或3%,而今天超过70%。

法规定的原则时，宪法法院有权废止议会立法。

因此，立法者和法院之间的垂直关系已经演化为一种循环关系。取代（民选的）立法者之于（非民选的）法官的绝对至上性的是，我们现在面对的是有关法官和立法者之间优劣之势的一种循环关系。比如，宪法法院的权力取决于（宪法）立法者。在大多数情形中，立法者也任命其法官。但宪法法院本身对有关宪法解释和法院判决所服从之立法的范围等问题，有最终发言权。

正如前文已经提到的，这种循环关系同样存在于欧盟内部成员国与欧盟之间：它们均不享有**主权者**地位。成员国将它们的部分立法和司法权让渡予欧盟，但只是在有限的范围内［由于马斯特里赫特条约（Maastricht Treaty）引入的**辅助性原则**（*subsidiarity principle*）的存在，至少在相当长的一段时期内仍不可避免是这种情
175 形］。[88] 成员国在许多领域里仍享受有“主权”，但在数量不断增加的其他领域，则服从于欧盟。而且，欧盟层面的关键决策是由来自**国内政府**（*national* government）的部长们作出的。

在欧盟层面，像（欧盟内的）欧盟法院或（在欧盟理事会范围内事实上覆盖了整个大陆的）欧洲人权法院这样的法院，已经成为强有力的宪法法院。在欧盟和国家层面均没有任何强有力的立法者的情况下，这些法院填补了这个空白，并通过对诸欧洲条约的解释建立了新的一般性规则——这些规则涉及广泛的范围，有时还有不同于这些条约缔约方原意的内容。

由于欧盟结构的多层次性（国家的和欧盟的），当**欧盟法官**控制着**国内立法者**（*national legislator*）时，这种循环关系就变得更为复杂。事实上，欧盟法官正勘定着国内立法者运行的界限。

---

〔88〕（1992 年 2 月 7 日）有关欧盟的马斯特里赫特条约将 1957 年的《欧洲经济共同体条约》（EEC Treaty）第 3B 条作为补充，于 1993 年 1 月 1 日生效。

在立法的“宪法”控制(“constitutional”control of legislation)领域中,无论是在国内层面,还是在欧盟层面上,法院有时明确获得了可与立法权相媲美的形成一般性规则的权力。比如,当宪法法院有权决定法院在其裁决中提出的宪法或条约的新解释只对未来有效,而不能被援用于裁决之前的案件(除非一项诉求赖以为基的审判开始于该决定发生以前)时,就是这种情形。〔89〕 在这些情形下,立法者认为授予宪法法院以某种(更)有限立法权是合适的,尽管其只有微弱的形式上的民主合法性。

在国内法院结构中诸法院之间关系的层面上,也可以发现这种循环关系。在每一个法律系统中,都存在一种下级法院服从于上级法院的等级结构——在先例具有约束力的法律系统中,这种服从以一种强烈方式出现;在其他法律系统中,则是以一种微弱的方式出现。然而,上级法院的地位有时也会基于以下事实而改变,即其先前的裁决不为下级法院接受、遵循,以及/或在法律学说中被激烈地抵制。〔90〕 形式上的权威性有时被论据否弃——事实上是为实质上的权威性所否弃。

这些循环关系不只是当下法律系统的一个失败,即从(形式) 176
民主之优点的视角来看,是法律系统衰落所带来的缺陷。它们是一种新的民主合法化观念在当下正在发展的方式之一。

这里根本的出发点是,法律并非一种(完全)在某一个时间点被创制出来,随后完全由官员、公民和法官将其“适用”于具体情形

〔89〕 欧盟法院和欧洲人权法院均已经作出这些裁决:43/75 *Defrenne v. Sabena*,8 April 1976(ECJ)Jur. 1976,(455)481-482;*Marckx v. Belgium*[1979]H EHHR 330(ECHR)。在比利时,宪法法院[仲裁法院(*Arbitragehof/Court d' arbitrage*)]有权决定法院废止的规则的某些法律后果仍是有效的(Art 8 Bijzondere Wet Arbitragehof,6 January 1989)。

〔90〕 比如,在比利时,由于下级法院拒绝遵循最高法院(*Hof van Cassatie/Cour de Cassation*)的一个较早裁决而重新审视其法理时就是这种情形。为了恢复“法律和平”(legal peace),最高法院(*Hof van Cassatie*)将接受下级法院一致或大部分采纳的解释。

的事物。**在法律实践中，法律不断地被创制、变通和发展**；最显著的，是由法官来完成这些工作的。如果一个法院变通，甚至改变了立法规则的内容，那么在这样做时它并未僭越立法权，在大多数情形下它毋宁是完全承担了其任务和职责。立法者不能预料一切，也不能不断变通每部法律来适应改变了的情境。弥补立法者必然遗留的漏洞，正是法官的任务和职责之所在。

但问题则变成了：我们如何使这些司法裁决合法化？这里没有，或至少没有就法院这种积极作用而言的强烈的形式合法化；也没有强烈的实质合法化：基本权利不必然牵涉其中。那么，我们如何使这些司法裁决合法化呢？答案是通过**商议性沟通**（*deliberative communications*）。

正如**法律**是不断在法律实践中创制的一样，**合法化**也是不断通过商议性沟通而获致的。在审判中，当事人双方交换论据和证据。他们也许并不试图说服对方，但却都必定要尽力说服法官。在一些情形下，法官会提问并要求一方或多方当事人提供更多的信息。通过当事人和法官的这种沟通过程，某种“司法真实”（judicial truth）浮出水面。如果法院提出了有说服力的裁决理由，双方当事人很可能都会接受其裁判。这是**第一个“沟通领域”**。

如果法院裁决未能说服双方当事人，并且如果其中一方上诉到上一级法院，这一沟通过程就扩大了：上级法院不仅会考虑双方当事人提供的论据和证据，也会考虑下级的较早裁决。这是**第二个“沟通领域”**。

甚至在上诉语境以外，司法裁决也不得不置于类似判例的先前裁决的一个较大结构之中。通常，它们要遵循这些先例。如果不遵循，它们就须为此给出理由。这些理由转而将可能在法律学说中被讨论和/或被未来的司法裁决遵循或否弃。

有时，人们会认为该案例足够有趣而将其出版。这样，法律学者们就会做出他们的评论,将其置于一个更大的语境中批评和/或支持该裁决——在这一语境中,其价值或缺陷会显露出来等。这些评论转而又会影响到未来同一法院和/或其他法院的裁决。这是**第三个“沟通领域”**。

少许情形下,某一案件会引起媒体的关注,也会在非法律受众中引起讨论。这是**第四个“沟通领域”**。

最后,由于其涉及当下基本的道德或政治争议(issues)(比如 177
堕胎、安乐死、移民和种族主义等),某一案件也会在社会中引起普遍讨论——尽管非常罕见。在这些情形下,有大量的公民卷入其中来确定法律(的内容)。这是**第五个“沟通领域”**。

这些不同类型的情形和沟通过程,创造了不同的、常常是更广阔的商议政治的领域。它们提供了不同形式和程度的**“公共论坛”**(*public forum*)。公共论坛的专业性(technical)和个人性成分越多,商议领域就越受局限,因为其对社会大众只有微弱的吸引力。公共论坛的伦理性和道德性成分越多,就越能引起更一般化的兴趣,因而在更多受众之间进行讨论就是可欲的。具有一般重要性的相当专业的事项也是如此,因为作为一个先例,其裁决会影响到许多其他人。在此,一个较广泛的辩论也是可欲的。

一般来说,这些商议过程也提供了司法审查和司法能动主义(judicial activism)的民主合法化。这是**公共论坛**的功能,通过它,公共控制、公共批评和公共辩论成为可能。**公共论坛**的这种功能,也可以在议会中发现。[91] 议会的这种功能至少和建基于民主代表性(democratic representation)之上的规则创制功能同样重要。

---

〔91〕 “特别是,当政策需要立法化(legislation)时,议会的同意就是必要的。除了履行这些‘权力功能’外,议会也发挥着‘公共论坛’的功能——这种功能可以被描述为各种各样的信息、沟通和合法化等。”(J. H. H. Weiler, U. Haltern and F. Mayer, *European Democracy and its Critique, Five Uneasy Pieces*, EUI Working Paper RSC No. 95/11, European University Institute, Florence, 1995, p. 5.)

人们可能会问以下哪种情况更糟糕:(1)一个开放的社会——在这里,尽管议会并非由民选产生而是建立在世袭基础上,但人们有充分渠道获得各种信息,有大量机会参与政治辩论以及有关议会的辩论;(2)议会经民选产生,但却秘密地工作,没有任何信息公开(除了议会工作的结果,显著的是立法本身外),也没有任何公共辩论。

如果我们不得不在这两者之间作出选择,显然我们会觉得第一种更好。原因是,这种议会**之外**的公共辩论是使民主选举成为可能的一个必要条件。如果没有开放的信息和辩论,选举没有意义。但是,在一个其议会非经民选产生的社会中,公共辩论最终促成民选的发生则是很有可能的。这个事例表明公共辩论是民主、进而也是民主合法化的一个必要条件。

在理想的情境中,各种各样的商议领域为这种沟通和合法化过程保证了最好的受众或社群(community):专业性的事项在专业的群体里进行,高度伦理化的和/或政治化的事项在社会大众中进行。它清楚地显示了在必要时,对商议参与者的数量和多样性进
178 行限制的优点。这种商议领域的多样性,也解决了商议观念所预设的公民认知能力(cognitive capacity)问题。最后,它也锻造了这种立场,即为了加强民主合法化,司法辩论须向一般大众开放,而不是仅局限于争议的直接当事人。这种大规模的开放性,只在属于第三种、第四种或第五种"沟通领域"的情形下始是可欲的,而不是在大多数情形中。

由于"法律辩论没有对所有公民开放",而认为法院裁决"不民主"的这种假设似乎是错误的,因为它错误地将"民主合法化"的概念窄化为某种单一的原子化和民粹主义的(populist)取径。它把合法化仅仅置于具体案件的狭隘语境中来理解。再者,它要求**所有**公民都直接或间接地卷入司法辩论之中。显然,民主并不意味着

每人都必须决定所有事务。如果人们想要限制对显见“集体”决定的操纵,委托(delegation)和充分的劳动分工就是不可避免的。

所有这些,并非只是要在某种程度上使审判权合法化的一种防御性尝试——否则就会陷于某种“民主赤字”(democratic deficit)。商议共同体(deliberative community)是作为一种人们据以提出、讨论、详细阐述,并最终接受新的法律概念、新的规则、新的原则、新的解释和新的理论之场所而发挥作用的,而法律实践之运作的方式作为这样一种永久的商议共同体表明:同(唯一)具有形式合法性的、经委托的法律创制相比,这一商议共同体在性质上亦提供了一种**附加的价值**(*added value*)。这证明:正如迈克尔·桑德尔(Michael Sandel)所言,“当政治运行良好时,我们可以知晓我们独自不能知道的一种共同善(a good in common)”。[92] 的确,在短期内某些“错误”决定,即某些“事故”会发生;但长远来看,这种商议性的法律创制已被证明能够创造出更好的法律。

第七节 法律学说的作用

一、法律学说的重要性

法律学说对法律系统的发展和合法化的重要性,直到现在还在很大程度上为人们所低估。[93] 在民法法系,这一事实不可避免地是源于法典化及其暗含的成文法居优的理论。如果几乎没有为

---

〔92〕 M. Sandel, *Liberalism and the Limits of Justice*, 2nd edn, Cambridge University Press, Cambridge, 1998, p. 183.

〔93〕 一个值得注意的例外是马克斯·韦伯(Max Weber),参见 Max Weber, “Rechtssoziologie” in *Wirtschaft und Gesellschaft*. Grundriss der verstehenden Soziologie, 5th edn, JCB Mohr, Tübingen, 1972, p. 387-513,特别是第 504、509~511 页。

法院的法律创造留下任何空间,法律学说当然也没有用武之地
179 了——它缺乏任何官方地位或形式合法性。但是,在普通法中,学究性的法律学说(academic legal doctrine)也只是到晚近才开始发展;因此,在过去,它并不能在法律的发展及其合法化中发挥任何重要作用。

然而,正如我们从前文讨论中所看到的,法律学说对于法律系统的发展和合法化来说,具有极大的重要性。

职业制度化不是法律系统存在的一个条件,但却是决定其发展水平的重要判准。前文已经指出,充分发达的法律系统,包括三种类型的法律职业:职业化的法律制定者、司法的专职人员和(专于)法律学说的专职人员。[94] 以这种观点看,当把国际法同高度职业化的体育组织法进行对比时,就可以看出职业化的法律学说对识别一个法律系统来说是多么的重要。当然,这两种类型的法律系统都缺乏发达国家法律系统所具备的发展程度,也因此,它们一般被视为只是"不完全的"法律系统。但是,这是何种意义上的不完全?与包括国家法和体育法在内的其他许多其他类型的法律系统相比,国际法有高度发达的法律学说、发展良好的制度化法律创制水平(尽管是经由条约形成的契约型的,而非经由国际公共组织形成的制定法)、一定数量的国际法院和总体上较弱的实效。体育组织常常有发展良好的制度化法律创制和适用水平,但却缺乏自己的法律学说。无论体育组织法制度化水平有多高,所有的法律人(可能所有其他人也)会认为,国际法较之更接近"真正的"或"完全的"法律系统。产生这种观念的部分原因,就在于高度职业化的法律学说对前者来说是存在的,而对后者却(完全)不存在。

〔94〕 参见本书第三章第三节第三部分关于职业上的制度化的论述。

如果法律学说对法律系统的身份认同(identity)来说无关紧要,从我们的视角看,某些体育组织明显会比只有相当微弱制度化和职业化水平的国际法,更接近法律系统。

就法律的**发展**而言,法律学说亦具有不可否认的极端重要性。多亏法律学者们数十年甚至数世纪的努力,(持续的)法典化方始成为可能。在整个历史中,具有高度发达法律科学的法律系统,已经影响甚至部分取代了欠发达的法律系统。由于学说上的优势,甚至在11世纪的意大利重新发现的罗马法,在接下来的数个世纪里亦胜过了欧洲的大部分私法。在过去数个世纪里,欧洲普通法和大陆法之间的相互融合(cross-fertilisation),已几乎仅仅变成了学说上更为精密的大陆法对学说上欠发达的普通法的单向影响。

主要是法律学说的影响,专业性的**法律语言**和**法律方法论**发 180
展起来。当然,当一些法律从业者(legal practitioner)起草法案和法院裁决时,他们也做了某种学说性的工作(doctrinal work);但是这一工作无论多么非同寻常,如果没有职业化法律学说的支持,它都不可避免地保持在一个微弱的发展水平上。而且,从英国普通法和大陆法的对比中,亦可以看出这一点。

对法律及其**沟通合法化**的发展来说,法律学说同立法机关和司法机关都是互动的。这种互动,是任何与法律相关的学说性工作的一个必要条件。这不仅仅是一种劳动分工——在这种分工中,每一个法律职业都有自己的任务。只有当各种法律职业都相互把他人的工作当作自己领域的构件(building block)时,法律发展方始成为可能。在一个重要的程度上,司法裁决的合法化将取决于其在法律学说中或隐或显的可接受性,以及在立法者那里隐而不显的可接受性。

二、法律学说的任务

法律学说基本上要完成两大任务,即法律的描述和系统化。

(一)描述法律

正如前文已经提到的(在第五章第四节第一部分),法律学说可以被看作一门关切规范存在及其确切意义之真实问题的**经验科学**(*empirical science*)。如同每一门科学学科一样,法律中的科学研究的第一步也是描述研究素材。然而,正如前文讨论法律定义时指出的(本书第二章),这种描述从来不是完全中立和"客观的"。每一种关于现实的知识,都是由某种理论粉饰和建构的一种**解释性知识**(an interpreted knowledge)。因而,这种知识从来不是绝对的。它不过是某种被认为已经证实的假说,但这种证实仅具有暂时性,前提是其未被证伪,或者其赖以为基的理论未被证伪。法律科学亦是如此。有关法律的陈述,仅仅是有关法律规范之存在、效力和内容的假说。

关于法律规范的存在和效力的假说,涉及一种**法律渊源理论**。何种机构有权制颁规则以及如何制颁,是这种理论的核心问题。那种认为制颁有效法律规则的权力取决于法律系统本身的观点,是错误的。至少,对基础宪法(the founding constitution)和立法者对其的解释的接受是一个外在陈述,它并不取决于法律系统本身。当法官和/或法律学者们接受(此前并不是法律系统之组成部分的)新的法律渊源时,或者当我们面对像**不成文法律原则**的效力或**国际法之于国内法的优先性**此类法律渊源之间的不同效力等级时,亦复如此。

关于法律内容的假说,涉及一种**解释理论**。在所有法律文化中,阐述最为详尽的法律方法论正是解释的方法论。这就是为什
181

么 Aulis Aarnio 认为法律学说是一门“意义之科学”(science of meanings)[95]的原因之所在。因此,描述法律规范,不可避免地意味着要解释它们——无论是有意识地还是无意识地,直觉地还是方法论地。正是解释理论,而不是文本本身,决定着法律文本的可能意义。

(二)使法律系统化

法律学者要面对各种各样的素材,须把它们系统化为大体上融贯的一个整体。这些素材有:

(1)规范化的法律文本,如立法、协议,以及在这些文本中接受或制定的一般性原则、契约、遗嘱和有约束力的先例等;

(2)具有法律概念之典型标准意义的法律语言;

(3)法律适用,最显著的是通过司法裁判的法律适用;

(4)经由比较法或法律史而获致的较小程度上的外国法律系统或先前的法律系统。

由于不同的理由,这些素材被系统化:

第一个理由在于法律系统的合理化(rationalisation)和简单化(simplification)——法律系统越复杂,就越需要这种合理化和简单化。法律复杂性的这种简化,通过从较多更具体规则和概念中抽象,并建构出更具有一般性的规则和概念而实现。借助外延更广的这些规则和概念,人们就有可能把这些法律素材规整得更好和更具逻辑性。

第二个理由是将判例法整合进成文法的需要,或者在普通法中,某种程度上相反的需要(将新的成文法整合进普通法体系)。这意味着为了使司法裁决符合整个法律系统的逻辑而要对该裁决

---

〔95〕 A. Aarnio, *Denkweisen der Rechtswissenschaft*, Springer, Vienna and New York, 1979, p. 49.

进行解释,或者意味着一种评判的产生——这种评判是指由于该法律释义被认为与法律的系统性不相兼容而拒绝法院、另一学者甚或立法者所作出的释义。

第三个理由是正如前文描述的,这种系统化允许法律人找寻在现存法律规则中并不能明确找到的法律问题的解决方案,或者为了弥补法律中的(显见)漏洞以不同的方式予以说明。

第四个理由是系统化常常要用来使竞合的诸法律系统(competing legal systems)相兼容,甚或将它们整合进一个整体。比如,中世纪的欧洲将地方性的习惯法融合于罗马法和教会法中,或者在当下将国内法律系统融合于欧盟法中或在国际层面上将国内商法融合于国际贸易法中。

182 第五个理由是"外部"系统化的需要:法律须适合其社会环境。通过解释和(再)系统化,法律人能够变通现存的法律规则,以适应改变了的环境和世界观。

就像关于法律规则之存在、有效性和内容的假说,是在法律描述的层面上形成的,**理论建构**(*theory building*)则是在法律系统化的层面上实现的。[96] 在第一个层面上,内在的学术理论得以形成,比如,"财产"的外延及其在邻近领域的可能使用。在第二个层面上,关涉法律渊源和法律解释的理论得以形成——它们为其他理论的建构提供了某种框架。其他理论转而又为关于某一特定规则之确切意义的具体假说提供了一种框架。

---

〔96〕 对此,请参见 A. Aarnio, *Denkweisen der Rechtswissenschaft*, Springer, Vienna and New York, 1979, p. 66 – 67。亦可参见 A Aarnio, *Philosophical Perspectives in Jurisprudence*, Acta Philosophica Fennica No. 36, Helsinki, 1983, p. 216。在该书中,阿尔尼奥(Aarnio)将法律学说中的理论定义为"使法律规范以一定方式系统化的一套概念和命题(proposition)"。

三、法律学说的范式

所有这些意味着，就其运作的"相关性""正确性"或"合法化"来说，法律学说不只是依赖于立法和法院裁决；后者亦依赖于前者。正是法律人之间的共识，很大程度上决定着立法者创制规则和确定其可能范围的框架——换言之，即其"相关性"、"正确性"或"合法化"。一个事例是，在"二战"期间，寄居在伦敦的（部分）比利时政府制颁了一些制定法；在常规时期，毫无疑问这些法律会被认为是明显违宪的，因为制定法只能由议会制颁，而且需要王室同意。但政府对立法权的这种"僭越"（usurpation），为最高法院所接受并承认有效，[97]并且从未在法律学说中招致批评。如果法律学说在很大程度上批评政府此举动，政府当然会被迫从议会那里谋求一个形式上的决定——这将符合所有的宪法要求——而使受到批评的法案"法律化"（legalise）。由于在司法机关接受之后法律学说的默认，政府也就没有必要这么做了。

立法机关和司法机关预料到可能会受到的普遍学理批评，便会试图提供一个至少对法律学说中的重要部分来说是可以接受的结果。

应当重申的是，所有这些并不是彼此孤立地完成，而是通过立法机关、司法机关和法律学说之间持续的互动和沟通而达致的。它们都（部分地）在阐明法律的其他两个行动者所确定的框架内行为，而这一框架会根据新的立法、新的法院裁决、新的学理性理论 183
或学理立场而不断变通和精致化。

---

〔97〕 Cass. 11 February 1919, *Pasicrisie* 1919, I; Cass. 11 December 1944, *Pasicrisie*, 1945, Ⅰ, 65.

立法者和法院在决定法律规则的存在和范围中起着主要作用。法院在接受或拒绝学理性理论和解释、进而决定是否使之成为法律的一部分等方面,有至关重要的作用。就法律学说来说,其在元理论(meta-theories)层面发挥决定性的作用:一般来说,包括法律渊源理论、解释理论、论证理论和法律方法论。正是在学术性法律论著中,法律系统及其运作的外部边界得以划定,即法律系统的核心理论被详细阐述——在这一理论中,关于实在法的更具体理论得以形成。换言之,正是在法律学说中,**法律系统的范式**(*paradigm of the legal system*),或者也许更宽泛地说,相关法律文化的范式被确定和接受,并且不时发生细微变化(或者在革命时期发生更为根本的变革)。

正是托马斯·库恩(Thomas Kuhn)在科学哲学中阐发的**"范式"**概念,指涉着——除了其他方面之外——科学理论的核心。[98]范式是理论得以发展、科学讨论得以进行的共同框架。它暗含着一种共同的科学语言,一套共同的概念和一种共同的基本世界观。如果人们不接受共同使用的概念和/或共同接受的意识形态,理论就不再如传统所构想的那样在该科学中得到发展。有时,这种变异的科学行为会获得了巨大成功。这可以被理解为一场"科学革命"的开始。例如,当太阳、而非地球是我们太阳系的中心被接受时的哥白尼革命(the Copernican revolution)。[99]

法律人同样有其基本理论和概念、共同语言与共同方法论的

---

〔98〕 T. S. Kuhn, *The Structure of Scientific Revolutions*, 2nd end, University of Chicago Press, Chicago, 1970.

〔99〕 需要注意的是,哥白尼的理论早已融入我们的语言,因为我们谈论的是一个"太阳"系,而不是一个"行星"系,也根本不使用"地球"系。

"范式",[100]即其共享理解的核心。或者,换句话说,在某种法律共同体内,他们共享着**一种共同的法律文化**。这一共同的法律文化,至少包括对以下几点的共同理解: 184

(1)法律的概念:法律是什么?它和其他社会规范有何关系?

(2)一种关于有效法律渊源的理论:谁有权创制法律,以及在什么条件下创制?法律渊源的效力等级如何?怎样以及由谁来解决法律渊源之间的冲突?不同法律职业各自的作用是什么?诸如宗教等非法律文本或决定是不是直接的法律渊源?

(3)一种关于法律创制(如果可能,至少在相关法律秩序内存在着商议性的法律创制)和法律适用的法律方法论。这在法律解释理论中处于首要位置。法律适用者在何种程度上有解释法律的自由和/或职责?可以使用哪些解释方法?这些方法之间有等级

---

[100] 在法律理论中,对"范式"的概念已有些关注;其讨论大体上被限于法律科学历史发展的问题,以及法律科学在何种程度上面临科学革命。指出这一点是饶有兴味的:该论题在20世纪80年代颇为流行,但随后似乎并没有引起太多的关注。例如,参见A. Aarnio et al., *Paradigms, Change and Progress in Legal Dogmatics*, Gummerus, Jyväskylä,1983;A. Aarnio,"On the Paradigm Articulation in Legal Research",in I. Tammelo and A. Aarnio, *Zum Fortschritt von Theorie und Technik in Recht und Ethik*, Rechtstheorie Beiheft 3,Duncker & Humblot, Berlin, 1981, p. 45-56; J. Wroblewski,"Paradigm of Legal Dogmatics and the Legal Sciences", in Z. Ziembinski (ed.), *Polish Contributions to the Theory and Philosophy of Law*, Rodopi, Amsterdam, 1987, p. 75-88; A. Peczenik, *The Basis of Legal Justification*, Lund, 1983, p. 129-134; E. Zuleta Puceiro, *Paradigma dogmatico y ciencia del derecho*, Madrid, 1981; M. Flodin,"The Possibility of Revolution in Legal Science",in Z Bankowslki (ed.), *Revolutions in Law and Legal Thought*, Aberdeen University Press, Aberdeen, 1991, p. 175-182; J Uusitalo,"Legal Dogmatics and the Concept of a Scientific Revolution",in Bankowski, above, p. 113-121; M. Jori,"Paradigms of Legal Science",(1990) *Rivista Internazionale di Filosofia del Diritto* 230-254。从范式视角具体描述科学的历史发展,参见W. Krawietz,"Zum Paradigmenwechsel im juristischen Methodenstreit", in W Krawietz et al., *Argumentation und Hermeneutik in der Jurisprudenz*, Rechtstheorie Beiheft 1, Duncker & Humblot, Berlin, 1979, p. 113-152; NE Simmonds,"Law as a Rational Science",(1980) *Archiv für Rechts- und Sozialphilosophie* 535-55。亦可参见H. H. Jakobs, *Wissenschaft und Gesetzgebung im bürgerlichen Recht*, Ferdinand Schöningh, Paderborn, 1983, p. 164。

关系吗？文书（比如说，制定法或司法裁决）的标准式样为何？

（4）一种论证理论：何种论据和论证策略是可以接受的？它们是严格的法律要素，还是也可以是社会、经济、政治、意识形态和宗教要素？

（5）一种法律合法化理论：为什么法律有约束力？如果法律同诸如宗教规范等某些其他非法律社会规范相冲突，应当怎么办？何种合法化会赋予法律规则以约束力：纯粹形式上的合法化，或（也可以是）意识形态性的合法化（比如，道德或宗教价值观）？何种合法化赋予整个法律系统以约束力？是社会学上的，历史性的，抑或价值论上的合法化？并且，在超过不止一种合法化的情形下，如何以及在什么条件下把它们结合起来？

（6）一种共同的基本意识形态：共同的基本价值观和共同的基本世界观。在关于法律在社会中的作用，以及法律人的主动或被动作用上的某种共同观点。在以下问题上的一种共同观点，即何种问题被视为法律问题而由法律系统适当地解决，而不仅仅是——比如法律领域之外的道德或经济问题。除了其他方面以外，就西方法律秩序来说，它包括：一种关于人和社会的理性主义和个人主义的观点；〔101〕一种关于法律的实证主义观点：法律一般
185 都被认为具有独立于其道德内容的有效性（除了非常例外情形，如纳粹法或权利滥用）；一种关于法律的工具主义观点：法律不是自生自发的社会规制（a spontaneously emerged social ordering），而是统治权力据以掌控社会的一种技术。

这些理论中的一部分已经出现并被公开地讨论，如关于法律

〔101〕 M. Van Hoeck and M. Warrington, “Legal Cutural, Legal Paradigms andLegal Doctrine: Towards a New Model for Comparative Law”, (1998) 47 *The International and Comparative Law Quarterly* 495-536, at p. 498-513.

渊源或法律方法论的理论。其他部分，比如法律的概念或共同意识形态等，仍在很大程度上是隐藏着的，并倾向属于（普通）法律人无意识的假设。最后，其他某些理论（如论证理论和合法化理论）处于中间位置；它们间或亦在法律学说中被讨论，但不是采取一种系统化的方式。

这些理论，特别是较为隐蔽的理论，深深地植根于法律文化之中，并且常常有着悠久的传统。它们是法律人之间、代际之间和法律人与外界之间持续长久的沟通的产物（work）。事实上，它们部分地吸收了社会中的一般文化要素，但仅仅是部分地：法律人趋向于发展他们自己的、无疑更保守的共同意识形态（当然，它亦允许一些不属于共同基本意识形态组成部分的意见分歧存在）。

人们不应当低估这些共享理解的重要性。正是这些范式化（paradigmatic）的理论，强有力地限制着关于法律的意义和范围之解释问题、解释讨论和可能选择的数量。正是在某种重要的程度上，法律学说或隐或显地共同决定、锻造，并组织着这些理论及其相互之间的融贯性。

第八章　法律的合法化

187 在前面的章节中，我们间或也论及了法律合法化问题（特别是本书第六章第三节和第七章第六节）。在这里，我将部分总结我的结论，并且将其整合进更具结构性的分析框架中。

第一节　法律合法化的重要性

法律与其所组织的社会之间的强烈联系，进而法律相对于该社会的实质自治性的缺乏，理所当然地会引起合法性问题（本书第三章第六节）：虽然不情愿，但人们为什么还被迫按照法律规则行为？如何能证成以下行为的正当性，即允许特定人或机构制颁这些规则，或者将这些规则适用于某一具体案件时，以给他人带去积极或者消极后果的方式，确定其内容和范围？

法律的合法化，对组织着政治共同体的法律

系统(例如,最显著的是国家法律系统)来说是最为重要的。与其它法律系统相反,在这种法律系统中,人们没有进入或离开该"组织"的自由。这种法律系统,对某一确定地域内的每个人都适用。[1] 逃避某一国家法律系统的唯一途径,是离开这个国家。[2] 对像教堂或体育组织等这样的法律系统来说,人们为了逃避规则的适用而离开该组织通常是可能的,并且对其生活只有较小的影响——即便如此,在某些情形下,它亦仍然会带来一些重要的心理上和/或经济上的后果。国家法律系统的这种较强影响力,及其垄断地位致使相对非法律系统来说,人们对法律系统的合法化有着更为强烈的要求。正如前文指出的(第三章第四节),政治共同体、进而国家法律系统,决定着关于该地域内的基本社会组织的辩论。它们以其价值等级决定着一个共同的世界观。它们垄断着被认为具有合法性(至少在法律系统、政治系统范围内被认为具有"合法性")的武力。

正如关于该问题的讨论事实上进行的那样,在本章中,我们也 188
将集中讨论**国家**法律系统的合法化问题。

第二节　合法化的诸层次

在本书中,我们已经一再争辩说:合法化不是或者至少不再是一个线性的、等级化的"血统"(pedigree)问题,而毋宁是法律系统的所有主要行动者的一个循环、互依、互惠的合法化问题。这

---

〔1〕 为我们的推理起见,可以将诸如外交豁免(diplomatic immunity)等一些细微的例外撇在一边;无论如何,外交豁免从未意味着对国内法的一种完全的逃避。

〔2〕 在某些情形下,即使这样也是不够的,比如,犯下某一国际上也认为是一种犯罪行为的某一罪行后离开某国。

样,合法化就获致了一个多元化的维度(pluralist dimension)。不再聚焦于诸如上帝、自然法体系、基本规范或任何种类的官方意识形态等某种最终的合法化根据,我们须面对合法化行动者(最值得注意的是立法者、法院和法律学说)相互之间的一种网络。我们将在下文论及这种合法化**如何**运行的问题(第八章第三节)。在这里,我想指出的是:要素的多样性助益于合法化,但是它们转而也须被合法化。

正如我们已经看到的(第六章第一节),作为整体的法律系统的合法化只能是一种**弱的合法化**,即对法律系统的存在作为一种事实的实际接受,也即对"法律系统"存在的某种认同。在这个意义上,法律系统为他人所认可,而无须在强的意义上被合法化为一种道德上善好的系统。

完整意义上的合法化,只能适用于法律系统的**组成部分**。而且,不同的规则或者原则(集合)类型要求不同的合法化类型:道德的、政治的和经济的等。有些要求实质上的合法化,而另外一些只需形式合法化就足够了。

第一个层次是法律须被视为其合法化的基础是一套潜隐价值观和世界观。就此而言,主要的试金石是该法律所适用之社会的通行文化。

第二个层次是政治性的。在谈到法律系统作为整体的(道德上的)合法化时,我们常常意指这种**政治系统**——换言之,该法律系统中与政治决策直接相关的那些部分。在一个法西斯主义国家,某一法院的离婚宣判很有可能会被认为具有"合法性"——即使人们会基于道德根据而猛烈抨击该政府及其政策。

在此,指出政治与法律是如何相互合法化的是饶有兴味的:法律自身的合法化要依赖于一种具有合法性的政治权力,但是政治权力转而要基于其据以组织起来的**法律程序**而被合法化(本书第四章第一节第三部分)。正是经由这种政治上的合法化,**立法**获得**形式上**的合法性;在多元的社会,在很大的程度上也使其内容得以合法化。

从某种程度上说,法院造法时亦同样需要其自身的合法性。在任何关于法官作用的观念中,法院都创造着法律,至少在使一般性规则具体化并将其适用于具体案件的意义上是如此。在大多数理论中,人们亦承认法院创造新的法律——至少间或如此,以及在某种程度上如此。人们越是接受法官在造法中的创造性作用,法 189
院裁决则越是需要合法化。

就法律学说来说,它不需要合法化,因为其无权创造法律或者任何具有强制性规则。然而,对司法裁决而言,法律学说作为一个重要的合法化论坛而发挥作用(本书第七章第七节第三部分)。

正如从前文所言(特别是第七章)和学术出版物中看到的,除了争论政治上的合法化外,人们的论述主要集中于法院裁决。这里亦存在司法裁决中的要素的多样性;证成问题在司法裁决中也会出现:为什么使用某种解释方法,而不其他所有方法?为什么抛弃立法者的主观意志而力主某种被解释的“客观”目的?为什么使用不成文的法律原则?等等。在上述的每一种取径中,人们会提出更具体的合法化问题,如更偏好某一具体价值或原则的理由。从我们前文的分析中,似乎可以看到(第三章第七节):法律系统作为开放系统并非只是例外情形,而是以系统化的方式,在许多层面和要点上皆如此。基于这个理由,不仅是在某种闭合性的价值整体(closing set of values)或某种基本规范之链条或等级的末端,才需要外在的证成;但凡存在对共同决定法官推理结果的外部素材的使用和影响的地方,合法化的要求皆会出现。这就把对合法化的整个讨论,置于了另一种视角。传统上,合法化在很大程度上被认为是在该法律系统内的一个内在合法化和形式合法化的问题,在其末端始考虑整个法律系统相对于一套(道德)价值的问题。在法律系统中的人权观念的影响下,更复杂的情势亦出现了。最值得注意的,是由《欧洲人权公约》掌控下的欧洲法律系统。1950年,为了阻止新的纳粹体制在欧洲出现,人们创立了该条约。人们将该公约理解为一种实在法化的自然法体系(positivated natural law system),并把它当作非民主政治体制的试金石。自1950年以降,诉至欧洲人权法院的案件数量迅猛增长;这并不是因为有关法律系统的道德品质的恶化,而是因为人权已经影响到了国内法律系统最偏远的角落。[3] 但在所有这些情形中,人们都不会根据其(是否)符合公约所包含的一套人权而接受或否认它是作为整体的法律系统。诸如由一个公正的法院进行审判的权利等具体人权,被用来批评和矫正某个很具体的实践,即整个法律系统中的某
190 个“细节”。一个事例,是(可能)欠缺一个公正的法官:在一审中,他已经参与了审理,但随后由于在审判过程中接到该上级法院的任命又是被上诉法院的一个成员。即使国内法律系统大体上尊重了《欧洲人权公约》所包含的基本价值,也要在所有层面上检验其是否与公约的**每个方面**都相符合。有时,为了达致总体上的相符性(换言之,完整的实质性合法化),国家法律系统将被迫变通其规章和实践。

〔3〕 当然,还有其他因素可以部分地解释案件数量的增长,比如成为欧盟理事会成员的国家之数量的增长,公民接近该法院的便易程序,以及普通欧洲公民财富和程序主义主张(procedural assertiveness)的增长。然而,即使将其放在一起,它们也不足以解释案件的指数式的增长(exponential growth)。

第三节 合法化的类型

通过“合法化”,我们可以理解法律的**规范性效力**(*the normative validity of law*),其被认为具有完全的**约束力**(*rightly binding*)。它是比**社会学上的有效性**(a *sociological validity*)更强烈的一种有效性——社会学上的有效性是指法律被普遍遵循这种事实,即法律被其所适用的人们大体上接受,至少是一种弱势意义上的被迫接受(参见本书第三章第五节和第五章第三节)。在这里,我们关切的是强势接受(“完全的”或“有条件的”)意义上的合法化,它不仅是指被法律所适用的人们接受,而且在一定程度上被“外部世界”所接受。当一个法律系统被认为侵犯了一种最低道德性的边界(如纳粹制度)或违背“国际公共秩序”(international public order)[比如,违反(国内、欧盟或国际)基本权利,体育组织中的转会规则(transfer rules)的有效性问题]时,“对外界的合法化”(legitimation for outsider)问题就产生了。然而,迄今为止,有关“合法化”的主要讨论,都是关于**法律所适用的人们**的一种**强烈**接受问题的。我们也将把我们的讨论限于这种类型的合法化问题。

法律系统的法律主体(legal subjects)对某一法律系统或其组成部分(如规则、法院裁决)的接受,比纯粹道德上的接受更为广泛。我们应当从这一稍微更广泛的**社会可接受性**(*societal acceptability*)视角来理解这一问题。为了在社会上被广泛接受,法律或司法裁决的内容须满足在该社会所通行的特定的最低道德标准。然而,这种可接受性不只是一个道德问题。它是道德、社会和实用推理(pragmatic reasoning)的一种综合。道德上中立的形式和程序,对这种可接受性来说具有决定性的意义。当然,人们可以认为遵循特定种类的程序和其他形式性规则,会有其自身的某种道德价值,因为它更可能使作为这些程序结果之规则的内容亦具有道德上的可接受性。[4] 但是,程序规则的**道德**价值是有限的。而且,实证主义的合法化(positivist legitimation)试图避免将合道德性(morality)作为法律效力的决定性试金石,并且提供了一种非道德的(amoral)合法化理论。因此,从一个更广泛的视角来看待这一问题似乎是恰当的。

191 在有关"民主观念"的讨论中,我们已经用了一定篇幅讨论了形式合法化与实质合法化之间的对立(本书第六章第三节)。结论之一,是形式与实质之间事实上的缠夹不清:在当下民主的法律系统中,这些系统的结构很大程度上取决于**实质性**的程序性原则。在这里,我将简要讨论一下合法化的形式取径和实质取径,包括其不足;作为将被讨论的第三种类型的合法化,沟通的合法化会是一个取而代之的更好选择。

一、形式合法化

在历史上,法律系统的实质合法化是一种相对罕见的现象。过去和现在大多数种类的合法化,都具有一种形式品质。在传统根深蒂固的社会中,对"自古以来"都有效的法律的历史性根源(roots)的参照,会使法律系统的(某些)第一性规则或第二性规则获得形式上的合法性。在法律、道德、宗教之间有强烈联系的社会中,直接或间接地参照法律的神圣起源(divine origin of law),亦将

〔4〕 朗·富勒特别强调法律程序的这一方面。(参见 RS Summers, Lon L. Fuller, Series"Jurists:Profiles in Legal Theory", Edward Arnold, London, 1984,特别是第 28~31、76、102~103 页。)

会提供一种形式上的合法化。

在现代,人们已经提出了形式合法化的**合理**类型;在欧洲,这些类型能够取代人们在法律神圣起源上逝去的信念。

在第一个时期(16 世纪和 17 世纪),人们努力证明我们对有权制颁法律规则的强势政治权威的需要。由于假定规则服务于**一般性利益**(the *general interests*),这些规则的内容被认为具有形式上的合法性。即使是一个不正义的决定或者规则也被认为比混乱无序[霍布斯(Hobbes)]或孱弱的政治权力[马基雅维利(Machiavelli)]要好。个人利益可以为共同体或国家的共同利益而牺牲。因此,由某个服务于那种(被假定的)共同利益的国王所制颁的规则具有充分的合法性。这是一种典型的形式合法化,因为它只关切规则或法院裁决的**渊源**,而不关注其内容。然而,也存在对实质合法化的某种参照,因为只有其政策大体上服务于共同利益(无论如何界定这种利益)时国王始具有合法性。实质合法化不是一种道德上的合法化,而是一种社会学上的合法化。一个好国王是一个强有力且有效率的国王;他能够避免无序、抵御外敌——即使其规则或决定在道德上很难接受。但是,在这一取径中,即使其规则和决定在道德价值上赢得了较高的赞赏,一个孱弱的国王亦是糟糕的。

在第二个时期,仅仅需要某种强有力的政治权威就不再充分了。对这种政治权威及其创制的法律规则的一种合法化需要产生了,它被要求建基于某种(至少被假定的)**公民同意**(*consent of the citizens*)之上。正是让-雅克·卢梭(Jean-jacques Rousseau)引入了"社会契约"的概念——经由这一概念,人们假定公民们同意将其 192
"主权者权力"(sovereign power)委托给了某些代表(比如,一个议会),而这些代表今后就被看作"该"人民"集体意志"(collective

will)的象征。这种假定同意的模式,显然是一种虚构,正像在诸如约翰·罗尔斯(John Rawls)正义理论等关于"社会契约"概念的更精致理论模式中一样。最重要的转变,是初始的(initial)"主权者权力"从君主转向个体化的公民。自此,政治和法律系统的合法化须以某种方式与**个体**的**同意**联系起来;同时,它亦使法律的合法化成为一个**恒久的问题**,因为从来不存在任何人对所有事物的事实同意。

自卢梭以降,所有的合法化理论都须解决违背个体或某一多数群体意志而实施法律的正当理由(the justification of enforcement of the law)问题。[5] 它们都有一个共同点,即假定代表公民的**合理性**和对**平等**原则的接受。在这个意义上,这些理论从来不是纯形式的,它们建基于一种最低的**实质**性假设之上。

卢梭的理论是有缺陷的,因为当将其应用于"主权人民"时,它吸收了博丹(Bodin)的"主权"观念。在让·博丹看来,"主权"意味着"一个共和国绝对且永恒的权力"。[6] 自此,这个定义就为人们不加批判地加以使用,亦创造了众多混乱和人为难题,包括过去几十年中有关欧盟及其成员国关系的讨论中的难题。这个定义中蕴含的观念产生了两个后果:首先,"主权者权力"被定位于国家层面上。这极大地强化了国家与法的一元论取径(monist approach)(参见本书第三章第四节)。其次,也是最重要的是,创造法律的权力也被认为是一种绝对且不可分割的权力,它只能被赋予单个的人或机构。[7] 在存在一个绝对君主的情形下,这似乎是显然的,但

---

〔5〕 某些理论甚至已试图违背人民的多数而证明规则实施的合理性。

〔6〕 J. Bodin, *De la République* (Paris, 1583), book 1, ch Ⅷ, p. 122.

〔7〕 "主权"概念的同样取径,亦可以在霍布斯(Hobbes)那里发现。对此的一个批判性评论,参见 E. Lagerspetz, *The Opposite Mirrors. An Essay on the Conventionalist Theory of Institutions*, Law and Philosophy Library Vol. 22 (Kluwer Academic Publishers, Dordrecht, 1995), p. 113 及以后。

一旦此种类型的“主权”被转换为“人民”，它几乎必然暗含着一种多数人（在实践中，如果不是大部分情形的话，有时，甚至是少数人）对余下生民的无限独裁（an unlimited dictatorship of a majority over the rest of the population）。正如卢梭所言，这导致一种“公意”（general will）的产生；这种意志对每个同意“社会契约”的人均有约束力。对卢梭来说，这种同意仅由居住在该国地域内而隐而不显地赋予。〔8〕 因此，单单因为居住在某一国家，人们被假定先验 193
地接受官方机构制定的任何规则和决定——无论它们看起来多么令人不悦和不可接受；这种基于民主选举的纯粹多数，也因此使得法律的任何内容具有形式上的合法性。

在对现代国家的阐述中，这种法的实证主义观念部分地与人权的自然法理念（the natural law idea of human rights）相平衡。这两种互相抵牾的取径之间的对立，已成为大多数有关国家观念、国家权力掌控公民私人生活的合法性，以及个体反对法律规章和法律裁决的（不）可能性等辩论的核心。这是法律合法化的形式取径和实质取径之间的对立。

在现代合法化的形式取径中，人们越来越强调程序的重要性——程序被用来确定“人民的集体意志”，即用来判断法律规则和司法裁决的有效性。

在这方面，最杰出的是尼克拉斯·卢曼（Niklas Luhmann），他提出了一种完全实证主义的形式合法化理论；这一理论事实上比凯尔森有过之而无不及——凯尔森仍为有关法律合法化的非法律（道德、政治）讨论留下了余地，即使这些讨论对作为一名**法律人**的

〔8〕 J. J. Rousseau, Du contrat social (Geneva, 1762), bookVI, ch 2, [6]. 一个英语版本，如 J. J. Rousseau, *The Social Contract or Principles of Political Right* ed. V. Gourevitch, Cambridge University Press, Cambridge, 1997, at p. 124。

法律人(*a lawyer as a lawyer*)来说被认为是不相关的。卢曼把“合法性”(legitimacy)界定为“在某些可容忍的限度内接受实质上仍未确定之决定的某种一般化意愿”(a generalized willingness to accept yet substantively undetermined decisions within some limits of tolerance)。[9] 卢曼的起点是当下社会的复杂性和多元性,而这种复杂性和多元性使我们不可能为法律系统和政治系统找到一个共同的道德基础。因此,在卢曼看来,我们须在法律或政治系统内——更确切地说,在法律被创造的程序中——找寻这种合法化。[10] 如果一个法律系统以这种方式成功地组织了法律创制和适用程序,从而使所有有关人员确信他们都有平等机会看到其法律观点被接受或至少结果(即使是消极的结果)对其来说是可接受的,那么,这种一般化意愿就会存在。合法化是与对法律决定约束力的承认相联系的,而与潜隐于这些决定后的原则无关——换言之,与对法律系统**第二性规则**的接受有关,而与其第一性规则无关。对法律规则和法律决定约束力的承认表明,那些有关人员乐意将其作为其未来行为和预期的起点。[11] 这种承认不是个体承认的问题,而是一种**社会和心理学上的趋向**(*social and psychological climate*)——通过这一趋向,这种承认在不言而喻的(self-evident)意义上被制度化。[12]

显而易见,对卢曼来说,“合法化”大体上被化约为一种**法律确定性**趋向。这种合法化只是能够在被迫接受层面上达致的一种弱

〔9〕 N. Luhmann, *Legitimation durch Verfahren*, Luchterhand, Berlin, 1969, p. 28.

〔10〕 J. J. Rousseau, *The Social Contract or Principles of Political Right* ed. V. Gourevitch, Cambridge University Press, Cambridge, 1997, p. 30, 251-252.

〔11〕 J. J. Rousseau, *The Social Contract or Principles of Political Right* ed. V. Gourevitch, Cambridge University Press, Cambridge, 1997, p. 33.

〔12〕 J. J. Rousseau, *The Social Contract or Principles of Political Right* ed. V. Gourevitch, Cambridge University Press, Cambridge, 1997, p. 34.

势合法化。仅仅是为了苟活于世，某个集中营的囚徒将“接受”其暴君的规则和决定。他们的确将把它们作为“作为其未来行为的起点”，并将其预期建基于此。但是，这并不意味着他们在一种强势意义上接受这些规则和决定——换言之，并不意味着他们认为其具有合法性。然而，当卢曼说法律系统自身通过制定适当、理性和公平的规则和程序而创造自身的社会接受性时，他是正确的。这种为每个人提供平等机会的（形式上的）公平程序，确实可能创造更好的（实体）法[（substantive）law]，但它们并不是一种充分的保证。似乎以下主张也是正确的，即在我们当下社会，较之最适当的实体法，人们更容易在最适当的程序上达成共识。这可以促进和限制我们对实质合法化的讨论，但是并不能将其排除在外。 194

朗·富勒列出了应当有助于我们创造更好的法律、限制专断法律决策的八个程序性原则：规则应当是（1）一般性的；（2）公开制颁的；（3）不溯及既往的；（4）清晰的和可以理解的；（5）不矛盾的；（6）可运行的（workable）；（7）稳定的；（8）与权力当局的实际政策相一致。[13] 然而，这些原则不仅保证了法律的“合道德性”，它们亦保证了法律的**实效**（*efficacy*）。正如沃尔夫冈·弗里德曼（Wolfgang Friedmann）正确地指出的，除了一定程度上不符合第二个原则外，纳粹德国的法律系统符合上述评判标准中的每一个。[14]

然而，这些取径试图通过（1）给出促进**实质**合法化的**形式**条件和（2）接受那些应当掌控法律创制和适用的**形式性**程序之**实质性**原则和价值（平等、法律确定性、公平和理性），在一定程度上——

---

〔13〕 L. Fuller, *The Morality of law*, Yale University Press, New Haven, 1969, p. 138.

〔14〕 W. Friedmann, *Legal Theory*, 5th edn, Stevens, London, 1967, p. 18.

有意地或无意地——在形式合法化与实质合法化之间搭起一座桥梁。

正如我们已经看到的(本书第六章第三节),共和主义往前更进了一步。共和主义取径没有将自己限定于主张程序的自由**接近性**和这些程序的**形式要求**。在共和主义者那里,这些程序被视为达致一种重要的民主善(democratic good)——公共领域之创造——的一种手段;"在这一公共领域中,人们可以通过践习公共对话中的理性(the exercise of reason in public dialogue)而获致自治(self-government)意义上的自由"。[15] 这样,共和主义就接近于法律的沟通取径。然而,共和主义和自由主义都以(相互排他的)对立方式表达它们的立场:个体权利对集体决策、私人领域对公共领域。它们并没有成功地超越旧有的实证主义与自然法理论之间、形式主义与实质主义之间,以及个人主义与社群主义之间的对立。

二、实质合法化

195 实质合法化主要是对具体规则和裁决的要求,法律系统在很大程度上是在形式上被合法化的。然而,正如我们已经看到的,一种纯粹的法律形式合法化是不可能的,因为甚至这种形式合法化本身也不可避免地以某种方式建基于实质性价值和原则之上。

所有鼓吹法律实质合法化的理论,都试图提供法律之道德接受性的某些最低评判标准——不是某种(能够引导法律系统达致最佳可能法律之范导性理想的)卓越道德或愿望道德(morality of excellence or aspiration)。

在过去,这些理论大多在不同种类的(神的、理性的和经验的)

---

〔15〕 F. Michelman, "Political Truth and the Rule of Law" (1988) 8 *Tel Aviv University Studies in Law* 284.

"自然法理论"形态中呈现出来。今天,它们一般体现在人权理论中——这些人权理论在很大程度上被规定在实在法(宪法与国际条约)之中。这些人权目项(catalogues)也有所发展。它们发端于一套保障个体自由(言论自由、出版自由、结社自由和宗教信仰自由等)的**个体权利**和选举的政治参与[主动参与的是通过投票权;被动的参与是通过政治委任的被选举权(the right to be a candidate for a political mandate)]。然而,这些形式上的自由和平等权,并不是达致**事实上的**自由和平等的充分条件。因此,它们要辅之以一套"社会—经济"人权(健康权、住房权和工作权等)。然而,这些社会—经济权利难以作为可诉求的权利(claimable rights)而引入法律系统中,因为它们预设了适当经济条件的存在,而由于任何法律或政治系统在很大程度上都对这些经济条件无能为力,它们并不能为此提供保障。因此,毋宁说,这些权利被看作应当导引政府的一种"愿望的道德",而这种道德事实上没有为公民提供任何保障。它们至多包含某些最低条件的诉求(claims)。例如,有权被列入等候名单以获得合适的住房(只要该住房能够获得),但这不是一项可实施的(enforceable)、只要需要无论何时都可以(立即)获得合适住房的权利(其包括官方建造并维护合适公寓和住房的一项义务)。当我们依据这些社会—经济权利来判断法律系统的"合法化"或"道德品质"时,结论显然不会是二元的(合法化或否),而是一个程度问题,因为某些法律系统会较之其他更接近于理想状态,但没有任何法律系统符合该理想状态的百分之百或零。

但是,第一代人权提供了最低的条件——根据这些规范性标准,任何法律系统都应当满足这些条件。当下,即使具体人权的具体解释各异,全世界在这些最低条件上似乎已经达成某种共识,特别是当其用来平衡个体利益和集体或国家利益时。

196 个体利益与集体利益之间的这种平衡，道出了自由主义权利理论的弱点，即其原子化的个体观念将个体同个体生活其中的、为了以一种有意义的方式利用他或她的自由而需要的共同体隔离开来。特别是，环境问题已让我们意识到：不将个体自由及其限度置于集体利益的语境中是不可能的。但是，人们也不应当把个体看作集体的奴隶，进而潜在地消除任何个体自由。因此，正如哈贝马斯所言，把由（大量）个体自由组成的**私人领域**，同这些个体利益在其中服从于公共的集体利益、但在很大程度上亦属于个体利益的**公共领域**区分开来，是恰如其分的。[16] 这种公共领域须被理解为许多种类的“公共领域”：地方性政治、宗教性政治、国家政治、国际政治、经济、劳动和休闲等。这些领域既不是“给定的”，亦不是静态的，它们经由属于该领域的人们之间的沟通而不断地创造、维持和调整——在较小共同体，这种沟通是直接的；在较大共同体，则常常是间接的（比如，经由大众传媒）。下文中，我们将继续讨论这一问题。

除了古典的自由权和社会—经济权利外，看到另一种人权即**程序性权利**的发展是饶有兴味的。这表明形式合法化与实质合法化走到了一起——尽管这些程序性权利与政治决策即法律的创制无关，而与法律适用、主要是刑法适用有关。从一种实质的观点看，不符合程序之最低形式要求的审判，单单这一理由，就不具有合法性。而且，这亦表明了形式与实质之间的缠夹不清。在**法律适用**领域，我想谈谈与法律实质合法化相关的另一种讨论。

罗纳德·德沃金阐发了其**“正解命题”**（*right answer thesis*）。作为一名自由主义者，与共和主义者权利及其解释的相对主义不

---

〔16〕 参见本书第六章第三节。

同,他认为,我们应区分某一法律问题的"正确答案"(right answer)与法官找到该正确答案的可能性之间的区别。如果只有一名超级法官赫拉克勒斯(Hercules)始能找到唯一正确答案(the one right answer)而"普通"法官找不到,这并不意味着正确答案不存在,而仅仅意味着:我们从来不确定我们是否找到了它。而且,看到德沃金如何将其对唯一正确答案的研究理解为一种集体性努力(collective endeavour)、而非个体化的脑力劳动是饶有兴味的:它是一种系列小说(chain-novel),而不是孤立的个人作品。当然,对此显见的批评是:(1)不可能证明只存在唯一正确的答案;(2)即使存在,如果实践中无论如何都不可能找到或至少确信已找到,这亦是无关紧要的。在我看来,这种批判遗漏了德沃金式取径的一个"完美主义"要点(the point of a"perfectionist"approach like Dworkin's)。
这种理论的主要品质,是它指出了**相信存在**一个正确答案,即存在 197
某种对每个人都**同等**有效的"客观真理"(objective truth)的必要性。这种信念对强化这种感情和确信来说是重要的:合法化不是一个孤立的个人(主义)[individual(istic)]问题,而是作为一种客观真理或社会建构是我们共同面对的问题。然而,"找到"(假定的)某一正确答案的方法,不能为超级法官赫拉克勒斯所独享,而只能通过沟通性论证(communicative argumentation)获得——在这种沟通性论辩中,我们一起找到了当下存在的最佳可能答案。

这暗含着"绝对真理"(absolute truth)与受制于时空的"相对真理"(time-and place-bound"relative truth")——范导性理想与社会偶成性(social contingency)——之间的某种可能不可避免,甚至是必要的张力。

三、沟通合法化

基于有关法律的某种社会学必要性或可欲性(desirability)的

合法化的社会模式，一般指向合法化的两个重要方面：

(1)接受适用于参与合法化过程的所有人的基本平等原则；

(2)合法化在很大程度上是一种**社会建构**(*social construct*)的假设。

然而，以所主张的社会学事实(claimed sociological facts)为基础的这些理论，常常不过是理论上的先验或理论建构[比如，霍布斯的人对人是狼(*homo homini lupus*)、卢梭的社会契约和罗尔斯的无知之幕(veil of ignorance)]，它们与任何事实上的接受或其他种类的社会学上的合法化都无关。

诸如卢曼等理论的主要优点，是其以中立和公平的程序为基础，该程序作为一种手段创造了社会心理学上对法律**事实**接受的趋向。然而，其缺陷在于局限于**形式**要素，不能解决疑难案件，诸如对少数人的保护或者其他"社会上接受的"歧视的合法化(之缺失)等。

尽管采用了某种有限的方式[源于实体价值(如平等)——并倾向创造本质上更好之法律的良好程序]，但富勒通过把形式和实质联系起来，还是试图克服这种纯粹形式化取径的缺陷。

现代理性主义自然法理论和严重赖此为基的古典(第一代)人权理论，倾向于从一种强烈的个人主义视角来理解合法化。[17] 然而，就像权利的情形一样，[18]除社会性外，我们不可能将合法化理解为其他事物。比如，当我认为一项规则或裁决极不正义，但没有
198 其他任何人赞同我时，作为一个理性人，我将开始怀疑我的立场是

[17] 这种个人主义取径，浸透于大多数西方法律思想中。例如，参见约瑟夫·拉兹的著作《法律的权威》(*The Authority of Law*)。在该书中，从隔离于任何共同体的个人的观点看，合法化被分析为"遵守法律的义务"。Joseph Raz, *The Authority of Law*, Clarendon Press, Oxford, 1979, p. 233-289.

[18] 参见本书第三章第一节。

否正确。即使我仍然认为我是准确的,其他人都是错误的,仅仅是为了避免社会孤立,我也极可能在一种“被迫接受”的弱势意义上接受该法律。如果我仍认为我应当反对法律,很可能我将身死囹圄,或者更糟的是瘐死于精神病院。在这两种情形下,较之于对我认为不正义、但他人不以为然的某一法律的任何形式上的接受,我这种心理和社会上双重孤立的生活质量要更为糟糕。

(一)沟通合法化的一个框架

基于目前我们对这一要点所作的讨论,我们可以得出以下结论:

(1)合法化是一种社会建构;

(2)在这种社会建构中,所有人(应当)平等地参与;

(3)它通过把互为前提的形式要素与实质要素结合起来而实现。

而且,如果我们承认更能从实质上勘定的**(诸)私人领域**和更能从形式上勘定的**(诸)公共领域**之间的区分,我们就拥有了法律的沟通合法化理论的构件(the building blocks):

第一,在个人主义和集体主义之间找到恰当的平衡(这种平衡可能部分地受制于时空),是重要的。从个人主义的视角看,公民倾向于被界定为隔绝于任何共同体的原子化实体,似乎至少没有某个共同体他们也能够真正“自由”、发展、享受生活,甚或苟活于世。古典自由权利倾向于对法律采取这种极度个人主义的取径。但是,集体主义倾向于把个体化约为组织和发展共同体的一种工具。在这一观念中,个体并不能以其自身条件被完整地得到承认,他们会为了共同体的利益而牺牲。在这里,自由权倾向于销声匿迹,或者具有限定的范围。

第二,要在某种仅仅强调程序和民主血统的纯粹形式主义取径(实证主义)与某种主要或排他性地强调法律之道德可接受性的纯粹实质主义取径(自然法)之间找到恰当的平衡。

第三,在上述两种情形下,我们不能仅仅在两个(极端)对立面之间进行平衡;我们须把这些对立面理解为**彼此互为前提**的。换言之,以其纯粹的形式采取任何极端立场,在观念上都完全是不可能的。正如没有其他社会个体不能在生物学、社会、心理学或知性上(intellectually)存在一样,没有最低限自主的个体,也不会存在任何共同体。纯粹的程序性规则须以实质性原则(平等、公正和合理)为基础;从定义上看,没有任何形式要素,而只包含实体性原则
199 的法律,是不可能存在的。而且,在法律的实质合法化层面上,人们也须在价值、原则及其与法律的兼容性上达成一致。这种一致性,至少暗含着与参与、辩论和决策相关的某种程序。

第四,对于合法化,我们需要采取一种多元主义的取径——在这一取径中,(为个人主义提供更多空间的)私人领域不同于那种从定义上看属于社群主义者所力主的公共领域。而且,不仅存在一个大的公共领域,而且存在多样化的公共领域——对一般的社会组织而言,迄今在大多数国家最重要的是**政治公共领域**。主要在政治公共领域中,合法化辩论始得以发生。

第五,这种合法化辩论需要一个**沟通空间**——为使讨论成为可能,不仅要消极地提供这样一个空间,而且要积极地为此创造最佳的可能条件,并在讨论中鼓励一种基于正确、丰富**信息**的广泛参与。

第六,在法律实践中,有着广泛沟通空间的公共领域的多元性意味着许多不同的(通常是较大的)合法化领域——在对公众不那么重要的案件中,只涉及审判中的当事人和法官;在有具有较广公共相关性的案件中,涉及法律学说、大众传媒,甚或整个社会。

第七,不同的公共领域(政治、经济和文化等)之间彼此互相构造,共促稳定,相互合法化。在法律中,这些不同领域是规则的创制领域(法律制定)、法律的适用领域(法院)与法律的学术性描述和系统化领域(法律学说)。在这些领域中,其中之一的合法化不可能与其他领域的合法化隔绝开来。

(二)法律中的沟通合法化

1. 法律系统的合法化

前已论及,尽管作为一个整体的法律系统仅仅具有弱势意义上的合法性,但例外的是,明显不正义的法律系统会缺乏强势意义上的合法性。在这种情形下,与适用于实践的不正义原则和规则相关,合法化辩论将在法律系统的**第一性规则**层面上发生。最显著的是,人们将关切自由权。人们亦会依据有关政治参与或接近正义(access to justice)的程序性权利立场(非民主的排斥或不公正的审判)来批评**第二性规则**。

但是,一般来说,当合法化辩论在**第二性规则**层面进行时,毋宁说,它是一种有关法律系统实际运行的社会学讨论——比如,在革命或内战情形下的法律运行。如果法律系统大体上运行良好,它会被认为具有"合法性"——弱势的社会学效果意义上的合法性,没有道德内涵。

这样,法律系统的不同建制(立法者、执行机关、法院和法律学说)之间的某种相互承认和支持,就具有极端的重要性。在很大程度上,正是这种循环的沟通与其他法律系统的对等承认一道(参见本书第三章第六节第一部分),构成和维护着法律系统(参见本书第三章第六节第一部分)。 200

显而易见,在法律系统所有合法化讨论的层面上,作为政治公共领域中沟通合法化的一个论坛,大众传媒都扮演着某种关键的角色。

2. 规则和裁决的合法化

关于合法化的讨论，在具体规则和裁决层面上最为常见。

在（广义上的）立法者所制颁之规则的层面上，用以检验其合法性地位的评判标准包括其谱系（pedigree）、程序和内容：

（1）关于谱系：立法机关是否有权制颁这一规则？是否以恰当的方式从适格的上级机关获得了授权？

（2）关于程序：规则是否依据规定的程序制颁？它是否符合基本的程序性原则？

（3）关于内容：规则是否与法律系统的基本原则和价值融为一体？它是否符合社会中的主流意识形态？

在疑难案件中，不存在任何清楚明白的、可基于此得出某种客观结论的“清单”（checklist）。合法化须在适当公共领域中的所有有关人员之间的沟通中产生。这种“理想的沟通”需要广泛和正确的信息，以及合理和融贯的论证。

在法律适用的层面上，也将存在有关法官（文官、警察等）权限、相继的程序和内容的问题。正如前文已经详尽论述的，解释理论和解释方法对于确定规则、进而裁决的内容来说，具有极端的重要性。而且，这也与法官作用的某种（或宽或窄的）观念缠绕在一起。

在所有这些情形下，法律学说都起着重要作用。在与社会利益更相关的情形下，大众传媒将至少起着某种作用，间或甚至会起着某种重要作用。

立法和法院裁决不仅服从于某种合法化辩论，通过指出规则或裁决的**形式基础**（谱系）和解释潜隐于其后的理由，它们亦在很大程度上**预觉了**这一讨论。基于一种广泛的沟通合法化，人们对高级法院要比低级法院、对疑难案件要比常规案件(routine case)有着更强烈的彻底沟通合法化要求,也是可欲的。

说合法化是一种社会建构,不仅是在共同体为法律合法化确定评判标准的意义上的,也在另一种意义上的,即对那些持不同意见的个体来说,社会中的大多数的观点将是其确定法律可接受性的参照性观点。如果人们已经习惯了一种苛刻的专制统治,一种新的、更自由的体制会被认为比其他国家的某些民主政府更具有合法性。当生活在一个税赋高而长期福利供给多的社会中时,这种高税赋对这个国家的大多数人而言都具有合法性;而在其他国家,一种较低的税率甚至都会被大多数人认为是不可接受的。对我们中的每一个人来说,什么是"可以接受的"或明显不可接受的,是由社会决定的。作为某个共同体的成员,在其从为受"同意"或"不同意"支配的意义上,存在很多我们全都赞同的要点。某些热点讨论,在其他社会几乎没有引起辩论。在某个共同体似乎是极端的某种立场,在另一共同体可能会很温和。传统和文化在很大程度上决定着我们的确信和预期,进而决定着我们判断某事物是否具有合法性。这些传统和文化,经由社会中的各种各样的个体而形成和发展;它们创造了范式型框架(paradigmatical framework),或者用哈贝马斯的话来说,创造了合法化讨论的策源地,即共同的"生活世界"(lifeworld)。[19] 然而,这个框架本身为每个共同体成员提供了超越合法化概念之外的无意识的确定性 201

〔19〕"从参与者的视角看,生活世界是作为达致理解过程中的一种视域形成语境(horizon-forming context)而出现的;在勘定某一给定情势的关联领域(the domain of relevance)的过程中,这一语境仍然使自身游离于该情势中的论题化(the matization)之外。"(J. Habermas, *The Theory of Communicative Action*, *vol.* 2 *Lifeworld and System*: *A Critique of Functioalnist Reason*, tran. Thomas McCarthy, Polity Press, Cambredge, 1987, p. 135. 对生活世界概念的透彻分析在第 113~152 页。)

(unconscious certainties)。它们是该共同体内无人否认的“客观真理”(objective truth)。这种表面上的“客观”真理，在一定程度上亦决定着关于多数确信的“主体间性”真理(“intersubjective”truths of the majority)之合法化讨论的(可能)主观立场。

第九章 结 论

前文对法律的某些主要方面的系统分析表明，沟通概念并非与其所有方面都相关，而只是与其中的重要部分，并且很可能是最重要的部分相关。这同样表明：法律中的**心理要素**在何种程度上是重要的，尤其是对法律的社会接受和法律解释来说。这些心理要素，在社会中很大程度上取决于，并形成于广泛的社会沟通过程。因此，与法律有关的沟通，不但是一个合理性的问题，抑且在一个重要的程度上也是某种心理过程。

法律调控着（法律）共同体内人的互动。有时，这种互动会不经任何沟通而发生，诸如大部分犯罪和意外事故。然而，对人类来说，典型的是，人有沟通以及建立和发展复杂关系和复杂社会的能力。在此，法律对于一个公司、团体或民主社会的建构，或者对经济、文化或任何其他种类的发展来说，有着极端的重要性。法律的某些部分,典型地调控和创造着这种人际沟通的框架,诸如合同法、结社法和公司法、部分人权法(表达自由、结社自由等)、程序法和各种各样的政治决策规章等。因此,沟通是法律的核心。它是法律的主要对象之一,而且极可能是其最重要的对象。

在本书第一章第二节,我们已经指出:人的互动和沟通,而不是个体或法律系统本身,须成为所有法律理论的中心。用政治学术语来说,这意味着要在(极端)个人主义与(极端)社群主义(communitarianism)之间,采取某种中间立场。用社会学术语来说,这意味着要在那种把个体同其环境割裂开来的(朴素)主观论[(naive) subjectivism]与那种把社会系统(social system)同作为其组成部分的个体割裂开来的(朴素)客观论[(naive) objectivism][1]之间,保持某种平衡。我希望本书关于法律数个主题的讨论,能充分支持这一表述。

204 通过对规范发出者和规范接受者之间关系(本书第五章第二节)和作为一种沟通方式之语言(本书第七章第二节第一部分)的考察,我们已经清楚地知道,包括法律规范在内的任何信息都须被置于发出者和接受者之间的**沟通**中来理解;而且,规范正是在这一沟通过程中被部分地创造出来,它不是由规范发出者(正如法律命令说设想的那样)或规范接受者(正如一些现实主义理论认为的那样)单方面排他性地创造出来,亦不能被化约为信息本身和规范文

---

〔1〕 在其极端的版本中,"沟通"概念甚至被限定为是与个体毫不相关的。依尼克拉斯·卢曼之见,只有沟通(communications)、而不是个体(individuals)始能产生沟通(communication)。[N. Luhmann, Was ist Kommunikation?, in N. Luhmann, *Soziologische Aufklärung* 6, *Die Soziologie und der Mensch*, Westdentscher Verlag, Opladen, 1995, p. 113–24, at p. 113;也可参见本书第六章第二节第二部分。]对卢曼的这一与哈贝马斯取径相对的沟通观念的一个有趣分析,参见 P. Guibentif, "Le chameau dans le laboratoire. La théorie des systèmes et l' étude de La communication juridique quotidienne", (2001) 47 *Driot et Société*123–153, at p. 124–137。

本(如同法的黑体字理论想当然的那样)。

立法已被限定为在立法者和公民之间权力关系内的一种单向的(至少意图如此)规范性沟通过程(本书第七章第二节第二部分)。然而,对成文法解释的分析,则向我们展示了法律的适用是如何被多方沟通过程所掌控的——在这一沟通过程中,不仅立法者、法官(或有些情形下会是文官或其他官员)和当事人卷入其中,其他法院、法律学说以及在例外情况下,甚至大众传媒和普罗大众亦会加入进来(本书第七章第二节、第三节和第四节)。法律的意义从来不是完全取决于它的创制者,而是通过由法律文化背景所决定的法律解释和司法过程而不断得到提炼,有时甚至完全改变原义。这种法律文化是一般文化(有关共同体的世界观和主流价值观)与法律职业的观点、态度和实践的产物。特别是,法律学说和最高法院的裁决,已被证明对法律文化的取向和发展来说,具有极端的重要性(本书第七章第六节和第七章第七节)。

从这一视角看,法院的积极作用与其被看作是一种"民主赤字"(democratic deficit),不如被视为是一种民主**益处**(*benefit*)。正是通过积极参与关于法律之内容、意义的讨论和沟通,法官完全承担起了其作为法律机构成员和评判性公民的责任。也正主要是那种有可能把法律创制和法律适用严格区分开来之假设的谬误,广泛地制造了混乱:使创造性的(creative)的法院裁决合法化过程中的混乱,以及现代社会中法官角色划分中的混乱。

从这一视角看,先例具有约束力的法律系统,部分地阻碍了关于法律问题、进而法律发展的沟通和论证。因此,它们在现代社会是不受欢迎的。但是,具有争鸣文化传统的法律系统,对法律事务的较广泛论证与沟通来说是有助益的,因此,应当培育之。

一整套复杂的**沟通行动**,不但使人们了解了法律,抑且通过法律共同体内持久的意义循环过程**构成**、保持和发展了法律系统及其所包含的权利(本书第六章第二节第二部分和第六章第三节)。沟通行动,是与那种个体利用其包括法律在内的环境实现其自身目标的策略行动相对的。正如本书第六章第二节第二部分指出
205 的,人的行动不能被化约为纯粹的策略行动。成立公司、达成协议、发展民主,是典型的**沟通性**努力。这些行为预设了某些共同目标,而这些目标通过卷入共同事业之人的某种沟通过程而确立下来。

对**法律的接受**(本书第五章第三节),不是纯粹的个人事务。就像法律规则的"有条件接受"和"被迫接受"所揭示的,它部分地建基于对他人和法律官员行为信息的了解之上。对作为一个整体的法律系统的接受(本书第八章),亦建立在整个社会或社会中某些界别关于合法化问题的某种大量的信息、观念交换及政治讨论的基础之上。

在不同的公共领域中,存在一种巨大的商议性沟通——这些公共领域中的参与者至少包括当事人、辩护人和涉案法官,间或也包括其他法院、法律学说、大众传媒和/或普罗大众。这种商议性沟通,不但对法律确切内容的**确定**,抑且对法律的**合法化**都有重要意义(本书第七章第六节、第七节和第八章)。我们得出了这样的结论(本书第八章第三节第三部分):合法化是一种社会建构,它通过所有人都(应该)以平等的地位参与其中的沟通过程建立起来,并且这种合法化的获得是通过把互为前提的形式要素和实质要素结合起来而实现的。

正如前面的章节已经讨论的,在这篇关于法律之主要沟通方面的简短总结中,我想添加一些结论性的评论,以作为一种法律之沟通理论的构件。

人们应当区分**自发性的沟通**(*spontaneous communication*)和**合理性的沟通**(*rational communication*)。前者不必通过语言表达出来,诸如交通中的实际行为,它们共同决定着“规则”或至少是对规则的解释;后者则通过语言表达出来,它们对现代社会中的辩论和合法化来说是不可或缺的。

法律创制过程中的广泛的沟通性参与,对于(1)法律的平等性[更融贯,即更能适应(改变了的)环境]和(2)法律为相关公民所接受、进而法律的合法化来说,具有重要价值。

欧洲化(europeanisation)和全球化对于解释共同体(interpretive community)的拓宽,即共享生活世界,也就是共同的事实性框架、解释性框架和意识形态性框架(比如人权、国际贸易、海上和空中交通规章以及银行法等)的拓展来说,有着重要意义。

在多元化的法律秩序(及多元主义的法律秩序观念)中,存在一种开放的解释想象(vision of interpretation)和广泛的民主观念(不仅仅“多数决定”),因而有必要在所有层面上进行持续的沟通:无论是法律创制,还是法律适用都需要在地方、区域、国内及国际层面上进行沟通——在这一沟通过程中,法律人和非法律人皆卷入其中。对法律创制、解释和适用中之沟通的参与,不仅是有关人员的权利,更是所有那些对此负有职业责任之人(议会机构成员、法官、学者和新闻工作者)的**义务**。在一个持续变化和变动且各个 206
法律共同体根株相连的世界中,正是基于相互理解的沟通“构造”着社会,即不但创造着使政治辩论得以发生的合适公共领域,抑且创造着各种各样的私人领域和社会网络,以及最重要的,相对于外部世界的、对特定共同体的**归属**感即关于共同价值的认同感(feeling of having something in common)。

在一个复杂的全球化世界中,共同的背景知识和世界观(用哈贝马斯的话来说,共享的生活世界)式微了。在近几个世纪的西方自由主义传统中,这已经导致对个体自由和个体权利的强调——经由个体自由和个体权利,公民可以通过其认为恰当的策略行动追求其个体利益。然而,为了分析一个新的全球化共同体,人们需要一个**沟通空间**——在这里,一个新的共同生活世界被创造出来。我同意哈贝马斯的观点:如果互动体系(complexes of interaction)不能仅仅基于以成功为取向的行动者相互施于彼此的互惠影响而得到稳定,那么,社会**说到底**须通过沟通行动而得到整合。[2]

随着一套共同道德价值和道德原则之式微而产生的社会和共同体的多元化,已然导致了一种**道德的司法主宰化**(*juridification of morals*) *。在西方世界,像教堂这样的平行机构,已经完全从公共领域销声匿迹。在国内和国际层面上,新的、共同的一套道德价值和道德原则,都以国际人权条约和包含这些人权内容之宪法的形式而建立起来,并由国际人权法院和国内宪法法院在判例法中进一步明确下来。"人权"外延的拓展,如果不是人权的普泛化(banalisation),那么则应视为对建立新的共同道德之需要的一种回应。在那些次基本的价值和原则领域,法律亦决定着社会行为在道德上的可接受性。在这一领域,以及在具有所谓成文法(codified

---

〔2〕 J. Habermas, *Between Facts and Norms: Contributions to a Discourse Theory of Law and Democracy* (trans. William Rehg) Polity Press, Cambridge, 1996, p. 26. 将这种观点应用于欧盟分析的文章,参见 J. Habermas,"Does Europe Need a Constitution? Response to Dieter Grimm" in J. Habermas, *The Inclusion of the Other*, Polity Press, Cambridge, 1999, p. 155-161,特别是第 158~161 页。

* "司法主宰化"(juridification),是哈贝马斯在"殖民化命题"("系统对生活世界的殖民化")中使用的一个概念。对这一概念,Mathieu Deflem 进行了如下解读:"一般而言,司法主宰化的概念指涉形式法中按照下列方式的一种增长(趋势):实在法的扩张,即更多的社会关系变得由法律来调整,以及法律的密实化(densification),即法律规章变得更为细密。" Mathieu Deflem, Introduction: Law in Habermas's Theory of Communicative Action, in Mathieu Deflem (ed.), *Habermas, Modernity and Law*, SAGE Publications Ltd, 1996, p. 7. ——译者注

law)的法律系统中,法院尤其扮演着重要角色。当决定某人在侵
权法上的责任,或者解释一项契约时,法院通常**凭经验**(*a
posteriori*)来确定一项道德义务,并将其适用于手边的案件。通过
将道德原则引入法律并“装扮”成“不成文的法律原则”,借助于诸
如“权利滥用”的禁止、“善意”行为的义务等原则,法院就能够制裁
不道德行为。一种“社会行为准则”(code of social conduct),通过
大量(已出版的)判例法逐渐建立起来。这些准则(the rules)的内
容,不外乎是一套道德规则,它们由法官表达出来,并通过其司法
裁决转化为法律规则。通过这种道德的司法主宰化,法律领域变
成了为讨论、建立和提炼新的“正式”共同道德提供阵地的主要论 207
坛。显然,这要求大范围内的广泛沟通和普遍接受具有合法性。
然而,如果这大体上成功了,它不应被看作法官将其世界观见缝插
针地强加给社会的某种法官越权[**法官统治**(*gouvernement des
juges*)],毋宁说,它是必要的沟通行动的结果——对我们变化着的
社会之形成和维持来说,我们**需要**它。必须有**某种事物**(*someone*)
协调着这一沟通过程,而法律是唯一且充分制度化的达致此目的
的领域。然而,为了保证公共领域的广泛参与性,法律须与大众传
媒相得益彰。

当然,在实践中,理想情境下的完美沟通条件不会满足,而且永远不会。然而,一些要素将能够促成其最佳的实现;这些要素是:(准确的)信息、(正确的)论证以及沟通、论证的领域和具体活动——例如,选举,或法院裁决中的理由,便利的(能够创造更倾向于达致真正相互理解之某种趋向的)沟通行动,而非纯粹的策略行动等——的形成和改善。

因此,从沟通的视角看,以下两个方面具有特别的重要性,即论证理论和民主理论。

第一节　论证理论

当民意机构(public body)制颁法律,法官判决案件,或者公民、公共或私人机构使用法律规则时,这也许是某个为了实现某种特别目标、增进某些利益之策略行动的一部分;但是,根据定义,这通常也是一种沟通行动,其目的在于使他人确信某项陈述和/或其潜隐理由的**真实性**,[3]规则、决定和主张的**规范正确性**(*normative correctness*),并使他人确信其作者(author)表现出来的**意图**言出心声。[4] 如果不能满足这些隐而不显的要求之一,任何法律陈述、法律语句或语句集合都会受到诘难。因此,我们须——事实地或潜在地——给出**理据**(*grounds*)以使他人确信那些关于真实性(truth)、正当性(rightness)和真诚性(sincerity)之潜隐主张的有效性。

这就要求规则须具备理由(reasons)的有效性和理由类型的可接受性,换言之,这呼唤一种法律的论证理论;用阿列克西和哈贝马斯的术语来说,即一种法的商谈理论(a discourse theory)。这种论证理论须考虑把关注点从**目的合理性**(*goal rationality*)转至**沟通**
208 **合理性**(*communicative rationality*)。正如我们在前文中看到的,在法律实践中,我们要从一种垂直线形的合法化迈向一种循环互动的合法化。这种发展亦对论证产生了影响。(见表9.1)

---

〔3〕 比如,当制颁一项规则时,不能说这一规则本身是"真的"或"假的",而是指这一规则所赖以为基的事实或该规则得以制定的宣告目的是不是真的。

〔4〕 在哈贝马斯看来,任何以**理解**为取向的行动者,都须至少提出三种有效性主张。(J. Habermas, *The Theory of Communication Action*, Vol. 1, Polity Press, Cambridge, 1984, p. 99.)

表 9.1　传统合法化对沟通合法化

传统合法化	沟通合法化
线形的	循环的
权威性决定	论证
强加	确信
一般正义	具体正义

为了追求一般正义和法律确定性,线形的合法化为我们强加了权威性决定。对成文法来说,一般性规则是由高级规范和高级机构授权的立法者权威性地强加给我们的。这些规则的有效性来自于一个线形的谱系,直至顶层某种基本规范和承认规则。法院裁决(或其他官员的决定)亦是如此,它们须与这些一般性规则相关联,以支持其对案件的审判权限和裁决内容之理由的正当性。在此,论据基本上是权威性的:适格的官方机构制颁的(高级)规则,(上级)法院的先前裁决和(德高望重的)法律学者的观点等。[5] 论据趋向于形式化,因为只需证明规则和裁决的权威性,而无须证明其能否足以解决社会问题。因此,个体正义和平等要服从于一般正义与法律的确定性。

沟通的合法化则具有循环性,因为这里存在规则或裁决与其意图适用的社会问题之间的一种对话。

规则的社会适切性(social adequacy),在很大程度上决定着规则的内容和规则的解释。颁行机构的权威性及其系统化系谱,不再足以支持法律规则的合法性。它们不得不与一般的,甚至不成文的法律原则相适应——这些原则通常是道德负载的(特别是人

〔5〕 在英国,传统上一般是法官(特别是去世很久的法官);在欧洲大陆,人们更偏好(古老)大学的(老)教授。

权),由于其为超国家法院和宪法法院所掌控而具有的超国家或宪法性特征,它们脱离了立法机构的控制。而且,规则的(语言、法律、社会和经济)品质及其实效变得重要了:规则一般要预先审查[行政机关审查;就语言和法律品质来说,由诸如最高行政法院(Conseil d'etat)等机关审查],并且常常也追求某种审判期限。如果可欲或必要,我们可以变通规则,亦可以很大程度上改变规则,甚或予以撤销。

对司法裁决来说,裁决权限和内容的正式理由仍是重要的。然而,主要在法律规则的司法解释中,存在**事实与规范之间的对话**(*dialogue between facts and norms*),其很大程度上共同决定着适用
209 于手边案件之规则的最终内容和范围。就确定规则的确切范围和内容来说,**规范之间的对话**也越来越不可避免。首先,法院不得不面对的是立法的膨胀及其带来的不协调。其次,日益增长的法律系统的多元性(宗教的、国家的、国际的和非国家的),使它们并不总是(很少完全是)处于一个相互等级化的关系之中,而是调控着一个相同的或邻近的领域。这样,它们创造着潜在的、法院必须解决的不谐之状(如欧盟的指令和国内法,国际体育协会规则和国际人权法)。所有这些不仅是"规则之间"的一种对话,它还是一种复杂的沟通:法律系统之间的,法律规则之间的,法律规则与法律原则之间的,法律规则、法律原则及其潜隐的道德或政治价值之间的,所制颁的规则与从先前的法院裁决中获得的解释之间的,规则及其司法解释与其在法律学说中(及有时在大众传媒中)的评价之间的等。从这一视角看,遵循**先例**似乎是法官表面上的一种责任,因为法官须在一个预先存在的框架内证成其裁决,而这一框架对应当保持融贯的法律系统来说是其构件。新的裁决,须根据这些先例来界定自己的立场。遵循先例,将大大减轻我们的证成负

担;否则,我们需要广泛而又详尽的推理。

法院裁决的沟通性推理(communicative reasoning),意味着要使当事人及其律师、上级法院(其在后续期间可能须要判决某一案件)、法律学说和一般性的法律共同体,**确信**该判决在**法律上是正确**的,在**社会上是适切、公平的**。"确信"不仅意味着要诉诸权威和遵循法律的需要,它亦表明:要努力站在败诉方(the losing party)的立场上考量,即要从一个知道自己利益完全或部分被拒绝的理性人(a reasonable person)的角度看待案件,以使这些理由会使败诉方确信这样的人足够做出至少对他来说可接受的司法裁决。

沟通性论证的上述三个方面结合在一起,使人们强调依据手边案件的具体特征而获致的**具体正义**,而不是追求一般正义——其手段是赋予规则以某个宽泛范围和适用于所有案件的某个相同意义,并且(至少表面上)促进"平等"和"法律确定性"。在此,"平等性"和"法律确定性"都获得了一个不同的含义。平等不再经由一种形式视角,而是经由一种实质视角[比如,正面差别待遇(positive discrimination)*]而达致的。因此,它消除了传统的"平等"或"一般正义"与"公平"或"具体正义"之间的对立。法律确定性不再被限定为某种理论化的预言,即法律人关于法律如何被适用而不管案件具体特征的预言,而是被理解为公民基于一个外行人的法律知识、法律和道德原则以及理性(reasonableness)和常识

---

* 或译为"平权歧视"、"正面或肯定的歧视"或"积极的歧视",是指明确给予弱势者以特殊待遇而造成的"歧视"。按照《布莱克维尔政治学百科全书》的解释,"平权歧视"是给予早先受害的集团成员以优惠待遇或实行反向歧视的计划,它使用同样与表现无关的标准以使原来的歧视发生逆转。"它可以用来帮助黑人群体或妇女群体的所有成员,亦可用以帮助早先受歧视的个人受害者。它所宣称的合理性可能还需要诉诸于功利或社会和谐的更均等的机会的建立或对过去的不公正进行补偿。"参见[英]戴维·米勒、韦农·波格丹诺主编:《布莱克维尔政治学百科全书》,邓正来主译,中国政法大学出版社2002年版,第218页。——译者注

而期望法律是什么样的(及应当怎样解释)。通过这种解释,“法律确定性”与“公平”也就不再水火不容了。

210 所有这一切暗含着论证中的一个重要转变。当我们强调实质、而非纯粹形式的理由时,可能的论据范围大大地拓宽了。而且,不仅可以采用纯粹的法律理由,根据案件种类的不同,各种各样的事实、心理、社会—经济以及道德和政治等理由皆可采用。最后,制颁规则、判决案件之时,我们需要更广泛且详尽的论证。〔6〕

第二节 民主理论

在此,民主理论只能简要论之,其他内容可参阅本书第六章第三节和第八章。详尽论述民主理论不是我的目的,我只是很大程度上借助尤尔根·哈贝马斯的观点,指出将来进一步思考与研究的某些方向。

在复杂多样的法律系统[广义上的(如同我在本书第二章和第三章界定的)]中,有些法律系统更为重要,即建构**公共政治辩论**的那些法律系统。这些法律系统,建构着**公共领域**——在这里,决定的做出服务于作为一个整体之社会的组织化目标;在这里,某种共同道德和共同世界观得以形成,并在法律系统掌控的整个地域范

〔6〕 比如,在法国最高法院(Cour de Cassation)和英国上议院(House of Lords)的判例法中,我们可以发现两类不同论证的例证。法国最高法院是纯粹的、传统威权性论证的一个例证,根本不考虑实质性理由——如果有,也仅仅是形式上的法律证据。特别是,给出同意或反对观点的可能性,迫使或允许(英国)上议院的法官们试图使其他上议院高级法官(law lords)和法律共同体,确信其对法律之解释的合理性,也因之使这些裁决更接近沟通性论证的模式(更多的实质性理由,而不是纯粹的法律理由,以及更为冗长的论证)。

围内皆行之有效。这些法律系统，亦勘定了**私人领域**能够自由运行的边界，而不论人们是否依其本身条件将这些私人领域建构为法律系统。公共领域的概念要比“国家”宽，它还包括诸如欧盟或联合国等超国家层面。正如这些例证所显示的，公共领域之间可能存在某种重叠；为了获得主流地位，它们之间也存在一种斗争。而且，公共意见并不止于法律系统所掌控之地域的边界，有时它们在某个地域内已经纷争云起。因此，根据主题的不同，相关公共领域得以分化，而不必完全与有关法律系统的管辖范围重合。民主理论须聚焦于这些公共领域，并聚焦于它们之间及其与私人领域之间的相互关系。

这些私人领域界限的勘定，现在正处于学术争论、政治辩论和司法论争的中心：比如，在《欧洲人权公约》范围内，体育俱乐部在多大程度上可以自由“买”“卖”运动员？国家调控私人性行为（如同性恋行为）的界限是什么？等等。

第一个讨论，是谁有权力调控私人领域：就像实证主义者和某 211
种程度上的共和主义者认为的那样，由公共权威决定一切，其唯一条件是规则出自某种民主程序？抑或就像自然法论者和自由主义者主张的那样，存在脱离政治上多数之管辖范围的天赋权利（innate rights）？

第二个讨论，是这些基本权利的内容如何确定：是由议会的某种简单投票、某个宪法法院、某个超国家法院确定，还是通过广泛的公共辩论确定？

正在进行的讨论，关涉相对于国家的个体的。哈贝马斯正确地指出，仅仅排他性地关注国家或个体一方的理论，不能解释当下社会的复杂性。[7] 社会不仅是原子化个体的聚结之物(conglomerate),国家也并不是一个可以离开其所掌控的社会个体而独立存在和运行的自主机构。为了解决国家和个体之间的对立,任何民主理论都须采取中间立场或者辩证立场。基本权利保证某种充分的私人自主,而私人自主是创造公民能够运用其公共自主之公共领域的条件。但是,没有法律上组织起来的程序,没有法律上承认的个体即法权人,就没有任何公共领域可言:[8]

一种法律秩序之为合法,取决于它在多大程度上平等地确保了其公民的私人自主和政治自主这两种同源(co-original)价值的相同地位;但与此同时,其合法性亦归之于沟通的形式——唯有在这种沟通形式中,这种自主方始得以表达和证明。说到底,法律的合法性依赖于未被扭曲之公共沟通的形式,并且也间接地依赖于私人领域的基础沟通结构(communicational infrastructure)。这是程序主义法律观(proceduralist understanding of law)的关键之所在。在私人自主的形式保障被证明不充分之后,在通过法律进行的社会干预威胁到它本来意欲恢复的私人自主之后,唯一的出路,是聚焦于不同沟通形式之间的相互关联,而这些沟通形式在自身得以产生的条件下同时确保了私人自主和公共自主。[9]

对法律人而言,私人领域与公共领域、私人自主与公共自主的

---

〔7〕 J. Habermas, *Between Facts and Norms: Contributions to a Discourse Theory of Law and Democracy* (trans. William Rehg) Polity Press, Cambridge, 1996, p. 1-2.

〔8〕 J. Habermas, *The Inclusion of the other*, Polity Press, Cambridge, 1999, p. 260-261.

〔9〕 J. Habermas, *Between Facts and Norms: Contributions to a Discourse Theory of Law and Democracy* (trans. William Rehg) Polity Press, Cambridge, 1996, p. 409.

这种区分也是一个重要的起点;以此为起点,我们可以重新思考传统的——现在看来稍显过时的——关于“私法”与“公法”的区分。在19世纪的欧洲,私法被毋庸置疑地视为法律的主要领域,即法律系统的核心。当然,这与当时主流的自由主义意识形态相关。伴随着社会主义和福利国家意识形态的出现,公法在20世纪大行其道;传统的、纯粹属于私法的所有领域(对劳工、佃户和消费者的保护),都受到公法的干预。21世纪,我们须重新定义公法、私法以 212
及它们之间的相互关系——在这种关系中,公法集中于诸如社会的结构或生态问题等一般利益的事务,它们较少作为工具来保护公民具体种类的私人利益。无论如何,公法、私法显然是互为前提的。它们不是孤岛,而毋宁是“一个相互关联的联结”(a nexus of reciprocal connection)。[10] 公法以这种方式——比如,通过创造法律创制和适用的机构(立法者和法院)——建构着私法的领域,从而使得私法在根本上成为可能。但是,私法亦提供了诸如“法权人”或“财产”等公法中也使用的概念。过去,一些法律系统(如苏维埃法律系统)大大地泛化了公法的范围——这种泛化以牺牲私法为代价,但并未能完全消除私法的存在。就像经济的情形一样,任何权威想安排一切而丝毫不为私人行动留下任何空间都是不可能的。一旦服务于私人主动性(private initiative)的**某事物**被遗留下来,我们就需要用以界分权限(行为能力)与(针对其他人和物品的)权力的私法规则,我们亦需要用以实施这些权力和权限的规则,以及用以规范物品交换、解决财产和责任争端等问题的规则。然而,行为的可能性是以基本自由的存在为前提的,诸如表达自由、缔约自由、个人财产的自由及其最低保护(包括反

〔10〕 J. Habermas, *Between Facts and Norms: Contributions to a Discourse Theory of Law and Democracy* (trans. William Rehg) Polity Press, Cambridge, 1996, p. 396.

对征用的自由)等。而这些基本权利中的许多,是公法(主要是宪法)的一部分。

正如哈贝马斯所言,给予建构公共领域中的政治辩论以特别关注似乎是重要的,即要保持并精心塑造政治层面与市民社会(civil society)之间的关系,组织并支持诸如政党和大众传媒等中介组织(mediating organisations)和机构(并控制它们以保证其大体上适当地承担了自己的角色):

> 政治公共领域形成了这里的核心,它促使公民在同样的时间内,对同等重要的议题展现出自己的立场。这一公共领域由于未受到来自内部或外部的压制而保持完整。它须嵌入一种尊重自由的(freedom-valuing)政治文化背景中,并且须得到某种市民社会的自由结社结构的支持。来自仍然完好的(still-intact)私人领域的相关社会经验,须涌入这一市民社会中,以便在这里被加工成公共对策(public treatment)。为了能够在非正式的公共沟通领域与制度化的商议和决策过程之间发挥桥梁作用,未与国家机器融为一体的政党须植根于这一背景。[11]

正如在经济学上一样,一个发展良好的"**中间力量**"(*midfield*)在政治和法律中斯事体大。小型和中型企业是经济发展和稳定
213 (包括社会的政治稳定)的重要要素。就像它们建构着政治沟通,即协调着所有有关公民和机构之间的关系一样,政党和大众传媒在政治中亦扮演着十分重要的角色,它们具有保持稳定的功能。法律学说一方面协调着制定法(legislation)和判例法之间,以及孤立的规则、制定法与法律裁决之间的关系;另一方面亦

[11] J. Habermas, *The Inclusion of the other*, Polity Press, Cambridge, 1999, p. 160.

协调着作为整体的法律系统中书本上的法与行动中的法之间的关系。通过持续的重新解释和重新建构,建立在这种协调性沟通功能基础之上的法律系统和法律学说不断改变,但同时保持着法律的稳定。

在民主理论中,勘分出政党、大众传媒在公共领域的作用、限制其在私人领域的影响,似乎是重要的。正如政党、大众传媒在建构公共领域的政治辩论中扮演着某种重要角色一样,它们亦应承担起某种**职责**(responsibility);如果与其相关,还要承担某种**责任**(liability)。首先,它们应为公众提供正确的信息。其次,它们还应当应对所有重要的社会论争。它们应基于正确的事实和可接受的合理论据,批评或支持与这些论争有关的观点和建议。

对政党来说,会出现侵入私人领域之事,比如通过那种常常以牺牲公共辩论为代价的扈从主义(clientelism)*实践。对大众媒体而言,主要是侵犯隐私问题。比如,当媒体基于秘密的公诉人信息而报道被指控的罪行时,它就侵入两个私人领域,即(极可能是清白无辜的)嫌疑人的隐私和公诉人的领域——公诉人的领域在其须为调查而保密的意义上是私人的,反之则与公共利益相关。[12]

在美国和欧盟的宪法解释实践中,法院现在似乎不仅认同了程序性权利的重要性,亦重视那些应当能促使个体有意义地运用其政治参与权的**信息**。[13] 然而,政治参与很大程度上仍被视为个

---

* 或译"依从主义""持从主义"等。——译者注

〔12〕 关于媒体侵入公诉领域的一个有趣的分析和批判,参见 A. Garapon,"Justice out of Cout:The Dangers of Trial by Media" in D. Nelken(ed.),*Law as Communication*, Dartmouth,Aldershot,1996,p. 231-245。

〔13〕 例如,美国最高法院 1975 年 Weinberger 诉 Wiesenfeld 案[*Weinberger v. Wiesenfeld*,420 US 636,650(1975)](有关一个法案的潜隐理由之信息);在大部分欧洲国家,一个正日益增长的要求是公民获取行政决策的信息(比如,为什么是 A 获得任命,而不是 B 等)。

人化的事务，而不是一种社会建构的**沟通**空间。甚至“**商议民主**”的概念，也仅仅是在有限的意义上使用，允许个体参与到民主过程中[连同为公共权威科以说明政策之理由的义务，以及对公共利益的推定关切，而不仅是私人(团体)利益的代表]，而不是对**社会本身**存在中的沟通性政治商议的详尽阐释。[14]

214 法律沟通可以采取很多形式：一对一的沟通，比如在审判中或签订一项合同时；一对多，比如立法的制颁、法律裁决或学术写作；多对一，比如选举或全民公决；多对多，最典型的是普通的政治辩论情形，或法律文化的形成和发展。[15] 在某些情形下，沟通会是面对面的；但是在法律中，沟通大部分通过文字进行。因此，法律的文本解释很重要。每种类型的沟通过程的特征可能异常迥异，我们分析和讨论时，须考虑这一点。就本书论旨来说，正是沟通的最广泛形式具有特别的吸引力。在以后的进一步研究中，我们应特别关注这些具体的论题，比如，意见领袖[例如，声名卓著的教授、在法律学说上属于最高法院的法官(judges belonging to the highest courts as for legal doctrine)、政界要员或政治辩论中的行动集团]的作用，沟通理论中那些为他人筛选信息的所谓“门卫”(gatekeeper)[16](比如选择法院裁决出版与否的法律杂志的编委

〔14〕 例如，关于美国宪法的讨论，参见 C. Sunnstein, *The Partial Constitution*, Harvard University Press, Cambridge M. A., 1993, p. 19-20 and 133-141。

〔15〕 关于从沟通理论视角对这些不同层面之沟通的讨论，参见 J. Ruesch and Bateson, *Commication: The Social Matrix of Psychiatry*, 2nd edn (W. W. Norton, New York, 1968)。在该文中，作者也区分了一种“个人内省”(intrapersonal)层面的沟通(一个人观察他/她自身的生理学和心理学“信息”)，这种区分与我们这里的讨论无直接关联。

〔16〕 “门卫是能够为某一接受者增补其自身对沟通环境之直接认识的人、团体或角色。他们是官方或非官方的，监控着那些与给定受众有关的信息安排，选择并抽取他们认为‘适合’受众需要之安排的比例，并将那些信息传递给受众。”[R. Aanderson and V. Ross, *Questions of Communication* (St Martin's Press, New York, 1994), p. 238-239；参见 B. I. I. Westly and M. S. Maclean, “A Conceptual Model for Mass Communication Research”, (1957) 34 *Journalism Quarterly* 31-38。]

会,决定是否准入法律资源的数据库管理者)。对公共意见形成来说,沟通过程中相关人的**卷入**和**控制**的程度应该达到最低限的水平。[17] 正如我们在制定法解释中最显著地看到的那样,沟通情境的影响亦不容忽视。[18]

当然,法律的沟通取径并不能解决所有的问题。很多概念,包括“沟通”本身仍然——很可能不可避免地——相当模糊。最佳沟通的理想条件,仍是乌托邦。也许,完美的沟通从来无法达致。[19] 广泛彻底的信息和沟通也是相当耗时的,但有时决定须在很短的时限内做出。而且,不是所有的事务都能由每个人来讨论;即使人们不想把所有的事情都留给职业化的专家,但某种劳动分工的存在亦是必要的。然而,发展一种法律和政治的沟通文化亦是一个 215

---

〔17〕 关于对任何沟通行动(communicative act)的这些基本维度的论述,参见 L. A. Lievrouw and T. A. Finn, *Identifying the Common Dimensions of Communication*: *The Communication Systems Model*, in B. D. Ruben and L. A. Levrouw (eds.), *Mediation*, *Information and Behavior*, Transaction Publishers, New Brunswick, 1990, p. 37-65。

〔18〕 “在任何给定的沟通情势中,语境都会影响沟通,反之亦然。”参见 *L. A. Lievrouw and T. A. Finn*, “*Identifying the Common Dimensions of Communication*: *The Communication Systems Model*, in BD Ruben and LA Levrouw(eds.), *Mediation. Information and Behavior*, Fransaction Publishers, New Brunswick, 1990, p. 55。

〔19〕 皮尔·利维(Pierre Livet)在其著作中通过陈述广义沟通的三种失败,得出了这样的结论。这三种失败,即(语言)**沟通**是有问题的,因为语言行为(linguistic acts)不可能保证言表其意;(沟通)行动的弱点是其不可能完全界定和决定一个行动的“意图”;最后,它也不可能保证合作的成功。参见 Pierre Livet, *La communauté virtuelle*, *Action et communication*, Editions de L' Eclat, Combas, 1994, p. 278。然而,他没有看到在试图达致沟通和合作中,作为一种不利条件即不可决定性(indecidability),这可能是一个富有成效的要素。如果人们像雅克·勒诺布勒(Jacques Lenoble)[Jacques Lenoble, *Droit et Communication*, Edition du Cerf, Paris, 1994, p. 34-35.]或简·布勒克曼(Jan Broekman)[Jan Broekman “Communicating Law” in D Nelken (ed.), *Law as Communication*, Dartmount, Aldesshot, 1996, p. 45-61.]那样,过于要求“确定性”(certainties),一切皆无可能:没有沟通,没有知识,亦没有理论。显然,这一观点不符合我们的常识和日常经验。当然,这有助于我们在智识和哲学上对各种各样的表面确定性进行质疑,并不时地解构它们;但为使任何种类的合理性思考和行为在根本上成为可能,我们不可避免地要接受诸多确定性。这是实践的需要,而不必然是认识论的天真或理想化的结果。

学习过程（a *learning process*）。一般来说，这样的文化越发展，沟通的质量和论据使用的质量越好。

归根结底，问题不在于法律的沟通取径是否完美，而在于它是否优于其他取径，或者至少提供了一些其他理论所欠缺的附加有益要素。以这种方式来表达，我相信答案是肯定的。

索　引

本索引页码是指原书页码,读者请参见本书的页边码。

为避免可能的翻译错误,人名一律未译,请注意识别。

附录 1

“交往”，抑或“沟通”：哈贝马斯理论中“*Kommunikation*”译名辨，兼及“*Law As Communication*”的翻译

孙国东

长期以来，哈贝马斯理论中的“*Kommunikation*”（communication）一词的翻译问题，一直没有引起学界的足够重视。在当下国内的哈贝马斯翻译与研究领域，童世骏和曹卫东无疑堪称执牛耳者；而他们都不约而同地将其译为“交往”。童世骏的简单解释是“*Kommunikation*”一词译为“交往”更符合现代汉语的通常用法。[1] 曹卫东在移译哈氏代表作 *Theorie des Kommunikativen*

---

〔1〕 参见[德]哈贝马斯：《在事实与规范之间：关于法律与民主法治国的商谈理论》，童世骏译，三联书店 2003 年版，第 1 页“译者注①”。

Handelns(*The Theory of Communicative Action*)[2]时,亦坚持把

---

〔2〕 根据童世骏的研究,在哈贝马斯做出的诸多概念区分中,“行动”(德语的*Handeln*和英语的action)和“行为”(德语的*Verhalten*和英语的behavior)的区别是最基本的一个。主要受英美分析哲学——尤其是后期维特根斯坦(Ludwig Wittgenstein)影响之下的日常语言哲学——规则理论的影响,哈氏认为,“行动”和“行为”之间的关键性区别,在于前者一定是意向性的,而后者可以是非意向性的——事实上他常常用这个词表示非意向性的行为。简单地说,行动区别于行为之处在于行动是意向性的,行为则不是意向性的;而行动之所以是意向性的,是因为行动是受规则支配的。交往行动之为“行动”的根本特点正在于它是不能用“行为”主义方式加以研究的。就行动的规则支配性而言,“行为作为一种意向表达所具有的意义是无法仅仅依靠客观的观察来把握的,因为从观察者的视角出发,我们只能看到符号的‘意义的持续性’(Konstanz der Bedeutungen),即在什么情况下出现了同样意义的行为;但这种意义的持续性不等于‘意义的同一性’(Identitaet der Bedeutungen):重要的不是仅仅知道在哪些情况下出现了哪些同样的行为,而是知道哪些行动被当作是同样的行为——也就是具有相同意义的行为。”该书书名中,哈氏使用的是“*Handeln*”,而不是“*Verhalten*”,因此,将该书书名译为“交往行为理论”是一种误译。[参见童世骏:《没有“主体间性”就没有“规则”:论哈贝马斯的规则观》,载《复旦学报》2002年第5期;[德]哈贝马斯:《在事实与规范之间:关于法律与民主法治国的商谈理论》,第1页“译者注①”;童世骏:《批判与实践:论哈贝马斯的批判理论》,三联书店2007年版,第119~120页]。然而,童世骏没有指出的是,哈贝马斯的“行动理论”除了受维特根斯坦影响外,还更为直接地受到韦伯“行动理论”传统的影响。[See J. Habermas, *On the Pragmatics of Communication*, Maeve Cooke (ed.) Mass. MIT Press, Cambridge, 1998, p. 112ff.]因此,哈贝马斯那里的“*Handeln*”不仅具有“规则导向性”,亦具有文化意蕴。在韦伯看来,人的“行动”区别于“行为”之处在于:前者是“行动个体将某种主观意义赋予了其行为之中”,而后者仅是指可识别的身体动作。[关于“behavior”与“*Verhalten*”、“action”与“*Handeln*”的对应关系,可参见韦伯《经济与社会》英译者的解释:Max Weber, *Economy and Society: An Outline of Interpretive Sociology*, Guenther Roth & Claus Wittich (eds.) University of California Press, Berkeley, 1978, p. 57;韦伯关于“行动”或“社会行动”的相关论说,请参见Max Weber, *Economy and Society: An Outline of Interpretive Sociology*, Guenther Roth & Claus Wittich (eds.) University of California Press, Berkeley, 1978, p. 4-24。]正是基于“行动”与“行为”的区分,韦伯的“理解社会学”将社会学研究的对象定位为“社会行动”,并区分了“观察性的理解”(observational understanding)与“解释性的理解”(explantory understanding):前者对既有的行为及其表现出的主观意义做直观的、描述性的理解,后者则将其纳入其动机的“意义关联”(the complex of meaning)中进行解释。韦伯本人所举的例子是伐木的行为和拿枪对准人的行为:伐木者既可能是为了生机之需,也可能是一种消遣,甚至只是表达内心的愤怒;拿枪瞄准人的行为既可能是授命执行死刑,也可能是在对敌作战,或者为了泄私恨。只有将这些行为与其动机所属的“意义关联”结合起来,我们才可以真正把握其所指向的那个丰富的“意义世界”[参见Max Weber, *Economy and Society: An Outline of Interpretive Sociology*, Guenther Roth & Claus Wittich (eds.) University of California Press, Berkeley, 1978, p. 8-9]。

"*Kommunikation*"译为"交往",并指出:

把"*Kommunikation*"译成汉语的"交往"和"沟通",只是字面上的差别,而没有什么实质上的不同。这里之所以坚持选用"交往",主要是想强调哈贝马斯作为"后马克思主义者"的特征,强调这本书中所理解的"*Kommunikation*"概念与马克思在《德意志意识形态》以及《政治经济学批判》中所提出的"*Kommunikation*"概念之间的内在联系。〔3〕

童世骏一句"通常用法",阻塞了所有对其进行进一步研究的可能;而曹卫东的解释尽管道出了哈氏使用的"communication"与马克思的关联,但对诸如他们究竟有何内在学术关联、是否在同一意义和语境上使用,甚至使用的是不是同一个词等更深入的问题,却避而不谈。

如果我们采用美国文化人类学家吉尔茨(Clifford Geertz,1926~2006年)所举的例子,我们可以设想两位正在眨右眼的少年,一位是不带任何意图的眼皮痉挛,另一位是向朋友传达恶意的会意。在实证主义或行为主义看来,两者的行为对科学研究而言是完全一致的;但"行动理论"或吉尔茨"文化解释理论"则可能在两种同样的身体动作背后洞察到不同的行动意向或文化蕴含,而正是这些行动意向或文化蕴含与人们生活世界所内涵的那个丰富的"意义世界"紧密相连——用哈贝马斯的话说,行为主义、实证主义方法论尽管有助于我们在知性上部分把握社会世界的经验现象,但它却"将科学虚构为以合乎规律的方式结构化的自在事实,从而掩盖了这些事实的先验构成"。[J. Habermas, *Knowledge and Human Interests* (trans. Jeremy J. Shapiro) Beacon Press, Boston, 1971, p. 69.]这在根本上是因为:就行动的文化意蕴而言,文化乃是行动者"自己编织的意义之网","对文化的分析不是一种寻求规律的实验科学,而是一种探寻意义的解释科学"。[See Clifford Geertz, *The Interpretation of Cultures*, Basic Books, New York, 1973, p. 5-7.]而下文分析表明,曹卫东对"*Kommunikation*"译为"交往"的解释亦是站不住脚的,因此,将哈贝马斯的代表作 *Theorie des Kommunikativen Handelns*(*The Theory of Communicative Action*)译为"交往行为理论",在"*Kommunikativen*"和"*Handelns*"这两个关键术语上都有较为严重的理论错位。

〔3〕 [德]哈贝马斯:《交往行为理论 第1卷:行为合理性与社会合理性》,曹卫东译,上海人民出版社2004年版,"译者前言"第2页。

依我个人拙见,“communication”究竟应当译为“交往”还是“沟通”,并不取决于哈氏所谓的“communication”与马克思有无关联(按照对马克思的一种庸俗理解,万事万物都是联系着的),而毋宁在于他与马克思所使用的“communication”是否存在内在的学术关联性,以及他们是否在同一意义和语境上使用。如果说在20世纪90年代中期以前将哈贝马斯局限为“西方马克思主义的代表人物”,想当然地强调他与马克思知识上的承继关系而将其译为“交往”还可以理解,我们现在理解哈贝马斯更应回归其理论本身。这一翻译当然关涉童世骏所谓的“现代汉语的通常用法”,但是我们首先要从语义学角度搞清何为两者的“通常用法”,厘清“交往”和“沟通”大致含义指涉的不同,以及哪一语词更符合哈氏理论的意旨。

本文拟从语源学和语义学的角度探讨这一问题,并立基于此谈谈本书书名“*Law As Communication*”的翻译,以就教于诸位大方之家。

一、“*Verkehr*” vs. “*Kommunikation*”:一个想当然的误译

详细探讨哈氏理论与马克思学说的关联性,是本文的篇幅所不能容纳的。在此,我拟借用其他学者的研究成果,并立基于两者的文本着重进行文本和语源学的考察。

据我初步考察,论者们所谓哈贝马斯“交往理论”与马克思之关系的论说[4]忽视了一个最重要的前提,也就是将两者人为捏合

---

〔4〕 相关论说可谓汗牛充栋,除前引曹卫东文字外,还有:郑召利:《哈贝马斯的交往行动理论:兼论与马克思理论的相互关联》,复旦大学出版社2002年版;郑召利:《哈贝马斯和马克思交往范畴的意义域及其相互关系》,载《教学与研究》2000年第8期;贺翠香、张冀星:《从交往观看哈贝马斯与马克思的全球化理路》,载《北京行政学院学报》2002年第1期;徐震:《对马克思和哈贝马斯两种不同交往概念的简单考察》,载《宜宾学院学报》2005年第1期;王宝玲:《生产、语言与交往——马克思与哈贝马斯关于交往理论的历史关联与差异》,载《西安建筑科技大学学报(社会科学版)》2004年第4期;刘芬:《马克思与哈贝马斯交往观之比较》,载《中共杭州市委党校学报》2005年第2期;刘怀玉:《马克思的交往实践观与哈贝马斯的交往理性观》,载《中州学刊》1994年第4期;等等。

在一起的“交往”在马克思和哈贝马斯那里其实根本就不是同一语词。

马克思在1846年12月28日致安年柯夫的信中写道：

为了不致丧失已经取得的成果，为了不知失掉文明的果实，人们在他们的交往（commerce）方式不再适合于既得的生产力时，就不得不改变他们继承下来的一切社会形式。——我这里使用（commerce）一词是就它的最广泛的意义而言，就像在德文中使用（*Verkehr*）一词一样。〔5〕

就探讨马克思与哈贝马斯所谓“交往理论”的关系时，马克思的这一自我界定尤为关键。它启示我们：同属德国人的马克思和哈贝马斯所使用的并不是同一个词，而这种不同不仅仅是语义学上的；更为重要的是，他们可能完全代表着不同的理论旨趣，而所谓两者的关联因为缺乏文本或语源学支撑更可能只是一种想当然的臆想。事实上，在马克思集中探讨其“交往思想”的《德意志意识形态》一文中，通篇中所谓的“交往”，其原文都是“*Verkehr*”而不是“*Kommunikation*”。〔6〕对此，中译者在文后的注释中进一步解释道：

在《德意志意识形态》中，“*Verkehr*”（交往）这个术语的含义很广。它包括个人、社会团体、许多国家的物质交往和精神交往。马

---

〔5〕《马克思恩格斯全集》（第27卷），人民出版社1985年版，第478页。

〔6〕事实上，曹卫东在其他场合注意到了马克思与哈贝马斯所用词语的不同，但是他却丝毫不顾两者自我界定的不同而强调了两者的一致性：“‘交往’在西文中近义词有‘互动’（Interaction / Interaktion）、‘交通’（traffic / Verkehr）。”（曹卫东：《思想的他者》，北京大学出版社2006年版，第101~104页。）

克思和恩格斯在这部著作中指出：物质交往——首先上人们在生产过程中的交往，乃是任何另一种交往的基础。《德意志意识形态》中所使用的“*Verkehrsform*”“*Verkehrsweise*”“*Verkehrsverhältnisse*”（“交往形式”“交往方式”“交往关系”）这些术语，就是马克思和恩格斯在当时所形成的生产关系的概念。[7]

在相关的英译本之中，“*Verkehr*”（交往）被译为“intercourse”，而非“communication”。[8] 查阅相关词典，可以发现，正如中译者所解释的，无论是英语中的“intercourse”，还是德语中的“*Verkehr*”，都涵括了物质交易、观点交流、两性关系等丰富含义。正因如此，马克思所谓的“交往”含义极为宽泛。其“交往理论”大致包括以下几个主要观点：其一，交往和生产是实践活动不可分割的两个方面，两者互为前提：人类的生产“是以个人彼此之间的交往为前提的”，而交往形式又“是由生产决定的”。其二，交往的社会历史变化展示了人的发展的一般历史形态：与“人的依赖关系”、“以物的依赖性为基础的人的独立性”和“人的全面发展”三个人的交往历程相适应，社会历史展现出不同的形态即大致是前资本主义、资本主义和共产主义。其三，马克思区分了物质交往和精神交往，被认为前者决定后者。其四，马克思论证了“世界交往”在人类社会演进和社会结构变革中的重要意义。[9] 可见，马克思所谓的“*Verkehr*”与哈贝马斯那里的“*Kommunikation*”，显然是不能等同的。马克思所谓的“*Verkehr*”包括了物质交往，而且其核心亦是物

---

〔7〕《马克思恩格斯选集》（第1卷），人民出版社1972年版，第718页。

〔8〕 See Karl Marx and Frederick Engels, *The German ideology*. Pt. Ⅰ & Ⅲ, ed. R. Pascal, International Publishers, NewYork, 1947, p. 43 ff.

〔9〕 参见郑召利：《哈贝马斯的交往行动理论：兼论与马克思理论的相互关联》，复旦大学出版社2002年版，第155～169页。

质交往；而哈贝马斯那里的"*Kommunikation*"，正如我们在下文将要看到的那样，不仅没有物质交往的空间，而且主要是指一种以语言为媒介、以达成理解或共识为目的的一种行动的理想类型（ideal-type）。[10]

总体上看，哈贝马斯理论中的"communication"是与其"communicative paradigm"（沟通范式）相联系的，是其意欲取代始自柏拉图，止于康德、黑格尔的形而上学思维即意识哲学范式的一种努力。在哈贝马斯看来，意识哲学是形而上学的主要样态，又是一种主体哲学，而他正是通过将"主体性"（subjectivity）改造为"主体间性"（intersubjectivity），建构了一种"后形而上学"时代的哲学，其理论基础即是其"the theory of communicative action"。

哈贝马斯将"劳动"或曰**目的理性行动**理解为工具性行动，或者合理的选择，或者两者的结合。工具行动按照**技术**规则进行，而技术规则又以经验知识为基础，这种合理的选择又是一种策略性行动。[11] 这种行动正是其后来详细阐述的沟通行动的对立面，是与强调人的主体性的意识哲学相一致的。而"沟通范式"的诞生证

---

〔10〕 就我目前的理解，如果说哈贝马斯的"沟通行动理论"与马克思的"交往实践"理论有关联，就哈贝马斯而言，这种关联也主要是经由黑格尔在《精神哲学》中阐述的"劳动与互动"（interaction）的区分而联系起来的，即哈贝马斯最终从"互动"[大致相当于马克思那里的"交往"（interaction）]中将那种行动者以语言为媒介、达致理解或共识的互动行动，理想类型化为"沟通行动"（communicative action）。用哈贝马斯本人的话说，"我把以符号为媒介的互动理解为沟通行动。互动是按照必须遵守的规范进行的，而必须遵守的规范规定着相互的行为期待，并且必须得到至少两个行动的主体[人]的理解和承认"（[德]哈贝马斯：《作为"意识形态"的技术与科学》，李黎、郭官义译，学林出版社 1999 年版，第 49 页。引用分别将原文的"相互作用"和"交往活动"改成了"互动"和"沟通行动"）。关于哈贝马斯的"沟通行动"与黑格尔和马克思的学术关联，参见同上，特别是第一章：《劳动和相互作用——评黑格尔耶那时期的〈精神哲学〉》。

〔11〕 参见[德]哈贝马斯：《作为"意识形态"的技术与科学》，李黎、郭官义译，学林出版社 1999 年版，第 49 页。原文中将"*das strategische Handeln*"译为"战略活动"，实应译为"策略行动"（strategic action）。这里也统一将译者翻译的"活动"改为"行动"。

明了“意识哲学的范式已经枯竭……枯竭的症状应消融于对相互理解范式的转换之中”。在《后形而上学思想》等著作中,哈贝马斯对意识哲学展开了较为集中的批判,为其“沟通范式”的确立奠定了哲学基础。在他看来,始于柏拉图,止于康德、黑格尔的这种绵延了两千多年的哲学传统尽管内部各不相同,但“一般都把存在者的存在问题作为出发点”,“追求的永远都是普遍性、永恒性和必然性”,因此,在本质上是“一种本体论意义上的形而上学思想”。[12]这种意识哲学范式下的形而上学表现为:同一性思想、唯心论、作为意识哲学的第一哲学和强大的理论概念等,但是后黑格尔哲学已经从“形式(程序)合理性”、“理性的解先验化(情境化)”、“语言学转向”和“实践之于理论的优先性”四个方面根本上动摇了形而上学。[13] 在这样的背景下,“只有转向一种新的范式,即沟通范式,才能避免作出错误的抉择”。[14]

而从社会理论[15]的知识谱系上看,哈贝马斯的“沟通范式”中所谓的“沟通”在理论上主要受到米德的符号互动论、特别是帕森斯甚或卢曼“沟通理论”(communicative theory)的智识激励。米德的符号互动论揭示了语言、社会组织等“符号”对于个人与集体的互动、进而社会之构成的重要价值,将以符号为基础的互动看作理

---

〔12〕 [德]尤尔根·哈贝马斯:《后形而上学思想》,曹卫东、付德银译,译林出版社2001年版,第13页。

〔13〕 [德]尤尔根·哈贝马斯:《后形而上学思想》,曹卫东、付德银译,译林出版社2001年版,第29~50页。

〔14〕 [德]尤尔根·哈贝马斯:《后形而上学思想》,曹卫东、付德银译,译林出版社2001年版,第41页。引用将“交往”改成了“沟通”。

〔15〕 这里之所以强调“社会理论”,是因为哈贝马斯的沟通行动理论既有社会理论渊源,也有哲学等其他学科的理论支撑,比如康德的道德普遍主义、语言哲学、实用主义哲学等。

解得以产生、社会得以形成的基础。[16] 帕森斯的结构功能主义社会理论将秩序(order)、行动(action)和价值(values)作为社会学研究的三大核心问题。为了说明三大核心问题的关系,帕森斯率先引入“沟通”(communication)的概念,并由此说明“沟通”对于社会系统运作的重要意义。受帕森斯启发,作为帕森斯的学生卢曼则将帕森斯的“结构功能主义”改造成为“功能结构主义”,着重研究社会系统的运作和构成问题,并将“沟通”看作社会系统存在和运作的基本条件,形成了与哈贝马斯完成不同的沟通理论。[17] 而哈贝马斯以米德的符号互动论和帕森斯的结构功能主义为基础,通过对行动理论的语言哲学、特别是形式语用学改造,最终形成了自己的沟通行动理论。经由劳动与互动的区分,他在主客体二分的认识框架中看到了主体间性的向度,强调公共领域中以语言为媒介的主体间性理解和共识对于社会整合的意义,并将行动和社会的合理化,甚或人类的彻底解放都寄望于此。

由此可见,论者们所谓的哈贝马斯理论中的“交往”和马克思学说中的“交往”不仅不是同一语词(“*Verkehr*” *vs.* “*Kommunikation*”),而且也没有学术意义上的前后承继的关联性。在很大程度上,我们可以说:将哈贝马斯理论中的“*Kommunikation*”(沟通)

---

〔16〕 关于哈贝马斯的沟通行动理论与米德符号互动论的学术关联,参见 J. Habermas, *The Theory of Communicative Action*: Vol. 2, *Lifeword and System*: *A Critique of Functionalist Reason* (trans. Thomas McCarthy) Beacon Press, Boston, 1984, p. 1-40; Erik Oddvar Eriksen & Jarle Weigard, *Understanding Habermas*: *Communicative Action and Deliberative Democracy*, Continunum, London, 2001, p. 48-52。

〔17〕 卢曼与哈贝马斯“沟通理论”的根本区别是:前者的“沟通”限于系统内部,并不指向行动(者),后者这是指一种“沟通行动”,是指向行动者的以达致理解或共识为取向的行动类型。因此,同样是沟通理论,卢曼最终导向了强调社会系统性的“系统理论”,而哈贝马斯最终导向了强调主体间性的“行动理论”。关于卢曼对“沟通”的使用,可参见高宣扬:《卢曼社会系统理论与现代性》,中国人民大学出版社 2005 年版,第 138~172 页。

译为“交往”，并与马克思那里的“*Verkehr*”（交往）相等同，是缺乏文本依据和学术脉络支撑的一种想当然，是用马克思理论先入为主地“标签”哈贝马斯的结果。也正因如此，尽管郑召利在其博士论文中努力寻觅两者之间的学术关联，但还是不得不承认：“在哈贝马斯的著述中，他与马克思主义的关联，并不像通常人们所估计的那样清晰。”〔18〕而下文对“沟通”词义和哈氏理论中的“*Kommunikation*”（communication）的分析亦表明：译为“沟通”既更符合“现代汉语的通常用法”，亦更契合哈氏理论的要旨。

二、理解或共识：哈贝马斯沟通理论的要旨

从语义上看，汉语中“交往”（*Verkehr*，intercourse）和“沟通”（*Kommunikation*，communication）都可以指人际之间、以语言为媒介发生往来关系而产生的一种互动（*interaktion*，interaction）——这是两者内涵的共同之处，亦是人们将两者等同的根源所在。但是，从“现代汉语的通常用法”看，两者的内涵和外延都有细微差别。

从内涵和外延看，“沟通”与“交往”的内涵大致是一种反变关系。大体而言，前者比后者的内涵更深，但外延更窄。“沟通”不仅包含了是互动意义上的“交往”，还具有“通过商谈以消除分歧，达成理解甚或共识”的意境，有强调理解、一致、同意、通达等丰富意涵。换言之，“沟通”和“交往”是种属关系，“沟通”是一种“交往”，但“交往”未必都是一种“沟通”。事实上，同“*Verkehr*”一样，汉语中的“交往”含义亦十分丰富，其可以泛指所有人际之间，甚或所有行动主体之间的来往关系，如商业来往、感情与观点交流、国际关系等；在我国台湾地区，它甚至还可以特指男女之间

---

〔18〕 郑召利：《哈贝马斯的交往行动理论：兼论与马克思理论的相互关联》，复旦大学出版社2002年版，第154页。

的“恋爱关系”(如我国台湾地区年轻人一般所谓的“我们在交往”,一般是指说话者和他指称的人正处于恋爱中)。但它一般不具有“沟通”所具有的“达致理解甚或共识”的意指或意境。而“沟通”一词所具有的“理解”甚或“共识”等意境,却几乎反映在我们使用“沟通”的所有语境中。比如,由其组成的词组“沟通技巧”“感情沟通”“加强沟通”等,都是如此。也就是说,汉语中的“交往”一般是对行动主体之间往来关系的一种近乎“价值无涉”的描述,至于这种往来关系之目的及意义为何,该词一般不过问;而“沟通”一般是指以理解甚或共识为导向的人际互动。

尤为关键的是,哈氏理论中,“communicative action”正是强调了汉语中“沟通”所具有的理解甚或共识这一意旨。无论是在早期的著作,还是在其专门阐述“communicative action”的《沟通行动理论》(*The Theory of Communicative Action*)等书中莫不如此。在早期的《作为“意识形态”的技术与科学》中,他认为,“communicative action”是以符号为媒介的互动,这种互动是按照必须遵守的规范进行,而必须遵守的规范规定着相互的行为期待,并且必须得到至少两个行动主体的理解和承认。[19] 在后来专门阐述“communicative action”的著作中,他将“communicative action”与“规范调节行动”(normatively regulated action)和“剧场化行动”(dramaturgical action),特别是主要与“目的(策略)行动”[teleological(strategic) action]对立起来,更明确地指出了这一点。在他看来,“communicative action”是以“理解”为导向的,而“目的(策略)行动”则是以“成功”为导向的。“communicative action”是指“至少两个有言说能力和行动能力的主体之间的互动,这些主体(使用语言或语言以外

〔19〕 参见[德]尤尔根·哈贝马斯:《作为“意识形态”的技术与科学》,李黎、郭官义译,学林出版社1999年版,第49页。

的手段)建立人际关系。为了以一致(agreement)的方式协调其行动,这些行动者寻求达致一种有关行动情境及其行动计划的理解(understanding)”。[20] “communicative action”区别于“目的(策略)行动”之处在于有效的行动协调不是建立在个体行动计划的目的理性之上,而是建立在沟通行动的理性力量之上;这种沟通理性表现在沟通共识的前提当中。[21] 结合前文我们对“交往”的语义考察,我们会发现,作为对行动主体之间往来关系的一种近乎“价值无涉”的描述,“交往”对其目的及意义并不关切,它可能是达致“理解”甚或“共识”,即哈贝马斯这里的“communicative action”,但也可能恰恰是哈贝马斯那里作为“communicative action”对立面的“目的(策略)行动”[teleological(strategic)action],其目的是各种各样的“成功”,如经济上的盈利、政治上的结盟,甚至社会生活中的感情期待等。这一不问目的之“交往”,显然不符合哈贝马斯对“communicative action”的界定,而汉语“沟通”中所包含的“理解”甚或“共识”意境,则恰好契合了哈氏那里的“communicative action”。由前文我们对哈贝马斯关于“*Handeln*”(“action”)的理论脉络的简要爬梳可知,哈贝马斯所皈依的韦伯式行动理论传统强调“*Handeln*”(“action”)的意向性,即它不仅具有规则导向性,而且亦不是对行为及其表现出的主观意义做直观的、描述性的理解,而是将其纳入其动机的“意义关联”中进行解释。“communicative action”对主体间性“理解”和“共识”的诉求,不仅体现了“*Handeln*”(“action”)的“规则导向性”,而且也正是其所纳入的“意义关联”所在——由于“规则或规范不像事件那样发生,而是根据一种主体

---

〔20〕 Habermas, *The Theory of Communicative Action*: Vol. 1, *Reason and the Rationalization of Society* (tran. Thomas McCarthy) Beacon Press, Boston, 1984, p. 86.

〔21〕 [德]尤尔根·哈贝马斯:《后形而上学思想》,曹卫东、付德银译,译林出版社2001年版,第60页。

间承认的意义(*Bedeutung*)而有效的”,〔22〕“communicative action”对主体间性“理解”和“共识”的诉求,正是对“主体间承认的意义”的确认。

从哈贝马斯的整个理论体系看,他之所以强调以“理解”或“共识”为目的的“沟通”,亦是与其“共识真理论”相一致的。遵循其后形而上学思想,他极力反对那种认为“话语所陈述的内容与实在事物相符”的“真理符合论”,而认为,“话语真实性的判断标准只能是它的主体间性……当所有人都平等进行对话,并就同一话语对象进行理性的探讨和论证,最后达成共识时,该话语才可被看作真实的”。〔23〕

综而论之,我们大体上可以得出结论说:无论是从哈贝马斯与马克思是否存在前后承继的学术关联看,还是从“现代汉语的通常用法”看,特别是从哈氏理论意旨与“现代汉语的通常用法”的关系来看,较之“交往”,将哈氏理论中的“*Kommunikation*”(communication)译为“沟通”,更符合哈氏“the theory of communicative action”(《沟通行动理论》)的理论特色,即强调“communicative action”的“理解”导向和“共识”意旨。

三、关于“*Law As Communication*”的翻译

如果说将哈贝马斯理论中的“communication”译为“沟通”也许还有人争辩的话,那么,在比利时法学家马克·范·胡克(Mark Van Hoecke)*Law As Communication* 一书中,将“communication”译为“交往”,其缺憾甚至尴尬就更加明显了——因为作者更加明确强

〔22〕 J. Habermas, *Vorstudien und Ergaenzungen zur Theorie des kommunicativen Handelns*, Suhrkamp, 1995, S. 12. 转引自童世骏:《批判与实践:论哈贝马斯的批判理论》,三联书店2007年版,第119页。

〔23〕 章国锋:《哈贝马斯访谈录》,载《外国文学评论》2000年第1期。

调的,恰恰是哈贝马斯"communicative action"的"理解"或"共识"意旨,而且主要是以哈贝马斯"共识真理论"为理论背景的。

范·胡克明确指出:

> 没有什么能像"客观真理"(objective truth)对哈贝马斯更为根本的了;从"客观真理"中,我们可以采用演绎或归纳方法推断出结论。在他看来,合理性不是给定之物,而是**通过**与他人的持续**沟通**而获致的。存在、也必须存在一个不断寻求最佳可能答案的过程;原则上,这一过程需经由与所有其他人的持续对话而实现。实践理性不能再从历史的目的论(teleology of history)中找寻,不能再从人种的构造(the constitution of human species)中获得[哈贝马斯谈到了马克斯·舍勒(Max Scheler)或阿诺德·盖伦(Arnold Gehlen)的哲学人类学],也不能再从某种传统的延续中简单地找到。哈贝马斯正确地拒绝相对主义和理性否定论的简单替代,他用"沟通理性"代替了"实践理性"。〔24〕

如同我在译者导言中指出的,本书的核心观点即强调"沟通是法律合法化来源"。而这一观点是作者对哈贝马斯主要理论观点(沟通理性、"共识真理论"等)的接受为前提的,即作者提出的沟通主义法律观,正是以"客观真理(真实性)"在法律领域的日渐式微为背景的。在此背景下,作者强调法律的含义和合法性等都不再是给定的,而是通过规范的供给者(norm-giver)与规范的接受者(norm-receiver)、立法者与司法者、司法者与当事人以及社会之间的广泛持续的沟通而获致的。作者认为:

---

〔24〕 Mark Van Hoecke, *Law as Communication*, Hart Publishing, Oxford - Portland Oregon, 2002, p. 9.

法律在本质上也是基于沟通：立法者与公民之间的沟通，法庭与诉讼当事人之间的沟通，立法者与司法者之间的沟通，契约当事人之间的沟通，某一审判中的沟通。更显著的是，这一沟通方面现在被认为是处于法律合法化的架构之中：法律人(lawyers)之间的一种合乎理性的对话，是“正确”地解释和适用法律的最终保证。[25]

如果我们将上述“沟通”置换为“交往”，不仅不能体现出作者强调“理解”或“共识”为导向的沟通理性之意旨，反而容易产生歧义。比如，“立法者与公民之间的**交往**，法庭与诉讼当事人之间的**交往**，立法者与司法者之间的**交往**，契约当事人之间的**交往**，某一审判中的**交往**”，特别是其中的“法庭与诉讼当事人之间的交往”不仅体现不出作者意愿，更会让人联想起司法实践中可能存在法官与诉讼当事人利益输送式的“交往”。[26] 从这里，我们也深刻地体会了用含义颇为宽泛的“交往”来对译强调理解或共识的“communication”所遭遇的尴尬局面。

“communication”一词的移译解决了，按照字面意思，该书书名似乎应该译为“作为沟通的法律”。而我之所以最终放弃了鲁迅先生所主张的那种“硬译”，而将其转译为“法律的沟通之维”，主要是基于以下考虑：

首先，中文表达的流畅。“作为沟通的法律”之表达作为中文而言，不仅稍嫌别扭，而且会给人如坠云雾之感。其次，没有副标题做进一步的限定，作为独立的标题而言，显然是欠妥的。因

---

〔25〕 Mark Van Hoecke, *Law as Communication*, Hart Publishing, Oxford – Portland Oregon, 2002, p. 7.

〔26〕 这一观点受到陈昉的启发，特致谢忱。

此,要译好该标题,需要对作者观点的准确把握和通盘考虑。

从语义学的角度看,标题中的“as”取“in the condition of”(在……条件下)、“when considered as being”(当被认为是……时)之意。因此,我们大体上可以把它看作中文“作为”的对译。概言之,汉语中“作为沟通的法律”之表达可以包括两层含义:其一,强调“法律作为沟通”的“一面”,即“法律的沟通之维”;其二,也含有“沟通是法律的存在方式”之意蕴。表面上看,“法律的沟通之维”,似乎不能含括后者,即前者强调的是一种认识论意义上的法律视角,后者则指向一种法律本体论。的确,“沟通是法律的存在方式”,是作者的一个隐而不显的主张。作者强调的是,在“客观真理”式微的后形而上学时代,法律文本的意义(meaning),不再是“规范发出者—规范接受者”这样一个线性图式,而是一个沟通的三角关系,即“规范发出者—表达—规范接受者”。这的确在一定意义上已经将法律的存在方式,从法律文本转向了围绕法律进行的沟通,进而支持了“沟通是法律的存在方式”这一主张。

但是,现代哲学的发展表明,认识论和本体论并不能完全分开,因为“本体论”不等于“本体”本身,它必定是在一定的认识论指导下获得有关某一本体的“认识”。在这个意义上,认识论决定着本体论;套用哈贝马斯的话说,任何认识都是在“认识的构成性旨趣”指导下进行的。而且,通过对作者观点的通盘考察,正如上述认识论和本体论的关系一样,我们会发现,“沟通是法律的存在方式”这一潜隐主张,事实上的确是服从于作者所谓的“沟通视角”(communicational perspective),在很大程度上也可以纳至“法律的沟通之维”之中。

首先,“法律的沟通之维”,即强调“法律作为沟通”的“一面”或法律的沟通性,更符合作者的那种接近于视角主义的反“全景式视角”(overall view)的法理学主张。在本书导言中,作者明确反对“全景式视角”,而主张一种受制于时间与文化的视角(time-and culture-bound perspective)。在他看来,前者只能提供一个相当混乱的图景;而为了获得至少某种有关法律现象的洞见,做出选择是必要的,即选择一个受制于时间与文化的视角,或选择那些基于受制于时间、文化与理论之理由(time-, culture -and theory-bound reasons)而都必不可少的法律的一些特征。其沟通视角正是基于受制于时间与文化的视角,结合当下的法律现实背景而提出来。他认为,“提供一种更好的洞见”(offering a better insight),是法律人或其他有关人等的主观需要。这些需要不可避免地与一些特定的历史、地理和社会现实联系在一起。他明确指出:

本书亦将提供一个关于法律的受制于时间与文化的视角,而不旨在探求“什么是法律”这一问题的“确定”回答。它是时代的产儿,因为它建基于现有理论和著作之上,并遵循其理路(lines of reasoning)。正如其他的理论取径一样,本书着重于法律的某一具体特征;该特征值得强调,但直到现在,在法理学文献中仍付之阙如,即法律的沟通性(law as communication)……本书将试图从“沟通视角”(communicational perspective)来建构法律理论中的一些传统论题。这仅仅是阅读即描述法理学之传统问题的另一种方法,希望这一新视角能获致一些关于法律现象的新洞见。[27]

在本书的结语部分,作者也承认了沟通视角的可能缺陷。他认为,尽管法律的沟通取径并不能解决所有的问题,但问题不在于

---

〔27〕 Mark Van Hoecke, *Law as Communication*, Hart Publishing, Oxford-Portland Oregon, 2002, p. 7.

一种法律的沟通取径是不是完美的,而在于它是否优于其他取径,或至少提供了一些其他理论所欠缺的附加有益要素。[28] 换言之,作者对这种近乎视角主义的法理学研究取径(沟通取径)而彰显的法律的沟通之维的可能不足是有足够准备的,而且他本身也不欲求那种"全景式的视角"。

其次,"沟通是法律的存在方式"是作者的潜隐主张,是有条件的(事实上其条件主要是哈贝马斯所谓的"后形而上学时代"),而且是服从于作者"受制于时间与文化的视角"这一视角的。作者事实上认为,在"客观真理(真实性)"式微的"后形而上学时代",在单向度的合理性(one-dimensional rationality)范式内,我们不再能正确地理解法律。用作者的话说:

> 法律的创制不能被视为一个单向的(one-way),即"公民—选举—议会立法—司法适用"的过程。法律和社会复杂性的显著加剧已经使得这一图式成为陈词滥调。法官作用的加强、特别是宪法法院和超国家法院的建立,相对于政府和行政机关优势地位的议会作用的减弱,不仅是"错误的发展",而必须得以正当化(corrected)以使传统的理论适应于现实的发展。

可见,"沟通是法律的存在方式"的潜隐主张正是作者为了适应其采用"受制于时间与文化的视角"而洞察到的这些背景而提出来的。

---

[28] See Mark Van Hoecke, *Law as Communication*, Hart Publishing, Oxford-Portland Oregon, 2002, p. 214-215.

附录 2

沟通视角下的法理学

——范·胡克《法律的沟通之维》简评*

於兴中** 孙国东 译

《法律的沟通之维》(*Law As Communication*)一书代表了一般法理学(general jurisprudence)中明显地关注法律之沟通本质的创造性成果,它为我们提供了对法律和法律话语的新理解。它受到沟通行动理论(theories of communicative action)、心理学、语言学、法的自创生理论(autopoietic theories of law)的启发,但它不仅是哈贝马斯对法理学之理论重构的应用。马克·范·胡克(Mark Van Hoecke)以相当精妙的

---

* 本文原载 *Law and Politics Book Review*, Vol. 13, No. 8 (August 2003)。原文为书评,题目为译者所加。感谢於兴中教授惠允移译此文,并为拙译提出宝贵意见。

** 於兴中,1956 年生,康奈尔大学法学院 the Anthony W. and Lulu C. Wang 讲席教授。

方式解决了法律和法律系统的一些棘手问题，这些问题已经在很长时间里制约着法律领域的发展。它更新了我们的法律知识结构，使其与理论研究的最新视角和观点相适应，从而为我们理解法律现象和法律话语做出了有价值的贡献。

这本书的中心思想是法律为人之行动提供了一种框架，一种沟通的框架。在这一框架下，包括立法与司法活动在内的法律关系被理解为一种交谈、对话和沟通过程，而不是关注诸如强加和接受、命令和服从等权力关系的传统模式。在这里，法律的路径至少是双向的（two-way），而不仅是单向的。法律系统从来不是一个闭合的系统，而是为协商（negotiation）和磋商（consultation）提供了空间。沟通和沟通者（the communicators）的心理状态，对于理解一个法律系统的运行及其产生的法律现实来说至关重要。

在结构上，本书按照传统的欧洲法律哲学书籍组织起来。第一章介绍了法律的沟通取径；第二章至第六章，论及了法律本体论和价值论问题，详细说明了法律的概念和特征，描述了法律的功能，讨论了法律规范和法律系统的概念；第七章考察了法律认识论和方法论方面的问题；第八章讨论了法律的合法化问题。总体看来，该书形成了一个基于沟通行动视角的理论体系，为我们提供了许多法律和法律话语的深刻洞见。

充分地意识到问题的复杂性和诡异性之后，人们会面临试图确定法律之定义的问题。通过细致地导引读者穿越现存视角造成的迷宫（labyrinth），范·胡克达致了一个一般化的定义，即把法律看作是人之行动的一种框架。这样一个宽泛的定义富有弹性，助益于我们从诸多可能的视角来理解法律现象；同时，这亦为新取径的潜在发展奠定了基调。因为人之行动暗含着需要沟通的人际关系，法律为人之行动提供的框架，亦创造了人之沟通的一种框架。

而且,法律本身也是基于立法者和公民之间的沟通,法庭与当事人之间的沟通,契约当事人之间的沟通以及审判中的各种参与者之间的沟通,凡此种种。正如作者指出的,这个法律定义以现有理论和著述为基础,是一种受制于时间与文化的视角。

在沟通的主题之下,法律被视为人之互动的一种手段,而不是被理解为具有某种自主的目的。法律不是一个闭合的系统,而是开放式的(open-ended);它允许宽泛和多元的分析,适应于不同观点的交流。因此,法律的功能就是规制社会、便利人之互动;这类似于朗·富勒(Lon Fuller)关于法律功能的论式(formula),即法律是社会控制的一种工具、人之互动的一个引导者(facilitator)。在对社会进行规制时,法律控制着政治权力,并使其合法化。相反,为使自己得以合法化,法律亦依赖于一个政治权力系统。在便利人的互动时,通过保障最低限度的个体自由,惩罚不可欲行为(undesired behavior)、激励可欲行为(desired behavior),便利个体之间和商业公司之间的私人安排,指明物品和服务的再分配,提供公民间的争端解决机制,法律为我们创造了个体自主的领域。但是,这一工具主义的法律观触及了法律的一个新的方面,即在规制社会、便利人之互动中,沟通扮演着十分重要的角色。

在强调法律的沟通之维的同时,范·胡克也分析了其他学者,特别是诸如汉斯·凯尔森(Hans Kelsen)、哈特(H. L. A. Hart)等杰出的法律实证主义者的法理学思想。他既不赞成凯尔森"基本规范"(*Grundnorm*)的观点,亦不赞成哈特"承认规则"(Rule of Recognition)的观点;他断言这些闭合的规则不是一个法律系统、进而也不是"法律"的组成部分。在作者看来,法律系统和"法律"不是规则或规范,而是事实。他认为,一个法律系统是法律学说的产物,而不是不受法律学说影响的某种自在的现实。他更赞同卢曼

(Luhmann)和托依布纳(Teubner)的观点,因为他们的自创生理论也把沟通看作一个法律系统的最重要构件(building block)。然而,所谓的自创生——一个自我组织化(self-organization)的过程,借此过程一个系统生成自己的结构、保持和构成自己——最终不过是一个半闭合的系统(a semi-closed system)。

第五章中关于法律规则的讨论是更有趣味的。以约瑟夫·拉兹(Joseph Raz)将法律规则看作人之行动的理由的思想为起点,在阐发了拉兹关于命令性规则、许可性规则和授权性规则之区分的基础上,范·胡克认为:厘清规范发出者(norm-sender)与规范接受者(norm-receiver)的关系是十分必要的;然而,很多理论并未顾及这一点。在语言和其他类型的沟通中,不同信息发出者和信息接受者之间的沟通关系相联系,信息几乎不可能被理解。规范之规章(regulation by norms)与此类似;如果规范发出者意欲确保某一目标的实现,规则信息(the norm-message)须充分地传达至规范接受者。范·胡克强调规范发出者和规范接受者之间关系的论据(arguments),不仅为我们评估法律创制和法律实施情境下的沟通行动创造了条件,事实上,它亦是对当下法律理论的一种批判——这一理论倾向于过于强调规范发出者或规范接受者一方,因而不能为法律提供一种确切解释。比如,法律命令说(the command theory of law)过于关注一个主权的法律供给者(law-giver),法律现实主义则将法律化约为规范接受者的观点;因而,两者都未能提供一个关于供给者—接受者关系的完整理解。最后,本章中作者对权利问题的考虑,使人想起霍菲尔德(Hohfeld)的权利学说。

第七章详细论述了法律认识论和方法论问题。在本章中,作为一种沟通方式的语言,是与作为沟通的立法相联系的;制定法解释(interpretation of statutes)是与法律原则一起予以论及的,对法官和法律学说作用的讨论亦令人侧目。作者认为,每一个法律论据(legal argument)都包含三个要素:演绎推理、归纳推理和价值思维。这是法律推理的基本要素,但法律推理还涉及更多。法律推理是目的和历史导向的;它是实践的、具体化的;它是以规则为基础的,也是决策的一个重要部分。但是,法律思维在根本上是沟通的:它立基于法律领域的不同参与者——律师、法官、立法者、当事人和行政官员——相互之间及其他们之间的持续沟通。法律思维的复杂性,意味着法律方法论有必要多样化;为了理解这一点,学者们必须避免那种把法律方法论化约为一种论证理论(theory of rgumentation)的倾向。

在法律阐释学(legal hermeneutics)中,找寻意义是一出正在上演的无王无寇的(without heroes or villains)戏剧。范·胡克吸收了语言学和阐释学的一般理论,为我们提供了两组既饶有兴味又鼓舞人心的三角关系。一组是沟通的三角——"发出者—表达—接受者",另一组是意义的三角——"符号—指陈的现实(denotated reality)—意义"。"符号"是语言的表达,"指陈的现实"是符号指涉的现实,"意义"是前两者之间联系的结果。存在一种发出者所追求的意义和接受者所阐释的意义。语言学家们对这两种沟通和意义模式人尽皆知;但是,在法理学中,它们相对较新。对法律学者来说,发出者意义和接受者意义之区别的意蕴(implications)是重要的。的确,两种意义的分离是可能的。在法律中,立法者(发出者)意义和司法者(接受者)意义之间,会存在某种缝隙(gap)。因而,找寻规则的意义应当弥合这一缝隙。立法者和司法者都有义务参与这两种意义:立法表达应当如水晶般清晰,司法者应当保持在立法者最初设定的沟通轨道中运行。将此目标牢记心间,我们要提倡诸如语法方法、系统方法和历史方法等不同的法律解释技术。

在这种关系中,法官的作用不可忽视。范·胡克恰当地指出,立法者和法官之间的传统关系,已被两者之间的一种循环关系所取代——传统关系是垂直的,法官被动地适用立法者制定的法律;而在循环关系中,立法者对法官实行有限的控制,同时,法官可以进行司法审查(judicial review),质疑立法的合宪性(the constitutionality of legislation)。而且,今天的法官亦从事着法律的制定、变通和发展工作。这最终会致使他人质疑司法裁决的合法性(legitimacy):我们如何使这些不具有形式合法性或实质合法性的司法裁决合法化?依作者之见,答案在于商议性的沟通(deliberative communication),即经由当事人和法官之间交换证据和论据的沟通过程,特定的司法真相(judicial truths)浮出水面。穿越了一系列沟通领域后,没有形式规则支撑的司法裁决得以合法化;这些领域包括初审法院裁决(trial court decision)、上诉审查(appellate review)、观点的发表及随后对其作为先例的考虑,即媒体的讨论、社会大众的讨论等。这些联系的每个方面,都是一种沟通领域,其导引着司法裁决的最终合法化。作为司法裁决的一种合法化力量,商议性沟通的理念(the idea of deliberative communication)显然为进一步的商议打开了大门;这也是强调**法律之沟通性**(Las as Communication)的优点之一。

参考文献:

1. Austin, John. 1954. *The Province of Jurisprudence Determined*, London: Weidenfeld and Nicholson.

2. Frank, Jerome. 1949. *Law and Modern Mind*, New York: Coward-McCann, Inc.

3. Fuller, Lon. 1964. *The Morality of Law*, New Haven: Yale

University Press.

4. Habermas, Jürgen. 1984. *The Theory of Communicative Action.* Vol. 1: *Reason and Rationalization of Society* (trans. T. McCarthy), Boston: MIT Press.

5. Habermas, Jürgen. 1987. *The Theory of Communicative Action.* Vol. 2: *Lifeworld and System: A Critique of Functionalist Reason* (trans. T. McCarthy), Boston: MIT Press.

6. Habermas, Jürgen. 1996. *Between Facts and Norms. Contributions to A Discourse Theory of Law and Democracy* (trans. William Rehg), Cambridge: Polity Press.

7. Hart, H. L. A. 1994. *The Concept of Law*, (Second Edition) Oxford: Clarendon Press.

8. Hohfeld, Wesley N. 1978. *Fundamental Legal Conceptions as Applied In Judicial Reasoning*, Westport: Greenwood Press.

9. Kelsen, Hans. 1967. *Pure Theory of Law* (trans. Max Knight) Berkeley and Los Angeles: University of California Press.

10. Luhmann, Nicklas. 1990. "The Autopoiesis of Social Systems" in Luhmann, *Essays on Self-Reference*, New York: Columbia University Press.

11. Raz, Joseph. 1990. *Practical Reason and Norms*, (Second Edition) Princeton: Princeton University Press.

12. Teubner, Gunther and Anne Bankowska. 1993. *Law as An Autopoietic System*, (trans. Ruth Adler) Oxford: Blackwell.

修订译本后记

本书是我的第一本译著——由于现在专注于“接着讲”乃至“自己讲”的研究，它可能会是我学术生涯中唯一的译著。时至今日，我仍清楚地记得，自硕士毕业到读博的第一个学期（2006年7月至2007年2月），除了应对必要的学业任务外，我把几乎所有的时间和精力都花在了这本书的翻译上。十余年过去了，重新翻检自己一字一句敲下的这些文字，当时旁求博考的酸甜之趣、砥志研思的苦乐之境、学问人生的冷暖之遇，又一幕幕地浮现在了眼前。不过，我感受最多的，仍是为自己出现诸多译文不确、漏译乃至错译感到自责。

我依然记得，在当时向出版社正式提交了完整译稿之后，我曾反复扪心自问，自以为不会给自己留下“想扇自己耳光”——这是邓正来老师当时告诫我们的话，借用了跟随他读书的某位青年学者的忏悔语——的机会。因为在当时，无论是时间，还是精力和心力，我都付出了自认为能付出的极致。现在看来，是当时的我低估了学术翻译的难度。对完美的学术翻译来说，优良的外语水平、厚实的学理储备、老练的汉语表达，乃至从容的心境、专注的心力和敏锐的心智，缺一不可。显然，当时的我并不完全具备这些能力和素养。

此番重新审读，我发现初版译文出现问题最多的，主要是两个方面：一是“翻译体”的味道过浓，致使汉语表达不确切，让人读后有如坠云雾之感；二是错译（特别是看错单词）的地方，仍不乏其例。兹例举如下：

例 1：原文第 209 页：“The combination of those three aspects of communicative argumentation leads to emphasising the concrete justice according to the specific characteristics of the case at hand, rather than general justice in view of giving rules a broad scope and an identical meaning in all cases and (at least apparently) furthering ‘equality’ and ‘legal certainty’.”

初版译文为：“沟通性论证的上述三个方面结合在一起，将使人们强调依据具体案件特征而获致的具体正义，而不是追求那种根据在所有案件中赋予规则的某个宽泛范围和相同含义且（至少表面上）欲求‘平等性’和‘法律确定性’而获致的一般正义。”

现改为：“沟通性论证的上述三个方面结合在一起，使人们强调依据手边案件的具体特征而获致的具体正义，而不是追求一般正义——其手段是赋予规则以某个宽泛范围和适用于所有案件的某个相同意义，并且（至少表面上）促进‘平等’和‘法律确定性’。”

例 2：原文第 212 页：“Public law structures the field of private law in such a way that private law is possible at all, eg by creating the bodies for the creation and the adjudication of the law (legislators and courts).”

初版译文为:“公法建构着私法的领域,通过这种建构方式——比如说,通过创造法律创制和适用的机构(立法者和法院),私法在根本上成为可能。”

现改为:“公法以这种方式——比如,通过创造法律创制和适用的机构(立法者和法院)——建构着私法的领域,从而使得私法在根本上成为可能。”

例3:原文第213页:“Even the concept of ‘deliberative democracy’ is often used in the limited sense of allowing the individual to participate in the democratic process, combined with a duty for public authorities to give account of their policy and a presumed concern about the public interest, not mere representation of private (group) interests, but not the elaboration of the communicative political deliberation within society as such.”

初版译文为:“甚至‘商议民主’的概念仅在有限意义上用以允许个体参与到民主过程中——连同公共权威提供其政策理由的义务和被假定关注公共利益、而非仅是私人(团体)利益的代表,而不是对社会中本身的沟通性政治商议的详尽阐释。”

现改为:“甚至‘商议民主’的概念,也仅仅是在有限的意义上用以允许个体参与到民主过程中[连同为公共权威科以说明政策之理由的义务,以及对公共利益的推定关切,而不仅仅是私人(团体)利益的代表],而不是对社会本身中存在的沟通性政治商议的详尽阐释。”

……

显然,以上译文都不是对读者友好的汉语表达。因为它们要么是过于欧化的汉语表达(例1),要么错误断句致使主从句间的因果关系不明乃至阙失(例2),要么误用标点使主从句间的逻辑关系变得混乱(例3)。

如果说拙劣的汉语表达可能还称不上是翻译错误,那么,误译,特别是在看错单词情况下想当然的错译,就是彻头彻尾的错误了。例如,原文第76页"Why should rules a priori, or even generally, exclude all other reasons?"(译文应为:为什么规则应当先验地,甚或一般性地排除了所有其他理由?)在初版中竟被译为了:"为什么规则应当具有优先性,甚至一般地排除所有其他理由?"这里竟然把"a prior"实际上理解为"have a priority"了,这是何等的鬼使神差和天马行空,让人大惑不解。类似的错误,还有把原文第205页的"regional"(地区性的)翻译为"宗教的"。"region"(地区)和"religion"(宗教)尽管容易搞混,但两者形容词"regional"和"religious"的差别不啻天渊,我竟然搞混了,这是何等的疏忽,亦让人百思莫解。

在此,请允许我向购买本书初版译本的读者致以由衷的歉意!

毋庸讳言,作者范·胡克(Mark van Hoecke)并不是那一类具有卓越创造能力的所谓"上游型知识分子",亦称不上是能够挑战一个时代之思想格局的思想大师。不过,尽管哲学史和思想史是由像亚里士多德、康德、黑格尔、马克思、福柯、哈贝马斯和罗尔斯这样的"上游型知识分子"书写的,但他们之所以能被历史铭记,那些"中游型"乃至"下游型"知识分子亦厥功甚伟。因为正是后者在自己的学科领域,不断引介、评价或修正着他们的思想和理论,从而不断地弥合了他们高蹈的思想与我们质野的实践之间的距离。

范·胡克在很大程度上就扮演了这样的角色:他把哈贝马斯在元理论层面对于法律商谈理论的法哲学建构,拉回到了我们(特别是欧盟成员方)正在面临的生动法律实践中——尽管本书与哈贝马斯法哲学之间的关系,并没有我们预期的那么大,甚至在很多方面还偏离了哈氏法律商谈理论的旨趣和立场(譬如,范·胡克对“沟通”的泛化理解与哈贝马斯认知主义、理性主义的沟通观,明显龃龉不合;他对公共领域中的沟通和商谈与法律系统、行政/政治系统之间关系的理解,亦与哈贝马斯不尽相同;等等不一而足)。

由于有作者的系统论述珠玉在前,任何对其思想的转述似乎都显得多余。不过,基于我多年来对中国现代法哲学建构的思考,我想提醒读者注意到本书所阐发的沟通主义法律观在中国情境所面临的“情境错位”(借用秦晖的一个表达)。正如我在译者导言中指出的,范·胡克通过把法律的“自治性”改造为“循环的自治性”、把法律的“合法化”建构为“沟通的合法化”,试图消解法律的自治性与合法性之间的张力。更确切地说,作者事实上将传统上认为影响法律自治的诸变量(如影响立法至上自治模式的司法能动主义、影响国内法律系统自治的欧盟层面的法律系统和其他国家法律系统、影响法律系统自治与其他社会系统等)与法律的关系,都看作不但是一个循环过程,抑且是一个沟通过程。在比利时,它们所面临的问题,主要是围绕立法至上的国家法律体系的线性思维图式,难以适应法律体系的多元化及法官造法的实践需要。因此,作者的这些主张当然是颇有理论创造性和实践针对性的论说。但对中国这样法治建构仍待推进和收束的国家来说,如果以这种泛化的“沟通”来定位影响法律自治的诸变量,不但会伤害本就孱弱的法律运行之自主性,抑且不利于法律秩序合法性的获得。

正如我在其他场合指出的,对转型中国来说,确保法律秩序的合法性和法律运行的自主性,是我们需毕其功于一役的两大历史课题。因此,对我们来说,法律自创生理论所主张的“认知开放但运行闭合”,应当明确地限定为:立法中的“认知开放”和司法中的“运行闭合”。相应地,使法律系统得以广泛吸纳非法律要素的沟通理性(包括具有充分程序性和实质性合法化基础的政治对法律的支配),应限定于立法过程。这就是说,在立法过程中,为了充分确保立法的形式合理性特别是实质合理性,要充分发扬沟通合理性,“即通过‘受到影响者’作为‘商谈参与者’的普遍同意,确保法律的实质合理性(法律内容的合道德性与合伦理性)具有充分的公意基础,从而最大限度地保障法律秩序的合法性”。[1] 此外,我们尤应最大限度地尊重法律的职业化运行,并在司法的政治功能上取得集体共识:现代司法在功能上其实是对各种民粹主义和政治决断主义的制约机制,因此在性质上是反民主甚或反政治的专门化和职业性活动。

有必要说明的是,本书初版译本的署名为“孙国东译,刘坤轮校”,修订译本改由我单独署名。之所以出现这种变化,是因为修订译本是以我当初提交给刘坤轮审校的译稿为基础修订完成的。舒国滢(中国政法大学法学院)和吴彦(同济大学法学院)为初版译稿提供了部分德语句子的译文,韩永初(新疆大学法学院)和齐云(厦门大学法学院)分别为初版译稿提供了原文中部分法语和拉丁文的译文;此次修订除德语部分稍作修改外,基本沿用了初版译文。此外,刘振宇、张家铭、张振宇等学友为初版译文提出了批评意见和修改建议。因此,请允许我对以上师友的贡献和帮助致以谢忱。法律出版社高山编辑促成了此修订译本的面世,曲杰编辑为拙译的编辑和出版付出了大量的辛劳,在此一并致谢。

2019 年 11 月 25 日于沪北寓所

[1] 参见孙国东:《公共法哲学:转型中国的法治与正义》,中国法制出版社 2018 年版,第 240 页。

图书在版编目（CIP）数据

法律的沟通之维 / (比) 马克・范・胡克著；孙国东译. -- 北京：法律出版社, 2023
ISBN 978-7-5197-5981-0

Ⅰ. ①法… Ⅱ. ①马… ②孙… Ⅲ. ①哈贝马斯(Habermas, Jurgen 1929-) – 法哲学 – 研究 Ⅳ. ①B516.59②D095.165

中国版本图书馆CIP数据核字（2021）第196591号

法律的沟通之维
FALÜ DE GOUTONG ZHIWEI

作　　者：马克・范・胡克
译　　者：孙国东
责任编辑：孙东育　曲　杰
装帧设计：贾丹丹
出版发行：法律出版社
编辑统筹：学术・对外出版分社
责任校对：杨锦华　张翼羽
责任印制：陶　松
经　　销：新华书店
开　　本：A5
印　　张：12
字　　数：281千
版　　本：2023年12月第1版
印　　次：2023年12月第1次印刷
印　　刷：天津嘉恒印务有限公司
书　　号：ISBN 978-7-5197-5981-0
定　　价：89.00元

销售电话：010-83938349　客服电话：010-83938350　咨询电话：010-63939796
地　　址：北京市丰台区莲花池西里7号(100073)
网　　址：www.lawpress.com.cn
投稿邮箱：info@lawpress.com.cn
举报盗版邮箱：jbwq@lawpress.com.cn

天
Borderless
下

天下，在乎正义和你

法学新经典 · 书目

《侵权损害赔偿》(第六版) 杨立新
《我国民法典重大疑难问题之研究》(第二版) 王利明
《法律解释学导论:以民法为视角》(第三版) 王利明
《法的价值论》(第三版) 卓泽渊
《法政治学研究》(第三版) 卓泽渊
《法治国家论》(第四版) 卓泽渊
《刑事诉讼的中国模式》(第三版) 陈瑞华
《刑事证据法的理论问题》(第二版) 陈瑞华
《民法典总则之理论与立法研究》(第二版) 尹田
《中国物权法总论》(第四版) 孙宪忠
《人格权重大疑难问题研究》 王利明
《实证研究:中国法学的范式转型》 左卫民
《中国法律的传统与近代转型》(第四版) 张晋藩
《行政法基本原则研究》(第二版) 周佑勇
《国际刑法学》(第二版) 贾宇
《刑法客观主义与方法论》(第二版) 周光权
《诈骗犯罪论》 张明楷
《国际私法本体论》(第二版) 蒋新苗
《民法解释学》(第五版) 梁慧星
《当代刑法的理论与课题》 黎宏
《量刑的个别化原理》 石经海
《中国传统法理法哲学论》 张中秋
《民法总则新论》 王利明

法学新青年·书目

《物权法的展开与反思》(第二版)	常鹏翱
《基本权利的规范建构》(第三版)	张　翔
《传媒监督的法治》(第三版)	陈柏峰
《国家利益维护:国际法的力量》	何志鹏
《不动产登记法研究》(第二版)	程　啸
《证据法的理论面孔》	吴洪淇
《刑法归责原理的规范化展开》	陈　璇
《刑法与现代社会治理》	何荣功
《舆图换稿:明清之际的中国法哲学》	屠　凯
《中国特色行政复议制度的嬗变与演进》	曹　鎏
《行政诉讼类型构造论》	章志远
《侵权责任利益保护的解释论》	方新军
《刑事诉讼法的解释图景》	董　坤
《刑事辩护的模式》	李奋飞
《可罚的违法性:刑民关系的本土化阐释》	陈少青

法学原论·书目

《合同法总论》(第四版)	韩世远
《现代公司法》(第三版)	刘俊海
《侵权责任法》(第四版)	杨立新
《国家监察学原理》	李晓明　芮国强
《物权法原论》(第二版)	高富平
《刑法学:立法与解释原理》(上册)	李晓明
《刑法学:罪体与罪责原理》(下册)	李晓明

博观・书目

《社会契约论》	卢　梭
《法律的概念》(第三版)	哈　特
《普通法的精神》(中文修订版)	庞　德
《诉权与诉的可能性:当代民事诉讼基本问题研究》	赫尔维格
《民主与不信任:司法审查的一个理论》	约翰・哈特・伊利
《法律与革命》(第一卷)	伯尔曼
《法律与革命》(第二卷)	伯尔曼
《法律推理与法律理论》	麦考密克
《古代法》	梅　因
《旧制度与大革命》	托克维尔
《为权利而斗争》	耶　林
《法律制度:对法律理论的一种解说》	麦考密克
《政治哲学史》(第三版 上下册)	列奥・施特劳斯　约瑟夫・克罗波西
《论法的精神》	孟德斯鸠
《民事诉讼法重点讲义》(导读版)	高桥宏志
《纯粹法学说》(第二版)	凯尔森
《普通法》	霍姆斯
《论犯罪与刑罚》	贝卡里亚
《宪法设计与理性选择:公法经济分析基础》	罗伯特・D. 库特
《法律的权威》(第二版)	约瑟夫・拉兹
《正确法:法伦理学基础》	卡尔・拉伦茨
《法律篇》	柏拉图
《论法律》	西塞罗
《刑事制裁的界限》	赫伯特・L. 帕克
《对法学的戏谑与认真:给法学读者的礼物》	[德]鲁道夫・冯・耶林
《法律的沟通之维》	[比]马克・范・胡克

思想与人文·书目

《西窗法雨》(精装修订版)	刘　星
《法槌十七声:西方名案沉思录》(第二版)	萧　瀚
《文明与法治:寻找一条通往未来的路》	刘哲昕
《精英与平民:中国人的民主生活》	刘哲昕
《法治东西》	於兴中
《博登海默法理学》	博登海默
《法窗夜话》	穗积陈重
《正义之源泉:自然法研究》	吴经熊
《现代法政的起源:1900—1919》	董彦斌
《被误解的民主》	包刚升
《风骨:新旧时代的政法学人》	陈夏红
《斑马线上的中国》(第三版)	邓子滨
《生活在民法中》(第四版)	梁慧星
《乌合之众:大众心理研究》	古斯塔夫·勒庞
《我们律师》(修订精装版)	张思之
《我的辩词与梦想》(精装收藏版)	张思之
《法门穿行》	孙笑侠
《现代法治:沈家本的改革梦》	李贵连
《阿 Q 之死的标本意义》	张建伟
《续法窗夜话》	穗积陈重
《从传统到现代》	金耀基
《耶鲁精神:感受耶鲁大学及其法学院》(第二版)	冯建妹
《法律帝国的铸就:大英帝国法律史(1800-1850)》	劳伦·本顿　利萨·福特
《英国法的塑造者》	威廉·塞尔·霍尔斯沃思
《美国法律史》	劳伦斯·弗里德曼
《尊严:历史和意义》	迈克尔·罗森

《法官因何错判》	秋山贤三
《修行:生命的证悟》	泰戈尔
《看得见的正义》(第三版)	陈瑞华
《大地家族》	盖瑞·施耐德
《法律后面的故事》	梁治平
《生命与超越:一个命运共同体的理想》	刘哲昕
《霸权的黄昏:大国的衰退和收缩》	麦克唐纳　培伦特
《罪与罚:关于公正的 19 场激辩》	布鲁斯·N. 沃勒
《民法的人文精神》(第二版)	徐国栋
《西口闲笔》	徐国栋
《明清法律与社会变迁》	邱澎生　何志辉
《案例、故事与明清时期的司法文化》(修订版)	徐忠明
《明清时期的民事审判与民间契约》	王亚新　梁治平　赵　晶
《"活法":宋元明法律文化研究》	[美]蓝德彰
《法学知识的壮游:近代中法法学交流史》	朱明哲
《儒家的世界》	董彦斌
《面包香里读哲学》	胡文·欧江
《大众装饰》	齐格弗里德·克拉考
《法的回声:中国法律思想通识讲义》	李　鸣
《极简法医鉴识手册》	道格拉斯·莱尔
《寻找法律的印迹》(第四版)	余定宇
《法学名著导读》	张志铭　于　浩
《早期中国的法律世界》	李　平
《商君书评注》	李　平

理论与方法·书目

《通往法治的道路:社会的多元化与权威体系》	季卫东
《法治、财税与国家治理》	熊　伟

《论法学研究方法》	陈瑞华
《民法总则:条文背后的故事与难题》	杨立新
《法学学位论文写作方法》(第三版)	梁慧星
《裁判的方法》(第四版)	梁慧星
《理论法学的迷雾:以轰动案例为素材》(增订版)	桑本谦
《司法体制改革导论》	陈瑞华
《辩无不胜》	盖瑞·斯宾塞
《侵权责任法:条文背后的故事与难题》(第二版)	杨立新
《司法改革的知与行》	蒋惠岭
《律师的客户管理术》	亚历山大·Y. 本尼科夫
《中西法律文化比较研究》(第五版)	张中秋
《真实世界的法律思维:出乎意料的 61 堂法律微课》	黄文伟
《并购之道:赢家的 65 个商业逻辑与实战》	张伟华
《中国民法典新规则要点》(修订版)	杨立新
《刑事审判原理论》(第三版)	陈瑞华
《实质法治:寻求行政判决的合法性》(第二版)	何海波
《行政诉讼法》(第三版)	何海波
《企业合规基本理论》(第二版)	陈瑞华
《如何讲个好故事:律师的必修课》	菲利普·N. 迈耶
《法总工作手册:公司法律合规的三十六计》	沈悦志
《人工智能时代的算法治理:机制与方案》	张　欣
《像法律人那样思考——法律推理新论》(增订版)	弗里德里克·肖尔